荆楚文化丛书

（史传系列）

丛书主编／丁凤英

本系列主编／刘玉堂

荆楚现代史话

Jingchu Xiandai Shihua

方　城　张肇俊／编著

WUHAN
PUBLISHING HOUSE
武汉出版社

(鄂)新登字 08 号
图书在版编目(CIP)数据
荆楚现代史话/方城,张肇俊编著.—武汉:武汉出版社,2013.12
(荆楚文化丛书/丁凤英主编.史传系列)
ISBN 978—7—5430—7946—5
Ⅰ.①荆… Ⅱ.①方…②张… Ⅲ.①湖北省—地方史—现代史
Ⅳ.①K296.3
中国版本图书馆 CIP 数据核字(2013)第 262072 号

编　　著:方　城　张肇俊
责任编辑:方　雷
装帧设计:刘福珊
出　　版:武汉出版社
社　　址:武汉市江汉区新华路 490 号　　邮　　编:430015
电　　话:(027)85606403　85600625
http://www.whcbs.com　　E-mail:zbs@whcbs.com
印　　刷:武汉精一印刷有限公司　　经　　销:新华书店
开　　本:720mm×1000mm　1/16
印　　张:17　　字　　数:340 千字　　插　　页:4
版　　次:2013 年 12 月第 1 版　　2013 年 12 月第 1 次印刷
定　　价:34.80 元

序

尹汉宁

荆楚文化源远流长、博大精深，在中国文化的版图上拥有重要位置。湖北是荆楚文化的发祥地，具有历史文化、红色文化、旅游文化、少数民族文化等多方面深厚的文化积淀，文化名人、文物古迹、文化遗产数不胜数，悠远厚重的历史底蕴为湖北文化建设乃至经济社会发展留下了独特而宝贵的文化资源和精神财富。

省委书记李鸿忠同志指出，深入贯彻落实党的十七届六中全会精神、推进湖北由文化大省向文化强省跨越，关键是要将湖北丰富的文化资源转化为文化力量、转化为文化产品、转化为文化事业和文化产业。这就需要我们深入挖掘、系统研究荆楚优秀传统文化，在文化认同中提升文化自信，在文化传承中增强文化自觉，为文化资源优势向文化软实力和文化生产力转化奠定坚实基础。

《荆楚文化丛书》由湖北省炎黄文化研究会组织省内五十余位专家学者，历时三年编撰而成。丛书分胜迹、史传、学术、艺文四个系列，每个系列由十卷组成，凡四十卷，约一千二百万字，首次对荆楚文化进行了全方位研究，堪称湖北历史文化研究与普及的鸿篇巨著。期望全省干部群众特别是广大文化工作者，通过阅读和学习《荆楚文化丛书》，从湖北丰富的文化资源中汲取智慧和力量，以更加强烈的文化自信和文化自觉，奋力投身建设文化强省的伟大实践！

是为序。

（作者为中共湖北省委常委、宣传部部长）

目 录

第一章　开　端

一、江城星火

大凡史家治史，必操断代之法。盖因历史如长江大河，奔流千里，各段情形不同，分而治之，俾便逐段清其底里，究其原委，进而通其整体，明其全貌。煌煌五千年中华文明史，学界通常断为古、近、现、当四代。古代史上起传说中盘古开天辟地，下迄公元1840年鸦片战争前夕，历上古、中古、近古三个时期，跨原始社会、奴隶社会、封建社会三种社会，自有文字记载算起，即有2000多年。近代史上起1840年鸦片战争，下迄1919年五四运动前夕，历旧民主主义革命时期，属半殖民地半封建社会，凡60年。现代史上起1919年五四运动，下迄1949年中华人民共和国成立前夕，历新民主主义革命时期，仍属半殖民地半封建社会，凡30年。当代史从1949年中华人民共和国成立至今，以1956年生产资料私有制社会主义改造基本完成为界，前属新民主主义社会，后属社会主义社会，已60余年。也有学者持另一断法，即将鸦片战争爆发至中华人民共和国成立前夕近110年断为近代史，将中华人民共和国成立及其后归于现代史。本书系《荆楚文化丛书》之一种，为与《荆楚古代史话》、《荆楚近代史话》配套，故以通常之法断代，上限自五四运动爆发，下限则依湖北实际情况，延至1949年11月湖北全境解放。

众所周知，五四运动是一次彻底地不妥协地反帝国主义、反封建主义的爱国运动，标志中国新民主主义革命的伟大开端。五四运动直接导火线是中国在巴黎和会上的失败。第一次世界大战结束后，“公理战胜强权”成为最激动人心的口号。从1919年1月开始，第一次世界大战战胜国在巴黎召开和平会议，中国作为战胜国出席。饱受列强凌辱的中国虽然是第一次成为战胜国，但也理所当然地在巴黎和会上要求将德国侵占的山东半岛归还我国。然而，在帝国主义国家操纵下，会议竟悍然决定由日本接管战败国德国在中国山东的一切特权，北京政府竟指使中国代表在和约上签字。消息传来，国民共愤。湖北人民同全国人民一样，受到极大震撼。5月1日，汉口最有影响的《大汉报》发表短评《均势与瓜分》，道出湖北人民的愤怒："国不能自立，遂引起列强之瓜分说，此最可惧也；国不能自立，遂希望列强之保守均势主义，此又最可怜也。"5月4日，北京大学等3所大专院校3000余名学生冲破当局阻挠，举行集会游行示威，要求北洋军阀政府"外争国权，内惩国贼"，拒签卖国和约，反遭残酷镇压，因而掀起一场声势浩大的反帝爱国运动。5月6日，《汉口新闻报》首先报道北京爱国学生举行五四游行示威的消息："五月五日北京电：昨下午京校学生游行，对山东问题要求各使馆维持，过曹汝霖宅，冲突至曹西宅，于章宗祥被殴至受伤。"

图1-1　恽代英

当天夜晚，位于蛇山脚下的武昌中华大学附中部主任（校长）案头，就放着这份报纸。这位24岁的主任姓恽名代英，祖籍江苏武进，生于湖北武昌，系清代著名文学流派——阳湖派开创者及主要代表人物恽敬之四世孙。恽代英在中华大学求学期间，就是一位新文化运动的斗士。他不仅以其主编的中华大学校刊《光华学报》为阵地鸣鼓而攻，而且在《东方杂志》、《青年进步》等报刊上仗剑出击。他撰写和翻译的近80篇文章，均立旨深宏高远，行文汪洋恣肆，颇得乃祖遗风。1917年，他更是组织起湖北地区第一个进步团体——互助社，学习新思想，宣传新思想，立志"伺候国家、伺候社会"。

此刻，坐在恽代英对面的是一位21岁的互助社骨干。他叫林育南，湖北黄冈人，中华大学附中部应届高中毕业生。恽代英将刚刚写好的一份文稿递给林育南，要他连夜刻印，明天一早在全校运动会上散发。原来，明天是袁世凯与日本签订卖国"二十一条"的"五七"国耻日，中华大学将举行运动会，以"鼓励尚武精神"，"振扬国雄"。林育南展开文稿，只见在"四年五月七日之事"的标题之下，写着这样几段文字：

有血性的黄帝的子孙，你不应该忘记四年五月七日之事。

现在又是五月七日了。

那在四十八点钟内，强迫我承认二十一条协约的日本人，现在又在欧洲和会里，强夺我们的青岛，强夺我们的山东，要我们四万万人的中华民国做他的奴隶牛马。

你若是个人，你还要把金钱供献他们，把强盗认作你的父母吗？

我亲爱的父老兄弟们，我总信你不至于无人性到这一步田地。

林育南按照恽代英的吩咐，将这份文稿连夜刻印成600份传单，次日一早，就来到运动场散发。这时，恽代英已在运动场，被学生们围得水泄不通。学生们向他提出一连串问题，投来一束束焦急的目光。恽代英对学生们说："国不可以不救。他人不去救，则唯靠我自己。他人不能救，则唯靠我自己。他人不下真心救，则唯靠我自己。自己要是不真心救，就是亡国奴的本性了。"在恽代英讲话的时候，林育南把传单发到同学们手中。

两天以后，也就是5月9日，《大汉报》全文刊登这份传单。同日，武汉各校学生代表齐集中华大学，商讨声援北京学生事宜，拟定成立学生团，公推恽代英起草学生团宣言书。次日，中华大学、武昌高师等15所大、中学校代表举行茶话会，决定与北京学生采取一致行动，外争国权，内惩国贼，不达目的，誓不罢休。5月17日，在恽代英领导下，武汉地区26所学校代表在中华大学开会，正式成立武汉学生联合会，决定创办会刊《学生周刊》。随后，与会代表齐集省署请愿，提出4项要求。

图1-2 中华大学校门

5月18日，武汉3000余名学生在阅马场集合，举行第一次爱国大游行。游行队伍从阅马场出发，经武昌路、抚院街、司门口，转长街、大朝街复至阅马场。学生所到之处，市民纷纷递茶送果，以示慰劳。20日，武昌文华大学、博文学院等教会学校1000余名学生冲破校方阻拦，举行示威游行。游行队伍从文华大学出发，经得胜桥、司门口、斗级营，出长街至阅马场，沿途不少学生加入。同日下午，武汉学联举行会议，决定组织学生上街抵制日货，发表爱国演讲。随后，各校即组织若干十人团走上大街小巷。其情其景，极一时之盛。

武汉学生的爱国行动得到湖北各界支持回应，却遭到湖北督军王占元百般阻挠。激于义愤，武汉学联决定全市中等以上学校学生于6月1日开始罢课，其宗旨为争回青岛、惩办国贼，恢复学生自由。王占元闻讯，立即宣布特别戒严。6月1日清晨，大批军警奉命包围各主要学校，各校学生奋力突围，军警们竟以刺刀相向，当场刺伤手无寸铁的学生30余人，并将数十名学生非法逮捕，酿成“六一”惨案。惨案发生后，各校校长及教师代表举行会议，决定全体一致向军、省两署提出辞职，以示抗议。当晚，许多学生冒雨夜卧长街，在军、省两署门前静坐抗议，要求严惩凶手，释放被捕学生。王占元气急败坏，一面致电北京政府，混淆黑白，一面通令武汉各校，6月3日一律放假，学生离校回籍，以釜底抽薪，瓦解学潮。6月3日，爱国学生不顾禁令，再次上街宣传。王占元复令军警镇压，又使近20名学生受伤、多人被捕，酿成“六三”惨案。

三天之内，两起惨案，撼动荆楚，震惊全国。“六一”惨案当天，武汉律师公会副会长施洋在律师公会紧急会议上提出援助学生议案，呈请法庭提出公诉。6月5日，湖北省议会召开特别会议，通过要求查办制造惨案凶手提案。湖北旅沪、旅宁、旅京同乡会也先后发电谴责军阀王占元，声援湖北学生。

此时，以上海工人举行声援学生运动的政治大罢工为标志，工人阶级登上政治舞台，五四运动中心由北京南移上海，运动主力由学生转为工人。湖北工人阶级也是五四运动中一支不可忽视的力量。“六一”惨案前，汉口租界平和、荣茂花厂工人就多次举行罢工。上海工人罢工以后，两厂又掀罢工风潮，武汉各轮船公司水手火夫、武汉各公司大小商船工人相继罢工，荆州、沙市等地工人也举行罢工。此外，还有一些工厂及手工业工人酝酿或举行罢工。

与此同时，武汉商界也在恽代英、施洋等组织推动下纷纷罢市，支援学生运动。6月10日，汉口数十家商店罢市，不少商店在门前竖起“国耻痛心，休业救国”字牌。11日，汉口租界区、二码头、华景街、前后花楼及后城马路等主要繁华区的商店，多在门首张贴“不惩办卖国贼，誓不开市”标语，宣布罢市。12日，武昌全城一律罢市，司门口、察院坡中华书局、山前芝麻岭老万年、宝庆各银楼、曹祥泰等商店，门前均张贴“警告同胞，坚持到底，恒心抵制，惩办国贼，国事如此，无心营业”告白，以示罢市宗旨。

6月28日，出席巴黎和会的中国代表迫于全国人民强大压力，没有出席和约签字仪式，五四运动取得伟大胜利。武汉人民再接再厉，开始酝酿社会各界大联合。7月3日，武汉学联、武昌商会等18团体联合举行追悼在五四运动中牺牲的爱国学生大会。7月10日，武汉学联通告各团体，建议组织各界联合会，共谋国家大计。7月12日，各团体举行第一次筹备会议，决定筹备成立湖北各界联合会,8月18日,湖北各界联合会成立。虽然由于种种原因,这一团体发挥作用有限,但毕竟是一次湖北社会各界大联合的尝试。

图 1-3 董必武

图 1-4 陈潭秋

在五四运动中心从北京南移上海不久,武汉学联就派出学生代表赴上海参观学习,武昌高等师范学校英语部应届毕业生陈潭秋就是代表之一。这位23岁的湖北黄冈籍大学生在上海见到了一位比自己长10岁的鄂东老乡——董必武。董必武是湖北黄安人,17岁中秀才,辛亥武昌首义投身革命,参加湖北军政府工作,加入同盟会,后考入日本东京日本大学法科,加入中华革命党,回国后追随孙中山参加护法战役,曾策动武昌南湖起义,事败后两次入狱,又参加湖北省议会斗争,1918年投奔鄂西靖国军总司令蔡济民,担任总司令秘书。1919年初,蔡济民在内讧中被杀,董必武专程到上海请孙中山主持公道,可孙中山此时已是孑然一身,除表同情之外,毫无办法。正当董必武迷茫苦闷之际,一位比他小6岁的同乡给他指点一条出路。这位同乡姓李名汉俊,湖北潜江人,12岁东渡日本,日本帝国大学土木工程系毕业,在日本接受马克思主义,1918年底回国,此时正在上海从事宣传马克思主义的工作。李汉俊给董必武介绍十月革命和苏俄情况,并向他推荐从日本带回的一些马克思主义书籍和进步杂志。董必武顿觉迷雾尽散,豁然开朗,从此笃信马列,践行马列,终其一生。他在年届九十之日,曾以七律一首追怀往事,其中"遵从马列无不胜,深信前途会伐柯"一联,便是他最深刻的人生体验。晚年回忆起这段经历,董必武还深情地把李汉俊称为"我的马克思主义老师”。陈潭秋到达上海之日，正是董必武思想发生质的飞跃之时，自然也成为陈潭秋开始信仰马克思主义之时。

董必武和陈潭秋先后回到武汉，打算办一份报纸宣传马克思主义，可因为经费难筹而成泡影。接着，又准备办学校。经过好一番筹措，终于1920年3月在武昌涵三宫办起一所私立武汉中学。董必武把唯一一件皮袄送进当铺换来20块光洋凑齐办学经费，将“朴诚勇毅”4个大字题在门首作为学校校训。陈潭秋则以义务充当级任和英语教师而参与其事。各地有志青年纷纷前来求学，武汉中学成为湖北最早传播马克思主义和培养革命干部的基地。

图1-5 武汉中学旧址

转眼间暑假将临，正在忙碌学校期末事务的董必武收到李汉俊一封来信。信上说他正同陈独秀等人在上海秘密筹建共产党组织，希望董必武也在武汉筹建同样组织。随后，李汉俊回到家乡，又与董必武面商此事。董必武即同陈潭秋商量，继与张国恩、赵子健联系，酝酿建党事宜。张国恩与董必武是黄安同乡，辛亥革命时参加武昌起义，加入同盟会，后同董必武一道东渡日本留学，加入中华革命党，回国后仍同董必武一道从事民主革命活动。赵子健也是黄安人，1919年参加五四运动，1920年初于湖北第一师范学校毕业以后即在武汉中学任教，接受马克思主义，参加革命活动。不久，一位湖北鄂城人从上海回到武昌。他叫刘伯垂，曾东渡日本留学，受到民主革命思想影响，加入同盟会，同时受到马克思主义影响，回国后曾在广州护法军政府工作，参与创办《惟民周刊》，宣传新思想。这时，刚刚在上海由陈独秀介绍加入共产党，此行是受陈独秀委派回湖北建党。刘伯垂找到董必武，并与李汉俊一起介绍董必武入党。随后，按照陈独秀嘱咐，找到包惠僧和郑凯卿。包惠僧是黄冈人，毕业于湖北省立第一师范学校，后在北京大学文学系肄业，担任新闻记者。郑凯卿是武汉人，武昌文华大学校工。这年2月，陈独秀来武汉讲学，就住在文华大学，郑凯卿是服侍他的校工，包惠僧是采访过他的记者，他曾委托他俩对武汉地区工人状况进行调查。

1920年8月的一天，蛇山脚下的抚院街(今民主路)平静如常。人们怎么也不会想到，抚院街97号，董必武、张国恩的寓所之中，这时正在举行一个开天辟地的会议。董必武、陈潭秋、刘伯垂、包惠僧、郑凯卿、张国恩、赵子健围坐一起，决定成立武汉共产党组织。会议主持人刘伯垂报告上海共产党组织成立经过和组织状况，与会者传阅他带回的党纲草案，学习《共产党宣言》，研究党组织成立以后的工作。会议推举包惠僧为武汉共产党组织负责人，决定租用武昌多公祠5号为党的机关。

图1-6 武昌多公祠5号

武汉共产党组织成立以后，即开展一系列活动。11月7日，在武汉中学成立武昌社会主义青年团，包括党组织全体成员在内的18名代表参加会议，确定团的宗旨为"研究社会主义、实践社会主义的思想"。后来，又成立汉口社会主义青年团。与此同时，董必武等以武汉中学为主要基地，成立马克思学说研究会，公开地有组织地传播马克思主义。武汉共产党组织尤其注重深入工人群众，兴办平民夜校，从教工人学习文化入手，灌输马克思主义，同时进行调查，进一步了解工人状况。在武汉共产党组织成立之前，包惠僧和郑凯卿就按照陈独秀的嘱咐，开始对武昌织布局、纺纱局、麻布局、铜币局、银币局的工人状况进行调查，这时便列入党组织工作计划继续进行，不久写成《武昌五局工人状况表》，署名“文华大学学生”，发表在1920年9月1日出版的《新青年》上。12月19日，包惠僧又同赵子健到汉口谌家矶扬子机器厂调查工人状况。后来，包惠僧通过一系列调查，还写成《我对于武汉劳动界的调查和感想》，发表在1921年4月8日上海《民国日报》《觉悟》副刊上。这时，包惠僧已离开武汉到上海，武汉党组织的工作由陈潭秋负责，失业工人赵子俊和进步教师刘子通、黄负生被发展为新党员。黄负生在1921年1月与恽代英等创办的《武汉星期评论》，成为党组织的机关刊物。

1921年7月，李达、李汉俊来信邀请武汉党组织派代表到上海参加中国共产党第一次全国代表大会。武汉党组织推举董必武、陈潭秋为代表，前往参与创建统一的中国共产党。中共一大13名代表中，有5名湖北人，除湖北代表董必武、陈潭秋外，还有上海代表李汉俊（潜江人），北京代表刘仁静（应城人）和广州代表包惠僧（黄冈人）。

还在董必武筹办武汉中学的时候，恽代英等人就在武昌横街头创办了一家利群书社。这个带有工读互助性质的文化机构，后来成为长江中游传播马克思主义的重要阵地。在这一过程中，恽代英等人的思想也从改良主义向马克思主义转化。这种转化的结果，是一个具有共产党组织性质的团体——共存社的诞生。共存社成立于1921年7月16日，也就是中共一大开幕前一个星期。在恽代英主持下，林育南等24人在黄冈白羊山浚新小学举行成立会议。经过6天热烈讨论，会议决定共存社的宗旨为“以积极切实的预备，企求阶级斗争、劳农政治的实现，以达到圆满的人类共存为目的”。不久，中国共产党成立的消息传来，恽代英等人即决定取消共存社，其成员分别加入中国共产党。

中国共产党是马克思主义与中国工人运动相结合的产物。湖北是中国近代工业的摇篮和主要地区之一，到1919年已有25万产业工人。十月革命尤其是五四运动以后，湖北涌现出一批具有初步共产主义思想的知识分子。正是这些知识分子在湖北传播马克思主义，并将马克思主义与工人运动相结合，产生了作为共产党早期组织的武汉共产党组织和具有共产党早期组织性质的共存社，使湖北成为中国共产党的重要发祥地。湖北的历史，也从此揭开崭新的篇章。

中共一大闭幕以后，董必武、陈潭秋返回武昌，按照一大通过的中国共产党的第一个纲领规定，成立中共武汉地方委员会，直属中共中央。包惠僧随后奉命返汉，担任中共武汉地委书记。同年12月前后，根据中共中央决定，中共武汉地方委员会改组为中共武汉区执行委员会，仍由包惠僧任书记。

图1-7 中共武汉区委机关旧址——武昌黄土坡27号

中国共产党成立以后，即集中力量开展工人运动。1921年8月，中国劳动组合书记部在上海成立，作为中国共产党公开领导工人运动的机构。10月，中国劳动组合书记部武汉分部成立，由包惠僧兼任主任。1922年5月第一次全国劳动大会以后，分部主任由林育南担任。武汉分部成立以后，几乎所有党员都被派到工厂和工人居住区。他们先后在工人中发展项德隆(项英)、林毓英、林祥谦等一批工人党员，协助工人成立汉口英租界人力车夫公会等一批工会组织，在发动工人群众、组织工人阶级力量方面取得显著成效。

在致力于工人运动同时，武汉地区党组织还积极开展青年工作，取得重要成果。1922年3月，以武昌、汉口社会主义青年团为基础组建的中国社会主义青年团武汉地方执行委员会正式成立，刘昌群担任书记。5月1日，武汉党团组织联合社会各界，公开举行纪念五一国际劳动节活动，造成很大影响。尤其是延续

9个月的湖北女师学潮，更是轰动全国。学潮是由这年2月21日湖北女师校长王式玉以“宣传赤化”、“煽动学潮”罪名开除教师刘子通（共产党员）引起的。激于义愤，学生们在第二天致信校长，声明刘子通老师不进教室，决不上课，斗争持续一个学期以后，校方又以“违反校规”为由将夏之栩、徐全直等5名进步学生开除。9月，湖北督军兼省长萧耀南密令省教育厅将刘子通驱逐出境。女师学生闻讯奋起，在李哲时(文宣)等带领下包围校长室，随即转赴省教育厅请愿。武昌中等以上学校学生纷纷举行同盟罢课，并组成湖北女校后援会，声援女师学生的正义斗争。11月，董必武、陈潭秋延请教育界知名人士出面调停，迫使王式玉辞职，校方撤销开除学生决定，给夏之栩等照发毕业证书。夏之栩、袁溥之、陈媲兰、杨子烈、庄有义等进步学生在罢课期间加入社会主义共青团。后来，党团组织以她们为骨干，建立学习、宣传马克思主义的武汉妇女读书会。

就在湖北共产党早期组织创建并领导湖北人民开展革命斗争的同时，一场以谋求地方自治为鹄的的改良运动——湖北自治运动也掀起第二次浪潮。在这期间，湖北自治运动由要求鄂人治鄂转变为要求罢免督军王占元，从一般的政治斗争转变为激烈的军事较量，演化成影响全国的重大事件。

二、自治激浪

湖北自治运动始于清末，是当时发生在全国各地的自治运动的重要组成部分，在辛亥革命前后掀起第一次浪潮。辛亥革命推翻帝制以后，较为盛行的政治主张是实行联邦制。在首义之地湖北，这种主张尤为强烈。《鄂州约法》确定的省区地位、权力及其与中央政府的关系就显现出这种主张，不久黎元洪更公开鼓吹“建立联邦国家”，后来湖北代表又在南京代表会议上主张地方分权。不过这种联邦主张，很快被中央集权的政治运动所压倒。1917年12月，黎天才、石星川等将领发动荆襄自主起义，省内即兴起秘密的“制省宪之运动”与之相呼应。但随着起义失败，自治运动也跌入低谷。这场自治运动是湖北资产阶级为争取地方领导权所发动的一场爱国民主运动，虽然没有取得实质性成果，但也对辛亥革命前后的湖北社会产生深刻影响。

图 1-8　王占元

由于五四运动的影响和湖北督军、军阀王占元祸鄂罪行的激发,湖北自治运动在 20 年代初掀起第二次浪潮。王占元乃山东人氏，1895 年入天津小站新建陆军,历任管带、统带、协统、副将、总兵等职,为袁世凯部骨干。1911 年 11 月,率部进攻汉口、汉阳,因战功升任第二镇统制。民国建立后,镇改师,任第二师师长,第二师系袁世凯部主力之一。1913 年 4 月始进湖北,王占元即受命帮办湖北军务,12 月代理湖北军务,1915 年 8 月开始督理湖北军务。王占元统治湖北以后，始则对袁世凯复辟帝制极力迎合,先后扼杀"二次革命"、白朗起义、荆襄独立,继而对五四运动疯狂镇压，连续制造"六一惨案"、"六三惨案",欠下累累血债。为巩固其统治地位,王占元大行任人唯亲,省直重要部门均为其鲁籍亲信把持，69 县地方长官中有 49 县系鲁籍官员。为满足其骄奢淫逸,王占元肆意豪取强夺,敛财达 8000 万元之巨。此数尚不包括不动产,他在武汉一地的不动产就在 1000 万元左右。王占元的倒行逆施激起湖北人民无比义愤,荆楚大地早已涌动一股反王暗潮。这股暗潮终于在 1920 年秋公开爆发,形成湖北自治运动第二次浪潮。

引发这次浪潮的是发生在 1920 年秋至 1921 年春的省长政潮。1920 年 8 月 20 日,湖北省省长何佩瑢辞职。8 月 28 日,北京政府内阁会议通过王占元保举的孙振家为湖北省省长。孙振家不仅是王占元的山东同乡,而且是王占元的儿女亲家,1915 年到湖北,初任王占元秘书,后相继担任湖北官报局局长、荆南道道尹,毫无政绩,且年逾六旬。王占元统治湖北,任人唯亲,早为鄂人所痛恨,此次变本加厉,自然引起公愤。

8 月 29 日,湖北旅京同乡会召开紧急会议,公推会长夏寿康及孔庚等 8 人为代表向政府请愿,要求政府不要发表对孙振家的任命。次日,8 名代表请愿遭政府拒绝。同日,同乡会收到客居天津的黎元洪和周树谟支持电报。9 月 1 日，湖北省议会致电北京政府和湖北旅京同乡会等，提出何佩瑢治鄂两载，尚有政绩，“现值大局未定，人心浮动，遽易省长，实非所宜”，婉拒孙振家长鄂。9月2日，湖北旅京同乡会分别致电湖北省议会和王占元、孙振家，要求省议会协力拒孙，告诉王占元湖北旅京同乡会“一致否认”孙振家长鄂，告诫孙振家不要到任。5日，该会500余人在北京湖广会馆开会，孔庚为主席，陈定远散发《关于解决湖北问题之我见》，提出治标、治本两种办法，所谓治本即恢复地方自治，实行民选省长。会议最后决定，首先反对孙氏长鄂，然后废督，并由每县选1名代表与政府交涉。9月6日，湖北省议会公开表示反对新任省长，同时将省署咨文退回。9月10日，湖北旅沪自治协会发电宣布王占元祸鄂5大罪状。20日，该会创办的“本国民自决精神，实行民治，以铲除军阀官僚政治为宗旨”的月刊《新湖北》开始发行。

北京政府迫于压力，于9月18日免去孙振家湖北省长职务，任命夏寿康为湖北省长。夏寿康系湖北黄冈人氏，与黎元洪关系密切。黎元洪主鄂时，曾任湖北都督府参议、湖北内务司司长、民政长(省长)。黎元洪继任大总统后，曾任总统府秘书长、平政院院长。此次出任湖北省长，全赖黎元洪等鄂籍官僚支持。然而，北京政府的这个决定却遭到王占元的坚决反对和抵制。于是，自治运动转化成倒夏和拥夏的斗争。

10月7日，湖北省教育会会长谢石钦受王占元指使，发出快邮代电揭露夏寿康“劣迹”，省议会崇正俱乐部成员亦发电拒夏。10月8日，夏寿康在北京发表讲话彰扬自治，后又明确提出以恢复自治为唯一急务的施政方针。11月9日，王占元迫于各方压力，同意夏寿康上任。22日，被迫在北京滞留65天的夏寿康到达武汉。王占元一面要夏寿康带600万元现款、加印1000万张官票以充军饷，一面宣布武汉全城戒严，进而以保护为由，派兵包围省长公署，迫使夏寿康躲进汉口租界。28日，夏寿康在汉口接印正式办公。

就在夏寿康到职视事的第二天，宜昌发生兵变。11月29日深夜，驻宜昌之北洋军第十八师第二十二旅第一团士兵“在城内外大烧大抢”，直至次日天明。据12月16日宜昌20万公民致全国电文统计，此次兵变使宜昌中外损失达八九千万元。由于经常拖欠兵饷，北洋军内兵变迭起。湖北是全国兵变最多的地区之一，仅1920年，湖北天门、钟祥、安陆、大冶、武穴、蒲圻、崇阳、沙市、宜昌等地就发生兵变近20次。宜昌兵变以后，王占元进一步向夏寿康施加压力。尽管如此，夏寿康仍积极支持自治运动，与之分庭抗礼。1921年1月1日，湖北全省自治筹备处成立。在此前后，湖北地方自治筹备会（后改名湖北全省自治期成会）、湖北地方自治研究会、各县自治联合会、省宪讨论会、民治促进会等团体纷纷成立，有关报刊也纷纷载文宣传自治运动，一时间蔚为大观。王占元则一面以"请假"威胁北京政府，一面继续策动倒夏派活动，致使倒夏声势越来越大。1921年3月8日，北京政府免去夏寿康省长职务，改任王占元保荐的刘承恩为湖北省长。至此，湖北自治运动因为省长政潮告一段落而渐趋平缓，然而很快又因为第二次宜昌兵变尤其是武昌兵变而走向高潮。

1921年6月4日，驻宜昌之北洋军第二十一旅第一团士兵因拖欠兵饷又起兵变。据湖北省议会报告，此次兵变"受祸较前更烈，计被焚者商店十之六，住户三分之二，机关法团二分之一，官商居民死伤达千余人"。宜昌兵变狼烟未熄，武昌兵变孽火又起。6月7日，王占元维持统治的台柱、驻武昌之北洋军第二师士兵，因王占元裁减老兵起而暴乱。暴乱士兵四处抢劫，烧杀奸淫，无恶不作。湖北省议会致北京政府电报称，武昌兵变"共计公私财产损失数千万，死伤约数百人"。

宜昌兵变尤其是武昌兵变轰动全国，湖北自治运动以此为契机再起浪潮，斗争矛头一致指向王占元。事变发生后，武昌总商会、湖北各公团、湖北各界联合会致电北京政府，强烈要求将王占元撤职查办，明正典刑。6月9日，湖北旅京同乡会1000余人在湖广会馆召开紧急大会，一致决定派代表要求政府迅速撤销王占元职务，通电湖北全省举行罢工、罢课、罢税。11日、15日，湖北代表向北京政府请愿。21日，举行救亡大会。会后，1000余人整队到新华门北京政府所在地请愿，提出将王占元免职查办等3项要求。北京政府虚与委蛇，湖北代表于25日愤而露宿新华门以示抗议。28日，国务总理靳云鹏在接见湖北代表时，竟说什么"就法律论，王占元应当罢免；就事实论，尚未到罢免时机"。因此，湖北自治运动中的有识之士决定"起立自治，以图生存"，分两路到邻省请求援兵，用武力驱逐王占元。

一路由蒋作宾、孔庚、李书城等组成，分别从北京、上海、武汉等地汇聚长沙，请求湖南督军赵恒惕出兵援鄂。7月22日，1万余名旅湘鄂人在长沙举行大会，一致通过《湖北省自治临时约法》，宣布成立湖北自治政府，公推蒋作宾为临时省

图 1-9 北京湖广会馆

总监兼鄂军总司令，同时成立湖北自治军。湖南督军赵恒惕早有染指湖北之意，遂应允起兵援鄂讨王。26 日，赵恒惕以 8 万之众组成援鄂自治军，自任总司令，在湖北自治军配合下，分三路进攻湖北，湘鄂战争爆发。王占元心急如焚，一面电请北京政府曹锟、吴佩孚发兵增援，一面调兵设置三道防线堵截。7 月 28 日，两军在赵李桥交锋。湘军 31 日占赵李桥，8 月 5 日占通城，王军节节败退。曹锟、吴佩孚接到求援电后，决定援鄂不援王，趁机取而代之，遂令萧耀南、靳云鹏率师援鄂，并任萧耀南为直军援鄂总指挥。8 月 6 日，王军全线溃退，王占元亲往乞援，萧耀南不仅不发援兵，反而占据汉阳兵工厂和鲇鱼套火车站。王占元无可奈何，只得迭电辞职。8 月 9 日，北京政府准免王占元本兼各职，任命吴佩孚为两湖巡阅使、萧耀南为湖北督军，湘军及湖北自治军讨王战役至此结束。其后，吴佩孚一面以和谈迎合民众、迷惑湘军，一面调重兵积极备战。8 月 16 日，湘直谈判破裂。8 月 17 日，两军下达总攻击令。吴佩孚悍然下令决开金口等处长江大堤，直军乘水势发起猛攻，湘军全线动摇。9 月 1 日，经英国驻汉领事居间调停，吴佩孚与赵恒惕签订《鄂湘休战条约》，湘鄂战争结束。

另一路由湖北自治筹备处代表董必武、朱旭东、潘怡如组成，西上四川请求川军援鄂。8 月中旬，四川军阀刘湘组成援鄂军，分两路沿长江两岸东进。8 月

19日占巴东，继而克秭归。9月1日开始攻打宜昌，终因兵力不足，久攻未克。9月中旬，吴佩孚亲赴宜昌督战，直军发起总攻击，川军败退。其后，双方经多次谈判，于1922年3月7日签订《川鄂和约》，川鄂战争结束。

湘川援鄂战争将湖北自治运动由一般政治斗争推向激烈军事斗争，成为湖北自治运动有别于他省自治运动的显著特点。这种在北洋军阀统治和地方军阀援助下的自治运动，不可能给广大人民指明解放的正确道路，并且注定将以失败而告终，但它在反映湖北地方实力派意志和资产阶级愿望的同时，也反映了广大人民群众反对军阀统治的要求，在一定程度上代表了全省广大人民的利益，因而具有一定的积极意义。参加这场运动的人大致分为四类：第一类是以黎元洪、夏寿康为首的失意的鄂籍旧军人、旧官僚政客和省议会的平社议员，代表湖北地方地主买办资产阶级的利益，想驱逐王占元，自己取而代之；第二类是与同盟会、国民党关系十分密切的人士，想通过以蒋作宾、孔庚为首的部分民族资产阶级代表人物，走资产阶级改良主义的道路，实行联省自治，建立资产阶级联邦制共和；第三类是以詹大悲、潘怡如、潘正道、李书城、施洋为代表的激进民主主义者，想通过实现民治，铲除军阀官僚政治；第四类是以董必武、刘子通为代表的信仰马克思主义的共产主义者，为着手改造社会，想联合各派势力反对当前共同敌人。这四股政治力量在反对督军的政治问题上结成联盟，以"民治"相号召，提出"鄂人治鄂"的主张。湘川援鄂战争结束以后，湖北自治运动又以"制定省宪"为内容延续4年，但完全是萧耀南控制的"官治"，其性质已经不属于资产阶级改良运动范畴。就在湖北自治运动第二次浪潮激荡荆楚大地的时候，湖北工人阶级在湖北共产党组织领导下，掀起了位于中国第一次工人运动前列的罢工"狂潮"。

三、工运狂潮

如前所述，中国劳动组合书记部武汉分部成立以后，一方面通过《武汉星期评论》、《劳动周刊》、《全国通信》等刊物，报道国内外工人运动的消息，并开办工人补习学校、职工子弟学校和平民学校，进一步向工人灌输马克思主义，启发工人的阶级觉悟，一方面派出骨干深入到工人群众之中，进行具体组织发动工作。通过这些工作，湖北工人阶级被迅速组织起来，掀起“一个令人不可逼视的”罢工“狂潮”。

这一“狂潮”的序幕是1921年10月粤汉铁路武(昌)长(沙)段工人罢工斗争。10月6日，粤汉铁路徐家棚机车处81名小工为要求增加工资、改善待遇举行罢工。该处英国总管卡麦克尔竟将这些小工全部开除。武汉共产党组织派往徐家棚工作的人员立即领导组织粤汉铁路职工联合会，积极指导工人斗争。10日，罢工小工向路局请愿，并发表宣言，提出“为中国人争人格，为中国工人争人格”的口号，坚决反对英国总管对中国工人的压迫。11日，机车处373名工人举行集会，一致支持小工正义斗争，并向英国总管提出给小工复职加薪、恢复原定工时、修正待遇等15项要求，却遭到卡麦克尔拒绝。12日，机车处全体工人罢工，武长段全线837名机车工人群起响应，并通电北京交通部和全国各界，要求驱逐英国总管，形成全段政治性同盟罢工，致使武长段客、货、军车尽皆停驶。这时湘鄂战争刚刚结束，吴佩孚正大量运兵岳州，企图控制湖南全省，进而抵制以孙中山为大总统的广州军政府北伐。粤汉路交通完全断绝，致使吴佩孚向南运兵受阻，湘鄂联防部署被破坏。因此，吴佩孚电令湖北督军萧耀南速即解决罢工问题，北京交通部和铁路总局也派代表来鄂，到粤汉铁路职工联合会进行“调解”。16日，粤汉路局被迫接受工人要求。全路工人遂于17日复工，历时5天的同盟罢工胜利结束。11月16日，中国劳动组合书记部发表文章，庆贺这次罢工斗争胜利。

图 1-10　武昌徐家棚粤汉铁路工人俱乐部成立大会代表合影

粤汉铁路工人罢工胜利后一个半月，汉口租界人力车工人掀起反抗外国资本家压迫剥削的斗争。1921 年 10 月，以法商利通、飞星为首的 13 家外资车行老板，宣布自 12 月 1 日起再次将车租由 800 文增至 1000 文。12 月 1 日，全体工人开始罢工，中国劳动组合书记部武汉分部派包惠僧、郑凯卿、施洋直接领导这次罢工斗争。罢工伊始，英巡捕房竟无理拘押 30 余名罢工工人。4 日，罢工工人聚集英巡捕房门前抗议，被拘工人全部获释。同日，罢工工人成立车夫同业公会，向车行提出"打消加租议案"、"准车夫成立车夫会"，"将车租减为六百文"等 3 条要求。5 日，罢工工人再次集会，向工部局提交禀呈，要求"追究车行无理加租之罪"，并发出通启，提出"死中求生"，呼吁各界"公道帮助"。6 日，法、英两巡捕房又无理拘押 7 名罢工工人，人力车工人代表会议作出坚持斗争决定。7 日，车夫同业公会以 6000 余名罢工工人组成"租界人力车夫乞讨团"，结队向租界游行示威。当游行队伍经英、俄租界进入法租界时，法国巡捕鸣枪阻截，工人 10 余名受伤、2 名被捕。罢工工人英勇反击，徒手搏斗，殴伤法巡捕 1 人，俘 2 人，缴手枪 2 支、刺刀 12 柄，随即怒捣法巡捕房、车行包车及利通车行行主住宅，后又将法领事馆团团包围，声明不释放被捕工友决不撤退。慑于罢工工人坚决斗争和社会舆论强大压力，法领事下令释放被捕工人，并请武汉商会出面调停，工人亦将所俘法巡捕放回，当日经各界各团体调停，决议四项解决办法。在迫使法领事和各车行答应履行全部条件后，全体工人于 8 日复工。11 日，汉口租界人力车夫工会筹备委员会宣告成立。在中国共产党领导下，从 1922 年 1 月香港海员大罢工到 1923 年京汉铁路工人大罢工，形成第一次中国工人运动高潮。粤汉铁路工人罢工和汉口人力车工人罢工成为这一高潮的序幕。就在汉口租界人力车工人罢工胜利后不几天，汉口英美烟草公司和湘鄂印刷公司工人又相继罢工。湖北工人运动从此渐入高潮。

湖北工人阶级从斗争实践中逐渐认识到，在中国共产党领导下组织起来团结奋斗，才是争取解放的唯一出路。为适应斗争需要，中国劳动组合书记部武汉分部把指导和帮助各厂工人建立工会组织纳入重要议事日程，湖北地区一大批工会组织应运而生。1922 年 5 月，根据中共中央局决定，由中国劳动组合书记部发起，第一次全国劳动大会在广州召开。武汉分部选派江岸京汉铁路工人俱乐部、徐家棚粤汉铁路工人俱乐部、汉口租界人力车夫工会的工人代表出席大

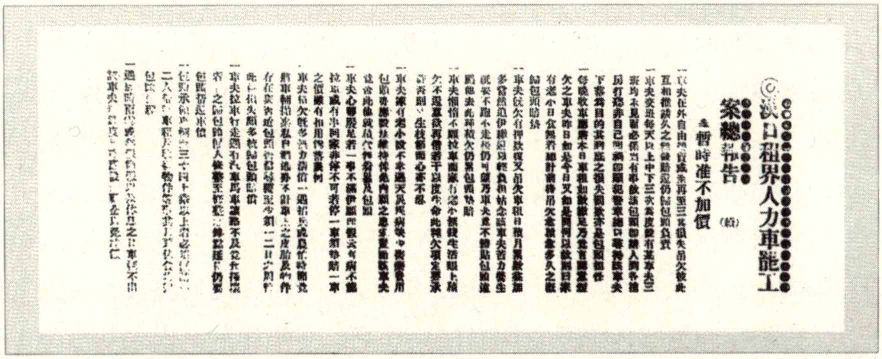
漢口租界人力車罷工案總報告（續）

暫時准不加價

图 1-11 汉口租界人力车工人罢工报道

会。大会接受中国共产党提出的“打倒帝国主义”、“打倒封建军阀”等政治口号，通过罢工援助案、工会组织原则案等议案，并决定次年在汉口召开第二次全国劳动大会。这次大会促使湖北工人阶级斗争浪潮愈益高涨。7 月 23 日，由江岸京汉铁路工人俱乐部南段总部、徐家棚粤汉铁路工人俱乐部、汉口谌家矶扬子机器厂工人俱乐部、汉阳钢铁厂工会、汉口租界人力车夫工会等共同发起，成立全国第一个地方总工会——武汉工团临时联合会。8 月，该会正式定名武汉工团联合会，由陈天任委员长，施洋任法律顾问。自此，武汉 28 个工会组织在武汉工团联合会领导下，统一行动，推动工人阶级罢工斗争迅速发展。从 7 月至 9 月，武汉地区接连爆发 4 次大罢工，形成全省工人运动高潮。

第一次是汉阳钢铁厂 3000 余名工人罢工。中共武汉区委和中国劳动组合书记部武汉分部成立以后，即派许白昊、林育南、林毓英等到汉阳钢铁厂发动工人，组织工会，领导工人进行斗争。1922 年 7 月 16 日，汉阳钢铁厂千余名工人在征得厂方和警署同意后集会成立俱乐部，厂资本家竟出尔反尔，勾结军警禁止开会，抄封部所，没收俱乐部一切物件，并将参与俱乐部工作的 72 名工人全部开除。22 日，全厂工人举行政治大罢上，成立以许白昊为首的罢工委员会，发表罢工宣言，向厂方提出解除军警压迫、恢复工人俱乐部、恢复 72 名被开除工人原职等要求，宣告不达目的，誓不上工。刚刚成立的武汉工团临时联合会发出公函，号召全体工友联合起来，“为工人全体利害争人格”，紧要时采取一致行动，以实力援助汉阳钢铁厂罢工工友。中国劳动组合书记部也发表宣言，号召全国工人声援捐助。25 日，厂方被迫请陈天等工会负责人调停，接受工人所提条件。26

日，工人宣告上工。此次政治大罢工胜利，标志全省工人运动新的高涨。

第二次是汉阳兵工厂2600余名工人罢工。1922年8月13日，汉阳兵工厂工人为要求增加工资举行罢工，湖北督军萧耀南竟派一营军队会同保安警察队包围工厂，勒令工人开工，罢工工人聚集厂内奋起抵抗，3名工人英勇牺牲，数名工人负伤。愤激之中，工人将部分机器炸毁，厂方被迫接受工人所提条件。

第三次是粤汉铁路武长段3000余名工人再次罢工。此次罢工由中共武汉区委和中共湘区委共同领导进行。1922年9月5日，粤汉铁路武长段徐家棚、岳州、长沙、株萍四处工人俱乐部因粤汉路局局长王世堉的两名亲信虐待工人，以全路工人名义致电北京政府交通部，要求将这两名亲信撤职查办，限3天内圆满答复，否则实行总同盟罢工，并以同样内容通告王世堉。6月，这四处工人俱乐部举行联席会议，组成粤汉铁路工人俱乐部联合会。8日，因部、局对工人要求置之不理，工人俱乐部联合会决定即日实行总同盟罢工，并发表罢工宣言，向路局提出七项要求，宣布此次罢工是“为生存而奋斗，为人格而奋斗”，是为“解除压迫，维持团体，改良生活，增高人格”，“不达目的，誓死不止”。10日，王世堉拉拢少数工人分别在长沙和武昌接手开车，并勾结军警随车押运。徐家棚和岳州两处罢工工人及其家属闻讯，立即卧轨拦截，遭到军警残酷镇压，死伤170余人，被捕46人。11日、12日，粤汉铁路工人俱乐部联合会接连发出快邮代电和泣告国人书，呼吁全国同胞主持公道，实力援助。粤汉铁路工人的英勇斗争，得到湖北各工团和全国工人的同情与支持。中国劳动组合书记部为援助这次罢工向全国各分部发出《通告》。武汉各工团、全国各铁路工会及其他工会组织纷纷致电、捐款或罢工声援。交通部和吴佩孚不得不急电萧耀南、王世堉，令其迅速解决工潮。25日，王世堉被迫释放被捕工人，接受工人条件，历时17天的罢工斗争胜利结束。26日，罢工工人在徐家棚工人俱乐部升起得胜旗，宣告复工。

第四次是汉口谌家矶扬子机器厂全体工人罢工。此次罢工为声援粤汉铁路工人罢工，同时要求厂方改善工人待遇，于1922年9月23日开始举行。25日，该厂工人俱乐部发表宣言，说明此次罢工系“鉴于人群之被压”，“本互助之精神”，“借表含冤难伸之情”。厂方不但不接受工人合理要求，反而一面令人将厂门关闭，一面令包工头另招新工。工人俱乐部即向武汉各工团发出公函，呼吁各工友予以支持,使厂方招收新工人阴谋破产。30日,武汉各工团联合发出警告书,限厂方3日内答允工人所提条件。此间,该厂正承修一艘美国军舰,因工人罢工未能按期完成。吴佩孚闻讯,"恐复牵动外交",于10月4日急令萧耀南责令该厂"速急解决,以免工潮扩大"。次日,厂方被迫请求武汉工团联合会出面调停,接受工人所提出条件。坚持12天的罢工胜利结束,全厂工人当日复工。

上述四次罢工均发生在武汉钢铁、兵工、交通、机器制造等产业工人密集的重要行业,其人数之多、时间之长、规模之大、影响之深,均为湖北历史上前所未有。这四次罢工胜利,表明以武汉为中心、以产业工人为主体的湖北工人运动正以汹涌澎湃之势跻身全国工人运动前列。随着湖北工人运动高潮勃兴,实行更大规模的联合成为工人阶级的迫切要求。在中共武汉区委和中国劳动组合书记部武汉分部领导下,武汉各工团代表于1922年9月28日举行联席会议,决定将武汉工团联合会改组为湖北全省工团联合会。10月10日,湖北全省工团联合会在武汉党团组织召开的纪念辛亥革命武昌首义11周年群众大会上宣告正式成立,所属团体即日起改称工会。湖北全省工团联合会是全国最早成立的地方总工会。它的成立,标志湖北工人阶级已在中国共产党领导下成为全省人民革命运动的核心和中坚力量。此后,徐家棚粤汉铁路工人俱乐部又同岳州、长沙、新河、株州等站工人俱乐部联合,于11月1日在新河成立全国铁路工会中最早的全路统一组织——粤汉铁路总工会,拥有会员1000余人;汉阳钢铁厂工会、大冶钢铁厂工会、大冶下陆铁矿工会、汉冶萍轮驳工会又同安源路矿工会联合,于12月10日在汉阳组成全国最大的产业工会——汉冶萍总工会,拥有会员3万以上。两个总工会成立以后,均加入湖北全省工团联合会。至年底,全省共建工会40余个,拥有会员6万左右。湖北全省工团联合会成立以后,全省工人运动继续高涨,相继爆发几次具有重大影响的罢工斗争。

图1-12 湖北全省工团联合会会旗

图 1-13　汉冶萍总工会成立大会代表合影

首先是同年 10 月和次年 1 月汉口英美香烟厂工人两次罢工。汉口英美香烟厂为英、美合资开办(总厂设在上海),一向虐待华工,屡有罢工风潮,但都因缺乏有力领导而失败。1922 年,林育南、许白昊等共产党员到该厂发动工人,组织工会,领导工人与外国资本家斗争。10 月 14 日,该厂 1000 余名女工为反对虐待、要求增加工资而全体罢工。21 日,2000 余名男工起而响应,一致行动。22 日,全厂 3000 余名工人齐集省工团联合会,成立香烟厂工会,提出取消虐待工人的管厂、增加工资、减除扣工苛罚恶例等条件,并推举 62 名代表同厂方交涉。23 日,省工会联合会通电全国各界,揭露英国资本家虐待、侮辱中国工人种种暴行,严正声明"为国民人格计",誓以全力为该厂罢工工人后援,呼吁国人速起援助。鉴于厂方在交涉中态度顽固,省工团联合会又于 28 日召集徐家棚粤汉铁路工人俱乐部、江岸京汉铁路工人俱乐部南段总部等 18 个工团代表举行特别会议,议决捐款援助罢工的"永久办法",同时组织烟厂全体工人游行示威,散发传单,揭露英国资本家虐待中国工人的罪行。在武汉工人阶级团结一致坚决斗争的强大压力之下,该厂上海总公司派员来汉至省工团联合会请求调停,驻汉英领事也到交涉署请求维持。30日,双方开始谈判。经过反复斗争,厂方被迫于11月1日与工人签订协定书,接受工人所提条件,全厂工人遂于次日复工。然而,工人复工以后,英国资本家不但不履行协定,反而无故开除工人代表,横蛮摧残工会,任意增加工时,变本加厉虐待工人,对工人进行报复。全厂工人忍无可忍,于1923年1月3日举行大会,议决4日再次罢工,向厂方提出包括上次复工条件在内的10项要求。省工团联合会随即发表声明,武汉18个工团联合发出警告书,强烈谴责英美烟厂资方背信弃义。英国资本家拒不接受警告,反而大打出手,殴伤工人20余名。于是,省工团联合会发出最后警告书,决定发起对英国经济绝交运动以示抗议。该厂上海总公司被迫再次派人来汉,请求省工团联合会调停。19日,双方代表开始谈判,工人代表及仲裁人施洋据理力争,迫使厂方答应工人所提要求,21日和22日签订协议,罢工斗争取得重大胜利。

其次是汉口英租界隆茂、平和棉花厂工人罢工。1923年1月10日,在汉口英美香烟厂工人第二次罢工爆发后一个星期,汉口英租界隆茂、平和棉花厂工人为反对洋行买办干涉工会活动、拘捕工会首领举行罢工。当日,2000余名罢工工人赶至英巡捕房,要求释放被捕工友,却遭到英领事调集的"义勇队"包围镇压,13人受伤,32人被捕。是日晚,省工团联合会举行紧急会议,决定向英领事交涉,要求惩办凶手。11日,在省工团联合会领导下,汉口花厂工会召开全体工人大会,宣布各洋行花厂4000余名工人举行同盟大罢工,并发表罢工宣言,提出英方向花厂工会及我国民赔礼认罪等条件,同英巡捕房及厂方交涉。英国资本家不但不接受工人要求,反而串通会审公堂,无理审判被捕工人。省工团联合会坚决否认洋务公所判决,要求督军、省长向英领事交涉。12日,武汉20余工会代表数百人在省工团联合会领导下举行大会,一致决议要求英巡捕房和花厂接受花厂工会所提条件,否则即举行游行示威。汉冶萍总工会、汉阳钢铁厂工会、汉口人力车夫俱乐部、汉口英美香烟厂工会宣布:若不限期解决,即全体罢工,死力援助花厂工友。14日,湖北省自治促进会、省宪讨论会、民生研究会等10余团体举行会议,议决6项雪耻办法。15日,花厂工会又发表宣言,声明誓死为争国权、争人格而斗争到底,呼吁各界各业同胞联合起来援助罢工。面对人民的反帝怒潮,英方被迫转请汉口总商会出面调停。16日,省工团联合会和花厂工会代表许白昊等10余人参加谈判。经三天反复斗争，于18日达成协议。各花厂工人在斗争取得胜利后，于19日复工。

再次是汉冶萍公司所属大冶铁矿工人罢工。1923年1月上旬，旧历年关将近，大冶下陆铁矿工人派出代表与矿方代理人、大冶铁矿运务股长周楚生交涉，要求给工人发放大礼拜工资，遭到拒绝。下陆铁矿工会立即召开会议，决定发动罢工斗争。1月13日，该矿1000余名工人全体罢工，要求增加工资、开办工人夜校、提高工会地位，并提出"打倒走狗'吉林牛'(指周楚生，周系吉林人)"口号。汉冶萍总公司买办资本家不仅不接受工人要求，反而宣布长期停工要挟工人，汉冶萍总工会为此向总公司发出严重警告。下陆铁矿工人罢工以后，得到湖北各工团和全国各地工人大力支持。在各地工友大力援助下，罢工工人组织起"奋勇队"，准备进行武力反抗。2月3日，罢工工人组成谈判代表团，在全体罢工工人和"奋勇队"配合下，与矿方代理人周楚生谈判。当获悉周楚生仍拒绝工人要求时，罢工工人及"奋勇队"将周楚生住宅及办公室团团围困。矿方无奈，只得接受工人所提条件。

在汉口英美香烟厂、汉口各洋行棉花厂及大冶铁矿工人罢工期间，武汉轮驳工人、武汉模范大工厂工人、汉口租界人力车工人、汉阳钢铁厂工人、粤汉铁路徐家棚工人也相继进行罢工斗争，取得一定胜利。不久，以汉口江岸为中心的京汉铁路工人大罢工，则把湖北乃至全国工人运动高潮推到顶点。

此次大罢工还得从1922年京汉铁路总工会筹备工作说起。是年4月9日，京汉铁路总工会第一次筹备会议在长辛店举行，决定成立京汉铁路总工会筹备处。8月，京汉铁路总工会正式筹备会议在郑州举行，通过《京汉铁路总工会章程草案》。此后，所属各站工人组织统一改称分会。1923年1月5日，在林育南、陈潭秋、施洋、李汉俊、包惠僧等指导和帮助下，京汉铁路总工会筹备处在郑州召开总工会各分会委员长会议，推举杨德甫任京汉铁路总工会委员长，凌楚藩、史文彬任副委员长，项英任总干事，吴汝明任副总干事，李震瀛任秘书。会议确定2月1日在郑州举行京汉铁路总工会成立大会。

1月30日，湖北全省工团联合会和汉冶萍总工会、汉阳钢铁厂工会等30余团体代表130余人，武汉学生联合会、马克思学说研究会和武汉妇女代表及新闻记者30余人，在陈潭秋、林育南、项英、杨德甫、林祥谦、陈天、施洋、许白昊、李汉

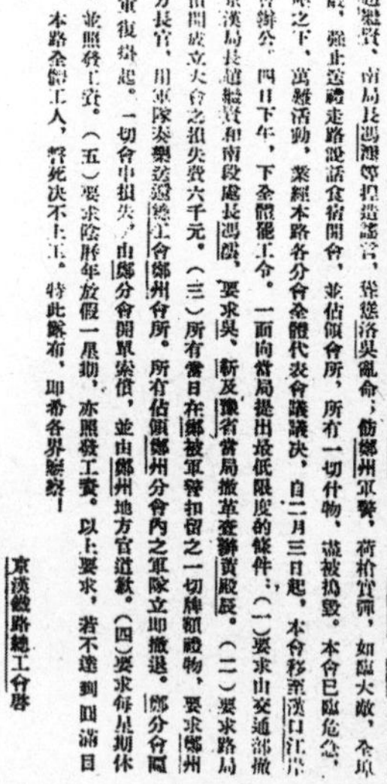
京漢鐵路總工會特別緊要啓事

本會於二月一日在鄭州開成立大會，橫被軍閥爪牙鄭州警察局長黃殿辰、京漢路管理局長趙繼賢、南局長馮澐等捏造謠言，挑撥洛吳亂命；飭鄭州軍警，荷槍實彈，如臨大敵，全埠戒嚴，禁止遠近走路說話食宿開會，並佔領會所，所有一切什物，盡被搗毀。本會已臨危急，高壓之下，萬難活動，業經本路各分會全體代表會議議決，自二月三日起，本會移至漢口江岸分會辦公。四日下午，下全體罷工令。一面向當局提出最低限度的條件：（一）要求由交通部撤革京漢局長趙繼賢和南段處長馮澐，要求吳、靳及豫省當局撤革查辦黃殿辰。（二）要求路局賠償開成立大會之損失費六千元。（三）所有當日在鄭被軍警扣留之一切牌額禮物，要求鄭州地方長官，用軍隊奏樂送還總工會鄭州會所。所有佔領鄭州分會內之軍隊立即撤退。鄭分會匾額重復掛起。一切會中損失，由鄭分會開單索償，並由鄭州地方官道歉。（四）要求每星期休息，並照發工資。（五）要求陰曆年放假一星期，亦照發工資。以上要求，若不達到圓滿目的，本路全體工人，誓死決不上工。特此緊布，即希各界贊助！

京漢鐵路總工會啓

图 1-14　京汉铁路总工会移驻江岸分会办公紧急启事

俊、李求实等率领下，前往郑州参加京汉铁路总工会成立大会，于 31 日到达郑州。2 月 1 日，京汉铁路总工会成立大会在郑州普乐园剧场举行。吴佩孚在以英国为首的帝国主义策动下，下令禁止大会举行，并派军警阻止代表进入会场。代表们冲破反动军警防线，按原计划举行会议，宣告京汉铁路总工会正式成立。当日晚，总工会召集分会代表举行紧急秘密会议，决定总工会移往汉口江岸分会办公，从 4 日中午开始实行全路总同盟罢工，反抗军阀高压政策，“为争自由作战，争人权作战”。会议还决定全路各分会一切行动，须统一服从总工会命令、指挥。会后，湖北代表即乘车南下，返回武汉。

2 日晚，京汉铁路总工会负责人及江岸分会代表抵达江岸，立即召开工人大会，报告郑州会议经过，揭露吴佩孚破坏工人运动的罪行，进行罢工动员。湖北 18 个工团决定联名致电京汉铁路总工会及所属分会，公开表明全力支援其正义斗争。3 日，京汉铁路总工会临时总办事处（旋称京汉铁路总工会江岸办事处）在江岸正式办公。湖北各工团代表连日同齐集江岸的京汉铁路总工会负责人一起，多次举行会议，进行大罢工准备工作。

图 1-15　汉口江岸分会旧址

4 日，京汉铁路总工会发表罢工宣言。当日上午 9 时，江岸分会委员长林祥谦下达江岸罢工命令，江岸机器厂随即拉响罢工汽笛。当 12 时广水站工人接到命令开始罢工时，京汉铁路 2 万余名工人全部实行罢工。1200 余公里铁路全线瘫痪。同日，中国劳动组合书记部为京汉铁路大罢工通电全国。湖北全省工团联合会也于当日举行紧急会议，次日发表宣言，表明湖北全省各工团决心与京汉铁路工友一致行动，紧要时将以总同盟罢工向共同敌人——军阀决斗。

京汉铁路大罢工一开始，帝国主义各国驻北京公使团即怂恿北京政府进行镇压。5 日，吴佩孚急电湖北督军萧耀南，令其对罢工实行“武力制止”。此前，萧耀南已派汉黄镇守使署参谋长张厚生带兵驻扎江岸车站近旁，与警察勾结，密谋破坏罢工。接吴佩孚电令后，萧耀南又增派两营军队和大批警察，准备进行镇压。5 日上午，张厚生派一名警官到江岸分会，要工会交出罢工领导人杨德甫、朱兰田、张濂光、罗海臣、林祥谦等 5 人，遭到严辞拒绝。中午，张厚生即令大批军警占领车站和机车厂，并抓走两名司机，强迫其生火开车。同时，在大智门车站贴出告示，发售客票，妄图利用旅客急于回家过春节的心情，挑拨铁路工人和民众关系，为镇压罢工制造借口。总工会接到调查队报告以后，立即组织宣传队赶到大智门车站，宣传工人罢工真相，揭露张厚生阴谋，同时派出2000余名纠察团员和工人冲破军警防线，将两名工友夺回。搏斗之中，3名纠察团员被捕。项英等45人深入虎穴，据理抗争，终使被捕团员获释归来。

6日上午，武汉各工团组成2000余人慰问队伍，高举书写"支援京汉铁路工人兄弟"字样大旗，奔赴江岸分会慰问罢工工人，举行有1万余人参加的慰问大会。中国劳动组合书记部武汉分部主任兼省工团联合会秘书主任委员林育南、省工团联合会和京汉铁路总工会法律顾问施洋、省工团联合会执委会委员长陈天、省工团联合会组织副主任委员兼汉冶萍总工会执委会委员许白昊等各方数十名代表在会上发表演说，一致表示同京汉铁路全体工友团结奋斗，准备以总同盟罢工的直接行动与军阀决一死战。京汉铁路总工会秘书李震瀛致答谢词。会后，举行声势浩大的游行。游行队伍绕江岸车站一周后，进入租界示威，沿途数千民众自动加入。次日上午，武汉学生界、妇女界、新闻界慰问队也到江岸慰问罢工工人。

就在6日上午罢工工人和前来慰问的工友举行盛大游行的时候，英国驻汉总领事劳灵费尔和美国领事正在英国领事馆与张厚生及买办资本家、商会会长周星堂等密谋，策划武力镇压罢工运动。7日下午，一场惨绝人寰的血腥大屠杀开始进行。下午2时，一名警官到江岸分会，诡称萧耀南完全接受工人所提条件，请总工会派全权代表在会所等候，立即举行正式谈判，并要求开列谈判代表名单。4时，张厚生设总指挥处于江岸扶轮学校后面。5时许，张厚生指挥两营兵力分三路包围分会会所，向工人发起突然袭击。一时枪声大作，弹如雨飞，不少工人应声倒地。纠察团副团长曾玉良高举一面红旗，率领纠察团员用木棍、铁棒与敌搏斗，终因力量悬殊，曾玉良等36名工人英勇牺牲，200多人受伤，林祥谦等数十人被捕。林祥谦被捕以后，被绑在车站电线杆上。张厚生威逼其下达复工命令，林祥谦严辞拒绝，且切齿痛骂："可怜一个好好的中国，就断送在你们这般混账王八蛋的军阀走狗手里！"一位铁骨铮铮的共产党员，就这样为革命献出宝贵生命！当晚，萧耀南等又下令非法逮捕京汉铁路罢工领导人之一、被工人称为"劳工律师"的共产党员施洋。2月15日，施洋被杀害在武昌洪山脚下。面对敌人的枪口，施洋慷慨陈词："我不怕人，不怕事，不怕死，堂堂做人，反对强暴！你们杀了一个施洋，还有千万个施洋!我只希望中国的劳动者早点起来，把军阀官僚及其走狗一齐食肉寝皮!”施洋连中两弹,仍高呼“劳工万岁”,凛然正气,惊天地,泣鬼神!在江岸罢工工人惨遭屠杀的同时,郑州、长辛店及其他各站罢工工人也遭到军警残酷镇压。此次罢工中,京汉铁路工人共被惨杀40余人,伤300余人,被捕60余人,被迫外逃或被开除者1000余人,成为震惊中外的“二七”惨案。

图1-16 林祥谦

图1-17 施洋

惨案发生后,粤汉铁路徐家棚车站、汉阳钢铁厂、汉冶萍轮驳、汉口谌家矶扬子机器厂、汉口丹水池煤油栈等处工团工人,响应湖北全省工团联合会号召,相率罢工声援。中共中央发表《为吴佩孚惨杀京汉路工告工人阶级与国民》,号召全国人民和工人阶级团结起来,打倒压迫和残杀工人的军阀。全国各工团和其他群众团体掀起声势浩大的声讨军阀、援助罢工工人斗争浪潮。共产国际和赤色职工国际以及苏俄、日本、朝鲜工人阶级也给予有力支持。各帝国主义国家则指使其在汉海军全数登陆,对武汉人民进行武力威吓。吴佩孚、萧耀南也进一步勾结帝国主义继续镇压工人,查封工会机关,取消工人学校,开除罢工工人,捕杀工运领袖。大罢工坚持至9日,面对敌人残酷镇压,京汉铁路总工会和湖北全省工团联合会劝告工人忍痛复工,以保存革命力量。中旬,林育南、项英等前往上海,组织京汉铁路总工会和湖北全省工团联合会驻沪办事处,揭露军阀镇压工人运动、惨杀工人群众真相。

图 1-18 二七烈士纪念碑

随着京汉铁路工人大罢工失败，湖北地区罢工"狂潮"宣告终结，全国工人运动转入低潮。京汉铁路大罢工失败以后，武汉地区党、团组织主要负责人被迫转移离汉。3 月，中共中央派李立三到汉任中共武汉区委委员长，继续领导湖北地区革命斗争。李立三到汉不久，武汉区委即通过武汉学联和省教育会联合省农会、汉口总商会、华商总会、武汉两律师公会及省议会，组成武汉各法团联合外交后援会，以便同北京、天津、上海、广州等地兴起的反日爱国群众运动相呼应，广泛开展反帝反军阀斗争。4 月 12 日，武汉区委与青年团武昌地委发起武汉国民大会。武汉三镇 8 个工团、农商青妇文教各界 42 个群团及 41 所学校共 5 万人参加，会后举行声势浩大的游行。此次以反帝相号召的国民大会，鼓舞了处于革命低潮中的湖北人民的斗志，成为中共湖北地方组织开展反帝反封建的"民主的联合战线"工作的开端。

四、步履维艰

从工业革命开始,人类历史就演进着一场最剧烈最深刻的变革,这就是通常所说的现代化。现代化是包括经济、政治、文化、社会各方面从传统农业文明向工业文明转型的复杂过程。这一过程深刻地改变着人们的生活方式和思维方式。然而,在西方现代化已经突飞猛进的时候,中国还处于闭关自守和自满自足之中。直到19世纪中叶西方工业国野蛮的炮舰轰开中国大门,中国才开始从被动到主动的现代化变革。随着早期现代化的历史进程,湖北以其得天独厚的区位优势,以武汉为龙头投入这一世纪大潮之中,成为中国中部现代经济、政治、文化的中心地带,在中国早期现代化过程中占据十分重要的位置。湖北早期现代化,就是中国早期现代化的缩影。

作为更为完整意义上的资产阶级民主革命的辛亥革命,推翻帝制,建立共和,开启黑暗中国通向光明中国的闸门,在中国政治早期现代化过程中作出了不可磨灭的历史贡献。湖北是辛亥革命首义之区,因此成为中国政治早期现代化的重要舞台。当中国现代历史的大门打开以后,湖北政治早期现代化的脚步更是走在时代前列。如前所述,从五四运动在湖北发展到湖北共产党早期组织建立,从自治运动第二次浪潮到第一次工人运动"狂潮",无不留下政治早期现代化的深深足迹。

湖北经济早期现代化始于1862年汉口开埠,在19世纪末20世纪初张之洞担任湖广总督期间形成第一次高潮,其标志为一批以军事工业为龙头的现代企业产生和一批以有影响的私营企业为代表的民族资本发展。第一次世界大战以后,尤其在20世纪20年代中期,湖北经济早期现代化形成第二次高潮。这次高潮不但表现在现代都市形成、交通事业和现代工业发展,而且表现在内外贸易扩大、金融业进入成熟期和财政收入较大幅度增长。首先是现代都市形成。具有现代意义的城市崛起是早期现代化的重要标志。随着都市早期现代化进程,早就跻身全国四大名镇的汉口日益扩大,成为名副其实的九省通衢、通商口岸。在汉口牵动下,武昌、沙市等城市迈向现代城市行列,其他城市也得以长足发展。到1920年，湖北10万人以上的城市已有汉口、武昌、汉阳、老河口，5万～10万人的城市已有沙市、宜昌、荆州、武穴、樊城，2万～5万人的城市已有16个。其次是交通事业发展。20年代初，湖北在长江中下游经营航运的外轮公司已有十几家，以招商局为主的中国轮船运输业也占一定份额。到1926年，本省轮船运输业发展到百余家，运力增加十余倍，总吨位仅次于上海、广东，居全国第三位。1918年8月，全长365公里的湘鄂铁路（武昌—长沙）竣工。1924年4月，全长212公里的襄沙公路建成。1925年3月，全长200公里的襄花公路通车。其三是现代工业发展。湖北工业始于晚清，到民国有较大发展，特别是以第一次世界大战为契机，出现一个明显发展期。1921年，全省已有各类工厂近2万家。全省万元以上规模工厂1912年至1926年15年间的资本（不含增值部分）为3303.8万两关银，比晚清25年（1886年至1911年）上升26%。这15年间，工业资本在万元以上规模的投资总额约3000万元，是晚清25年的总和。其四是内外贸易扩大。湖北是中国商业和对外贸易大省，因资料缺乏，现已无法知道当时全省内外贸易总值，只能从汉口、宜昌、沙市1912年至1926年进出口贸易净值窥其大概。这15年间，三市进出口贸易净值年平均额约2.2亿海关两；在全国贸易中所占份额平均在10%左右，1915年最高，达到13.17%。汉口贸易15年年均增长10%，贸易总值和海关税收逐年上升，长期居全国第二、三位。其五是金融业进入成熟期。民国前，汉口只有中外银行19家，其中外国银行10家。到1925年，武汉金融机构发展到258家，业务仅次于上海，成为全国第二大金融市场。1920年由9家银行发起成立的汉口银行公会，到1925年登记会员已有17家，标志湖北金融业进入成熟期。其六是财政收入较大幅度增长。1913年至1923年，湖北财政收入平均增长率为10%。1922年达到1000万元，1923年达到1200万元，只有1921年因发生宜昌、武昌兵变，继而又爆发湘鄂、川鄂战争，降到660万元。而且，工商税成为财政收入的主要来源，这正是现代经济发展的必然结果。

湖北经济早期现代化虽然进入第二个高潮，但道路仍十分坎坷，发展仍十分缓慢。造成湖北经济早期现代化发展缓慢的第一个原因，是帝国主义的侵略。湖北地处中国内地中心，武汉又是华中商贸、金融中心，所以早在19世纪60年代列强就将经济侵略触角伸向湖北。其经济侵略的手段，一是根据不平等条约，控制湖北通商口岸。湖北三大海关——汉口江汉关、宜昌关、沙市关均被外籍人控制，其全部关税收入不仅作为偿还外债的抵押，而且通过在英汇丰银行汇兑存款折算进一步盘剥。此外，外国商人在中国商埠经商，免缴多项税款，享有中国商人无法得到的特权。他们趁借款之机攫夺更多权益。仅1912年至1924年15年间，湖北省政府(含吴佩孚借款)就举借外债白银1150万两、美金420万、英镑3200万、银元2100万元。帝国主义借款时都要乘人之危，附加诸多苛刻条件以获更大利益。1931年湖北省政府向日本借款，不得不以汉冶萍公司全部资产作抵押，该公司遂为日本人所控制直至被侵占。二是通过商品输出，控制市场。帝国主义在汉口的洋行，不但垄断汉口进出口，还在沙市、宜昌等地设立分行(办事处)或代理机构，推销其商品，垄断进口业务。此外，美、德、英、日一些商贸公司还垄断湖北的石油经营、肠衣外贸和棉纱进口等业务。三是通过资本输出，进一步扩张经济势力。帝国主义在湖北建立洋行、工厂、银行，进行资本输出，就地掠夺廉价原料和劳动力，以获取巨额利润。据史料记载：截止1921年，外资即在湖北建立工厂22家；截止1924年，外资即在湖北开设洋行168家。帝国主义在湖北通过控制通商口岸和商品、资本输出进行掠夺、剥削以谋取巨额利润，是造成湖北手工业、农业破产和民族工商业发展缓慢的基本原因。同时，由于先进机器、技术、管理的引进，也在客观上推动了湖北早期现代化的历史进程。

造成湖北经济早期现代化发展缓慢的第二个原因，是北洋军阀的经济搜刮。湖北财政收入虽然在进入民国时期后有很大增长，但绝大部分被北洋军阀搜刮，成为他们维护专制统治、支付军费、聚敛财富的主要来源。一是大肆收勒军费，养兵以维护统治秩序。从1913年至1924年的12年间，湖北每年军费支出都在300万～700万元之间，有5年超过500万元，占全年财政支出的一半左右，其中除两年稍有结余外，其他年份均入不敷出，仅1925年即超支1018万元。二是肆意加派捐税，疯狂盘剥商民。为扩大税源，军阀政府创立营业税，对13种营业征收营业执照税，此外还征收普通商业牌照税。从1913年至1920年7年间，田赋增加3倍，烟酒税和印花税增加2～7倍。直系军阀统治湖北后还实行估本抽税，百货加一倍半，米、炭、柴加一倍，仅此一项，年增加正税500万串。第一次直奉战争前夕，吴佩孚以两湖巡阅使名义训令湖北盐务稽核所全部盐款充作军款。

第一次直奉战争期间，直系军阀又截留京沪铁路收入款项 328 万元。三是滥发货币、官票，导致金融破产。1926 年 3 月，军阀政府为挽救财政危机，通过官钱局强行加印官票，滥发钱票 9179 万余串、银元票 6500 万余元，造成民国初 15 年湖北省最大一次金融危机。四是不计后果，大量举债。据史料记载，仅 1923 年 8 月至 1926 年 1 月，军阀政府即负临时债额本息 722.8 万元，连同积欠官钱历年垫借军政各费，约负债 4000 万元以上。吴佩孚借款几乎均为弥补军政开支，而以武昌、新堤、宜昌关常税，汉口、蔡甸、武穴、宝塔洲四税局，京汉铁路南段办事处，汉滠地皮、汉口商场、武昌商场等作抵押。五是强取豪夺，大发横财。军阀政客不仅利用权力大肆搜刮以维系统治，还在经济领域大量投资以中饱私囊。黎元洪先后投资银行、厂矿近 70 家，投资金额 300 万元以上，此外还有许多地产、房产。王占元督鄂 6 年，搜刮 8000 万元，其在湖北参与经营的单位就有湖北第一纺织公司、中国兴业银行等。萧耀南督鄂 5 年，亦以垄断鸦片贩运等手段大量聚敛财富，仅 1924 年就从湖北各处鸦片包运中获运费、税费 1500 万元。同年旧历二月十六，萧耀南做 50 大寿，竟耗资 50 万元。

伴随湖北政治、经济早期现代化进程，湖北文化早期现代化也拉开帷幕，其标志性事件是新文化运动展开。新文化运动是中西文化剧烈冲撞、交流、融合的结果，其实质是以引进、学习西方政治思想为主导的思想革命运动。在湖北地区新文化运动中，西方各种思潮如资产阶级民主思想、工读互助主义、联邦自治理论、马克思主义等都留下过印迹，进行过实验。以董必武、李汉俊、恽代英为代表的湖北最先进的知识分子，就是通过对这些思潮的反复研究比较，最终选择马克思主义作为救国救民的思想武器。

湖北新文化运动的先锋和主将是恽代英，起始标志为 1915 年 5 月私立武昌中华大学学报《光华学报》创刊，其时比《新青年》(初名《青年杂志》)创刊稍早。湖北新文化运动大致经历三个阶段：第一阶段，从《光华学报》创刊到 1919 年秋，主要鼓吹资产阶级民主思想；第二阶段，从 1919 年秋到 1920 年秋，主要宣传和实践空想社会主义；第三阶段，从 1920 年秋到 1922 年秋，马克思主义逐渐占据主导地位，成为新文化运动主流。在第二阶段后期和第三阶段前期，还上演了一出联邦理论从喧嚣到幻灭的闹剧。

在湖北新文化运动第一阶段，湖北先进知识分子首先是猛烈抨击帝国主义和封建专制。恽代英发表《义务论》，率先对帝国主义予以剖析，虽然未将资产阶级文明和帝国主义区别开来，但仍然使人看到帝国主义侵略是中国日益衰弱的根本原因。后来，恽代英又以一篇《欧战与永久和平》在中国对德宣战问题上发表与众不同观点，指出要想民族独立和国家富强，就必须扑灭恶势力和铲除强权政治，而恶势力就是帝国主义和封建军阀。其次是扫荡封建文化，弘扬民主与科学。1916年冬，一股尊孔复古逆流泛滥神州，湖北先进知识分子立即起而痛击。《大汉报》发表《孔教问题》，旗帜鲜明地反对将孔教奉为国教。恽代英一篇《论信仰》，则从认识论角度对儒家和宗教鞭辟入里。在扫荡封建文化的时候，湖北先进知识分子有两点尤其难能可贵。一是对传统文化并非全盘否定，而是主张“择其善者而从之，其不善者而改之”。二是将弘扬民主作为扫荡封建文化的目的，而民主与自由联系在一起，因此认为要使国家昌明，必须争取国民自由。三是从哲学高度探索有神论的认识根源，用最新科学成果批驳宗教迷信，扫除倡导科学的障碍，启蒙国民的思想。再次是批判文言文，提倡白话文。一是将文言文与孔学联系起来批判，指出文言文已成为推广儒家学说的陈腐文字，必须加以扫荡。二是将提倡白话文与振兴学术、提倡科学的救国大业联系起来宣扬，指出文言文是专制时代用来“愚民”的工具，白话文才能“感发兴起，救国危亡”。最后是将文化革命与救亡运动紧密结合。湖北先进知识分子不但告诫自己“不应该忘记伺候国家、伺候社会”，还呼吁同胞“猛勇精进”，“挥其慧剑，召我国魂”，尤其寄望于热血青年攘臂奋起，为“人道而战”。这种文化革命与救亡运动的紧密结合，构成湖北地区新文化运动一个十分鲜明的特点。

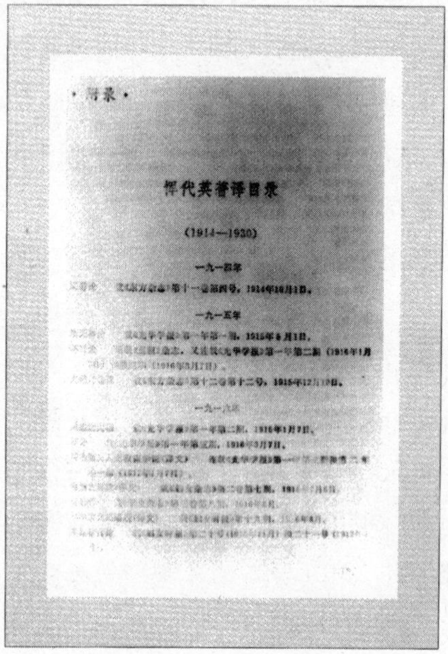
·附录·

恽代英著译目录

（1914—1930）

一九一四年

一九一五年

一九一六年

图1-19 恽代英著译目录

图 1-20　互助社成员合影

湖北新文化运动第二阶段，主要是宣传和实践空想社会主义，其主要形态是工读互助主义，其理论基础是俄国克鲁泡特金的“互助论”。早在 1917 年 10 月，恽代英就以克氏互助论为理论指导，组织起湖北地区第一个新文化运动进步团体——互助社。1919 年 12 月少年中国学会负责人王光祈在北京提出仿效日本武者小路实笃的“新村”而提出成立“工读互助团”的主张以后，湖北地区先进知识分子立即起而响应。1920 年 1 月，恽代英等人在媒体正式发出工读互助号召。2 月 1 日，以恽代英等为主要成员的利群书社在武昌正式营业。利群书社以“利群助人，服务群众”为宗旨，以半工半读形式实验“共同生活”的“互助主义”。后来，他们又设想在黄冈以浚新小学为基地，兴办乡村教育和乡村实业。湖北地区工读互助主义的理论形态，首先是以社会进化论批判资本主义社会，将工读互助主义作为救国的理论；其次是以工读互助的共同生活作为铲除私有制和私心这个万恶之源而达到公有社会的最佳途径；最后是憧憬破除私有制度，建立各尽所能、各取所需、自由工作、废除金钱的“社会主义的天国”。这种工读互助主义的实践，实质上仍是一种不触及社会制度的社会改良，所以被陈独秀批评为“痴人说梦”。

就在湖北先进知识分子竭心尽力实践工读互助主义的时候，湖北自治运动开始掀起第二次浪潮，作为其理论基石的联邦理论甚嚣尘上。湖北自治运动的鼓吹者希望通过改变国家政治架构形式，即在省内实行地方自治、建立资产阶级联邦共和国，反对北洋军阀“武力统一”的中央集权制。一是鼓吹“鄂人治鄂”，其核心是制定省宪，主要内容是确立三权分立政治构架，确定“主权在民”原则，实行中央与地方分权，重视教育。二是弘扬民主精神，主张民治，反对“官治”，主张人人平等，人民的民治权力不容剥夺。三是在自治思想里揉进社会主义新思潮，主张建立民主的新式代议制度，制定保障劳动人民权力的法规，甚至以“社会革命”手段改造社会。显然，湖北自治运动的鼓吹者将资产阶级民主思想与社会主义混合一起，所宣扬的社会主义仍属改良性质。随着自治运动失败，资产阶级联邦共和的美梦也随之彻底破灭。

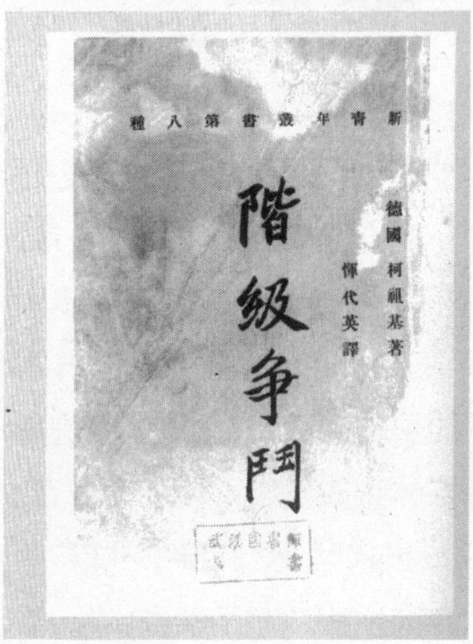

图 1-21　恽代英翻译的《阶级争斗》

五四运动以后，马克思主义犹如春潮在湖北大地荡漾，开始成为新思潮主流，湖北新文化运动进入第三阶段。在这一阶段，以董必武、恽代英为代表的先进知识分子通过革命实践，抛弃资产阶级改良主义和空想社会主义，建立对马克思主义的信仰。马克思主义在湖北初期传播的主要渠道是外埠报刊、本地报纸、译撰著作文章和举办研究会、读书会、识字班。其主要内容：一是强调马克思主义是革命行动的指南针。湖北地区先进知识分子十分强调对当时充塞中国思想领域的各种社会主义学说加以区别，特别是对无政府主义和科学社会主义加以区别，指出马克思主义才是“我们做一切事业的指南针”。二是宣传以俄为师，实行劳农专政。湖北先进知识分子能够扫清长期笼罩心头的唯心主义迷雾，认识到改造社会的根本途径是改变旧社会的经济基础和政治制度，是马克思主义的阶级斗争学说和俄国革命的榜样综合作用的结果。其中两本书的功劳最大：一本是陈独秀委托恽代英翻译的《阶级争斗》（考茨基著），系统阐述马克思主义的阶级斗争学说；一本是张冥飞编的《劳农政府与中国》，详细介绍俄国革命的由来、发展和列宁关于国家与革命的学说。三是宣传剩余价值学说。湖北先进知识分子对宣传剩余价值学说这一马克思主义经济理论基石所作出的重要贡献，主要体现在李汉俊翻译的《马格斯资本论入门》（马尔西著）一书。李汉俊不但对文中“非费点思索不能了解的地方，又略略加了点注解”，而且将马克思的《工资、价格和利润》介绍给中国人民。四是宣传马克思主义工人运动理论。这是湖北地区传播科学社会主义最富有成果的部分，促进了由自在到自为的转变。五是宣传建党思想。湖北先进知识分子针对当时流行的“中国无产阶级数量少，没有建立共产党的阶级基础”的认识，从世界大势与中国社会的联系来宣传马克思主义的建党思想，取得显著效果，从而成为湖北地区马克思主义早期传播史上十分突出的特点。六是用马克思主义分析中国社会。其代表作是一篇署名田诚的文章《共产主义与智识分子》。这篇几乎与中国共产党同时产生的文章认为，中国社会不同于欧美，也不同于俄国，而是帝国主义国家掠夺的“公共半殖民地”，所以中国革命的任务是“推倒”帝国主义以及依附他们的军阀、政客、资本家。这种力求用马克思主义分析中国社会、解决中国革命根本问题的尝试，可视为开启马克思主义中国化之先河。

图 1-22 利群书社出售的《共产党宣言》

在湖北文化早期现代化进程中，教育现代化是一个重要方面。从晚清到民国初年，是中国传统教育转型时期。清末十余年，湖北教育现代化大体与中国教育现代化历史进程同步，并在诸多方面居于领先地位，成为全国“教育示范省”。但在民国初十五年，湖北兴办教育的宏观条件十分恶劣，现代教育仍然得到较大发展。

首先是现代教育体制初步确立。一是现代学制基本定型，其标志是 1922 年 11 月北京政府公布以欧美学制为样板的“新学制”（史称壬戌学制）颁布实施。二是普通教育成倍增长。经过一系列改革，全省小学在 1913 年已有 9557 所，为 1910 年的 3.8 倍；在校学生 25 万人，为 1910 年的近 2.8 倍。中学在 1925 年前有 58 所，为 1910 年的 2.9 倍。三是高等教育成绩显著。据不完全统计,民国初十五年湖北已有高等院校28所。其中,国立武昌高等师范学校不仅是湖北地区高等院校的佼佼者,而且在全国与北京高等师范学校齐名而成为国内仅有的两所高师。四是私立学校迅猛发展。湖北最早的私立学校是教会学校。1921年1月南京临时政府颁布允许私人办学的文件以后,国人自办的私立学校迅猛发展。到1925年,全省私立学校已有500所以上,其中中学43所。私立武昌中华大学是全国第一所由中国人自己出资兴办的私立大学。私立武汉中学则成为武汉共产党早期组织和后来湖北共产党组织的活动基地,也是湖北第一个传播马克思主义和培养革命干部的重要基地。

其次是现代教育理论方法导入。一是明确教育目的功能。五四运动之前,湖北几乎所有从事现代教育的人就已经认识到"教育是国家之根本",教育的目的是培养人的各种能力,主要是发展个人身心的能力和改造发达社会的能力,而培养这些能力的关键是良好的道德,所以"养成公民道德是教育的最大目的"。二是提出教育改良方案。刘子通1921年11月发表于《武汉星期评论》的《改良湖北教育意见书》,从改良教育制度、体现民主精神、整顿地方教育、增强教育设备几方面提出系统改良设想,在诸多教育改良方案中鹤立鸡群而成为代表之作。三是植入现代教育科目教材。初等教育分初小、高小,中等教育分初中、高中,高等教育分文、理、法、商、医、农、工等科。中华大学更以较自由的科目开设,体现出时代性和实用性。四是探索先进教育方法。西方先进的教育经验如蒙特梭利教学法、葛雷学校组织法、分团教学法等均在湖北实验过,其中道尔顿制曾产生较大影响。伴随历史进入新民主主义时期,一种新的教育体制——新民主主义教育露出端倪。

最后是平民教育运动勃兴。湖北平民教育运动发轫于晚清,五四运动后掀起两次高潮。第一次高潮在1920年春。是年2月,恽代英、施洋等113人发起筹备湖北平民教育社。3月,汉口《国民新报》发表由恽代英等起草的《湖北平民教育社宣言》。4月4日,湖北平民教育社成立。6月,湖北平民教育社所属第一、二平民学校开学,专收一般年长失学者加以教授,其女子平民学校尤为引人注目。此外,武汉学生联合会、国立武昌高等师范学校、汉口青年会也办起平民夜校或通俗学校,开展平民教育。正当湖北平民教育运动勃发之际,世界著名教育家、哲学家杜威来汉讲学,极力鼓吹平民教育,对湖北热衷于平民教育的知识分子以巨大鼓舞支持。第二次高潮在 1923 年冬。是年春，湖北平民教育已“大有一日千里之势”，仅武汉就有平民教育学校 10 所之多。11 月，中华全国平民教育促进会会长朱其慧和执行部主任陶知行（后易名陶行知）、晏阳初来汉演讲平民教育，武汉“各界闻风兴起”，湖北平民教育运动再掀高潮。不久，陶知行又二次到汉，举行多场演讲会，阐述平民教育运动的宗旨、理论和运作方法。12 月 18 日，汉口平民教育促进会成立，成为平民教育运动迅速发展的又一标志性事件。中共湖北地方组织也十分重视平民教育。他们不仅在武汉通过平民学校、夜校向广大工人灌输马克思主义，还在黄冈、黄梅、黄陂等地成立平民教育社，开办平民学校，组织学生假期回乡游行演讲，宣传农民运动。平民教育将教育对象由富有阶级子弟转向广大平民，尤其是通过平民教育向广大平民传播革命思想，为一场新的革命运动的兴起创造条件，其历史功绩不可磨灭。

第二章 合 作

一、国共携手

1923年6月，在京汉铁路工人大罢工4个月后，中国共产党第三次全国代表大会在广州举行。这次大会作出的一个重要决定，就是全体共产党员以个人名义加入中国国民党，以建立各民主阶级的统一战线。半年以后的1924年1月，中国国民党第一次全国代表大会在广州举行。这次大会在孙中山主持下，改组国民党，确立联俄、联共、扶助农工三大政策，接受中国共产党提出的反对帝国主义、反对军阀的革命口号，成为国共首次合作形成的标志。

如前所述，京汉铁路工人大罢工以后，中共湖北地方组织就在组织以归还旅顺、大连为内容的国民运动，开始进行反帝反军阀的"民主的联合战线"工作。中共三大以后，这一工作进程明显加快。1923年10月20日，以中共湖北地方组织和共青团湖北地方组织主要成员30余人为核心的湖北全省外交协会成立，成为湖北地区第一个具有广泛代表性的统一战线组织。12月，根据中共三届一中全会关于必须帮助国民党扩大组织，在国民党有组织的地方改组其组织，在没有组织的地方为之创设的精神，刘伯垂、项英、廖乾五等共产党员在汉口建立国民党汉口市党部筹备处。

国民党一大以后，国民党中央设立汉口执行部，负责湖北、湖南、江西党务。3月，国民党中央执行委员会派刘伯垂为筹备员，负责筹建国民党湖北临时省党部。4月，湖北临时省党部成立，董必武等共产党员为委员。5月13日，中共汉口地委和国民党汉口执行部机关遭严重破坏，刘伯垂等被捕，中共汉口地委委员长包惠僧调离，董必武接任包惠僧职务，并负责国民党湖北党务。5 月 21 日，国民党汉口市临时党部成立。7 月 15 日至 20 日，国民党湖北第一次代表大会在武汉举行。7 月 21 日，由 14 名执行委员组成的国民党湖北省党部正式成立。这 14 名执行委员中，董必武、陈潭秋、刘素良、蔡以忱、钱介磐、吴德峰、徐虔知、张培鑫、何彦彬、李子芬、刘昌绪等 11 人是共产党员，张国恩、张朗轩、郝绳祖等 3 人为国民党左派。省党部成立以后，即在全省各地发展组织。到 1926 年国民党第二次全国代表大会前夕，全省国民党组织已发展到黄安、麻城、黄冈、黄陂、汉川、沔阳、天门、襄阳、沙市等 30 余县市，党员人数达到 3000 多人。统一战线在湖北的建立和发展，为开创湖北革命新局面创造了重要条件。由于以董必武为代表的中国共产党人和国民党左派的共同努力，国民党湖北省党部成为湖北地区大革命的一面旗帜。一场以反帝反封建为主要内容的革命狂飙在荆楚大地勃然兴起。

图 2-1　国民党湖北第一次代表大会代表合影

从 1923 年初到 1924 年初，由于接连发生日本洋行打死、逼死华人事件，武汉人民就在国民党省市党部领导下掀起大规模反帝抗暴运动。5 月，又以武汉国民外交委员会、武汉学生联合会名义开展一系列反帝纪念活动。5 月 7 日在汉口举行的近万人群众集会，还通电国内外一致进行反日斗争。9 月，董必武主持成立武汉反帝大同盟，将国共两党以外的各团体群众联合在一起，使革命统一战线得以扩大。10月,冯玉祥发动北京政变,中国共产党号召全国人民开展以召开国民会议为斗争目标的革命运动。12月,国民会议湖北促成会成立,发表包括废除一切不平等条约在内的对于国民会议的10项主张。随后,黄冈、黄梅、大冶、应城等地也成立国民会议促进分会。1925年3月,孙中山逝世,国民党湖北省临时党部在武汉召开全体党员追悼会,随后又组织数万群众连续三天举行盛大追悼会,通过悼念活动宣传反帝反封建的新三民主义。由于反帝反封建斗争开展,湖北革命统一战线进一步巩固扩大,湖北革命运动面貌焕然一新。

图 2-2 襄阳追悼纪念孙中山大会

京汉铁路工人大罢工失败以后,湖北工人运动转入低潮。根据形势变化,中共湖北地方组织改变斗争策略,通过深入工厂单线联系,创造了工人十人秘密小组这一新的组织形式。到1923年底,武汉三镇已建立40多个工人秘密小组,组员近500人。湖北革命统一战线建立以后,中共湖北地方组织利用国共合作的有利条件,采取种种措施,迅速打破了工人运动的沉寂局面。他们开办工人讲习学校和工人子弟学校,在教工人学习文化的同时,进行反帝反封建的革命宣传。他们发动和支持工人要求改善待遇的经济斗争,先后领导几次经济罢工斗争,在斗争中恢复和建立工会组织,逐步领导工人运动向反帝反封建的政治斗争方向发展,为工人组织全面恢复和工人运动再度兴起准备条件。到1925年初,武昌各纱厂及汉阳钢铁厂、徐家棚粤汉铁路、轮驳、人力车、棉花厂、电话局、电灯公司等处工会组织得以恢复发展。2月,汉口人力车工人因英租界巡捕无理踢死人力车工人徐典再度罢工，揭开武汉罢工又一次高潮的序幕。随后，汉口英美香烟厂、蛋厂、火柴厂工人举行罢工，硚口香烟厂、纱厂、棉花厂工人酝酿罢工，武汉工人运动再度蓬勃发展，汇入湖北全省人民反帝反封建斗争洪流。1925 年 4 月 12 日，两年前被封闭的全省工团联合会秘密恢复，会员总数到这年 10 月发展到 7 万余人。至此，湖北工人运动全面复兴，并呈现出较快的发展态势。

湖北是继广东之后农民运动发展较早的省份之一。在 1923 年 6 月中共三大通过《农民问题决议案》第一次提出领导农民进行革命斗争以后，中共湖北地方组织就开始尝试组织发动农民运动，逐步摸索出一条以发展乡村教育为主要内容，以创办平民学校为主要形式，把宣传教育与组织发动、文化启蒙与实际斗争相结合的路子。1923 年底，湖北平民教育促进会成立。随后，黄冈、黄梅平民教育促进会相继成立，开办平民学校、平民夜校、平民书报室、平民俱乐部等平民教育机构，吸纳农民及其子弟就读，同时举行游行、游艺、演剧活动，向农民宣传反帝反封建思想。黄安、麻城、阳新、黄陂、汉川、枣阳等一些尚未成立平民教育社的地区，也开展了较大规模的平民教育活动。在国民党一大通过农民问题议决案后，湖北农民运动即从开展平民教育向组织农民协会过渡。1924 年 10 月，黄梅县蒋家嘴成立湖北第一个新型农民组织——农民问题研究会。1925 年 7 月，国民党湖北省第一次代表大会通过《农民运动议决案》，省党部随即设立以共产党员陈荫林为部长的农民部。与此同时，中共武汉地委与共青团武汉地委联合成立以陈荫林为书记的农民运动委员会，创办《湖北农民》杂志。随后，农民运动在汉川、枣阳、黄梅、黄冈、黄安等地迅速发展。1925 年底，黄冈、黄安、黄陂、潜江、沔阳、咸宁、应城、通山等县成立农民协会，全省登记在册的农协会员发展到 5000 人以上。1926 年 1 月 2 日，湖北省临时农民协会在武昌成立，湖北农民运动从此进入新阶段。

1925 年 5 月发生的上海“五卅”惨案，成为全国大革命运动掀起高潮的导火线和起点。五卅惨案发生以后，湖北地区报纸迅速报道惨案消息，国民党湖北省临时党部、汉口特别市临时党部联合成立五卅惨案运动临时指挥部，组织各团体和广大民众投入反帝爱国斗争。6 月 1 日，武汉学联决定全市大罢课。6 月 2 日上午，中华大学、武汉中学、中法大学、湖北第一师范学生率先罢课，上街演讲。下午，又有武昌 10 余所学校学生走上街头，游行演讲。同日，汉口英美烟草公司数千名工人罢工。随后,汉口德商开利公司油厂工人、汉口和武昌的泥木工人、汉口江岸码头工人也相继罢工。到6月6日,武汉三镇大、中学校已有数万名学生罢课,上街游行演讲,散发传单,开展爱国宣传活动。与此同时,湖北公团联合会举行会议,决定成立国货维持团,实行对英经济绝交;武昌商会发表对英日经济绝交宣言,组织商人举行罢市和游行示威;省教育会、湖北学界外交后援会等团体也向全国发出宣言或通电,抗议英帝国主义暴行。随着斗争发展,各界民众开始联合行动。6月6日,武汉学联、省教育会、武昌商会等团体联合召开会议,决定组织各团后援会,实行对英经济绝交。6月9日,武汉工、学、商各团体召开联席会议,决定成立国民会议湖北促成会和沪案后援会。同日,武汉72所学校和工商界9个团体数万名群众举行联合大游行,向湖北督军署提出包括严惩凶手、收回英租界在内的7项对英交涉条件。

湖北人民的反帝行动,引起帝国主义极端仇视。6月10日,汉口英租界码头工人与英商太古公司雇员发生纠纷,被打伤、逮捕多人,其中1人因伤致死。11日,汉口人力车工人、码头工人数千人聚集太古码头抗议,英方竟令其停泊江边军舰上的水兵陆战队登岸,用机枪向抗议群众扫射,当场打死40余人,打伤30余人,造成骇人听闻的汉口"六一一惨案"。惨案发生后,国民党省、市临时党部立即发表宣言,说明真相,呼吁援助。12日,武汉学生、工人举行抗议大示威,和记蛋厂、烟厂、火柴厂6000余名工人举行抗议大罢工。14日,汉口英、日租界报馆、商店、工厂、洋行中国职工一律罢工,武汉工商学界15万群众上街游行。6月30日,武汉各界6万人集会游行,纪念上海五卅惨案死难同胞。7月11日,武汉各界举行盛大追悼会,悼念在上海、汉口、广州等地惨案中遇难同胞。武汉商界则从6月中旬开始,进行长达一个多月的对英经济绝交活动。与此同时,黄冈、黄梅、潜江、汉川、宜昌、襄阳等县市也迅速成立群众性反帝组织,开展示威游行、罢工、罢课和对英经济绝交活动。一场群众性反帝运动在全省迅速展开。

在组织群众性反帝斗争的同时,湖北各团体还敦促北京政府和湖北当局与英国驻汉领事严厉交涉,并提出包括撤退英国军舰、收回汉口英租界、惩办凶手在内的10项对英交涉条件。7月20日,湖北当局开始与英国驻汉领事谈判。由于萧耀南妥协退让,谈判破裂。消息传来,湖北人民怒不可遏,再次掀起反帝高潮。9月7日，武汉、沙市、鄂城、宜昌等滨江城市同时举行水陆大游行，数十万群众高呼"打倒帝国主义"、"打倒媚外军阀"、"废除一切不平等条约"等口号，水陆呼应，声震长空。

图2-3　汉口"六·一一惨案"

图 2-4 武汉"五卅惨案"周月纪念大会

英帝国主义在武汉的暴行激起全国人民愤怒，湖北人民反帝斗争得到全国人民支援。作为五卅运动的重要组成部分，这场斗争将湖北大革命运动推向新的阶段。而在湖北统一战线中起主导作用的湖北共产党人，基于对萧耀南两面性的清醒认识，采取一方面揭露萧耀南依附英帝国主义的反动性、一方面利用英日矛盾及萧耀南的投机性的正确策略，则成为这场斗争取得胜利的重要原因。

二、北伐铁流

1925 年 10 月，浙奉战争爆发，直系将领为抗衡奉系军阀，决定拥戴蛰居湖南岳州的吴佩孚出山，"共定国难"。萧耀南首先率鄂军将领联名通电，请吴佩孚到汉，主持讨奉大计。10 天后，吴佩孚抵汉，在汉口查家墩成立川、黔、桂、粤、湘、浙、闽、苏、赣、鄂、皖、豫、晋、陕十四省联军总司令部，自任总司令。1926 年 2 月 14 日，萧耀南在武昌病逝，吴佩孚任命陆军第二十五师师长陈嘉谟接任湖北督办，任命汉口镇守使杜锡均任湖北省长。第二天，国民党省、市党部发表宣言，指出吴佩孚将使湖北民众“陷于万劫不复之境”，号召广大人民行动起来，趁直系傀儡萧耀南去世之机，“反对吴佩孚把持湖北政权”，“收回全省政权”。省、市党部随即组成临时政治委员会，领导全省人民坚决斗争，终于迫使杜锡均辞去省长职务。

7月9日，广州国民政府举行北伐誓师典礼，北伐战争正式开始。北伐军兵分三路，主攻两湖，8月12日占领长沙，22日攻入鄂南。早在北伐开始之前，国共两党湖北地方组织就为迎接和配合北伐进行大量工作。3月中旬，董必武受中共中央和武汉地委派遣，赴长沙同国民党湖南省党部一起，争取湘军第四师唐生智部和鄂军夏斗寅部，以扫清北伐障碍。5月，中共湖北地委成立以董必武为书记的军事委员会。7月，成立以董必武为主席的湖北特种委员会，其主要任务是“破坏敌人军纪”、“侦查军事政治消息”。此后，即派出大量精干人员搜集军事情报、策反敌军军官、组织群众准备武装暴动，取得显著效果。

7月13日至15日，国民党湖北省第三次代表大会在武汉举行，中心议题就是支援北伐。大会号召全省人民立即行动起来，开展各种斗争，迎接北伐，向吴佩孚直系军阀发起总攻击。为扩大北伐宣传，国民党湖北省党部成立北伐宣传委员会，印制大量宣传材料，广为散发。中共湖北省地方组织主办以陈潭秋为负责人的北伐宣传训练班，所培训的50名基层党、团负责人回到所在县，动员群众，迎接北伐军。

为威胁吴佩孚后方安全，国民党汉口特别市党部将主要干部投入工人运动，先后组织硚口泰安纱厂、汉口人力车行、申新纱厂、汉口织袜厂工人罢工，取得胜利。中共湖北地方组织则将经过政治培训的工运干部分配到武长铁路、京汉铁路沿线发动工人群众，进行迎接北伐军的准备工作。8月下旬，中共湖北区委召开党员代表大会，对发动武汉工人支援北伐进行全面部署。随后，汉冶萍轮驳工人、汉口码头工人、汉口人力车工人、汉阳码头工人等被广泛动员起来，迅速投入支援北伐军的斗争之中。

图 2-5　支援北伐军的鄂南农民运输队

国共两党湖北地方组织深知动员农民对于支援北伐之重要，于是以粤汉、京汉铁路沿线地区为重点，开展对全省农民的组织发动工作。国民党湖北省第三次代表大会通过的《农民问题议决案》，将发动农民革命斗争作为支援北伐的首要任务。会后，省党部农民运动委员会改组，派出大批党团员下乡，同时选调27名农运干部赴广州农民运动讲习所学习。在北伐军抵达湖南以后，省临时农协执行委员聂鸿钧等即被派往鄂南指导农民运动，以通山、蒲圻、咸宁等县为龙头的鄂南农运迅速发展。8月22日，北伐军攻占通城，鄂南农运发展更加迅猛，全省农运发展也呈现出新的态势。到8月底，全省农协会员发展到7.2万人，9月达到10万余人，建立农协组织的县达到30余个。组织起来的农民，也迅速投入到支援北伐军的斗争之中。

8月21日，就在北伐军进入鄂南的前一天，董必武和李汉俊率领湖北各界代表团到达长沙，欢迎北伐军。第二天，蒋介石、邓演达、董必武、詹大悲、李汉俊等在湘国民党中央执行委员、监察委员以及湘鄂两省党部部分执行委员共16人举行特别联席会议，讨论北伐军占领武汉后国民政府迁移武汉及湖北地方党务、地方政权问题。会议决定成立政治经济委员会，通过董必武、邓演达提出的促进湖北党务具体方案，大体上规划出武汉国民政府和湖北地方政权的基本方针政策。

图 2-6 北伐军汀泗桥战斗阵亡将士纪念碑

8月23日,北伐军下达向武汉推进命令。25日,吴佩孚在汉口召开军事会议,调集直军主力第八师等部2万人,布防于号称湖北南部第一门户之汀泗桥一线,企图依托汀泗桥易守难攻的险要地势和坚固工事,将北伐军阻截在鄂南群山之中。26日凌晨,北伐军第四军下令向汀泗桥发起进攻。上午10时30分,以第三十五团为前卫、叶挺独立团为本队,在高猪山附近展开攻势。敌我双方激战一日,战况处于胶着状态。次日拂晓,第四军在当地农民土枪队、破路队、向导队配合下发起全线总攻。第三十五团及炮兵营向北端进攻,突破敌军防线。独立团由当地农协会员引导,乘夜色抄小路绕道古塘角袭敌侧背,直军溃败。第三十六团第一、三营正面进攻,经白刃战突破敌中央阵地一部。第二十八团迂回朱家铺、万安春一线,截断直军退路。至上午9时,战斗结束,北伐军歼敌千余人,俘敌2400余人。

北伐军攻克汀泗桥后,吴佩孚即以主力死守汀泗桥以北34公里处之贺胜桥,并亲率督战团、大刀队临阵督战。8月29日,北伐军向贺胜桥发起攻击。第七军从咸宁东、第四军沿铁路及以西正面展开行动,第十二师和独立团担任主攻,第十师为预备队。敌军顽强抵抗,战斗十分激烈,北伐军反复冲杀,始突破直军第一道防线。30日上午,第四军在第七军策应下,以独立团从中央突破敌10余里纵深防御阵地,直军全线动摇。吴佩孚手刃数名退却官兵,也无法遏止溃败局势,只得乘车北逃。北伐军歼敌2400余人,占领贺胜桥。

北伐军在鄂南数日之内连获两次大捷,与鄂南人民大力支援密不可分。独立团进抵崇阳,是当地农民将部队送过陆水河。独立团进抵中伙铺,是铁路工人搬开铁轨,阻止敌军兵车,使独立团将其全歼。北伐军进抵蒲圻,是当地工人、农民、学生组成的敢死队在县城四周燃放鞭炮,使直军误以为北伐军进攻而弃城逃跑,北伐军不费一枪一弹占领蒲圻县城。汀泗桥攻击受阻,是当地农民引导独立团抄小路进至敌后，扭转战局。咸宁工人、农民破路队破坏汀泗桥附近铁路40余公里，切断沿路电线，使敌军车相撞覆轨，阻断交通。贺胜桥战斗中，担任主攻的独立团每连都有被战士称为“参谋”的农民向导。当独立团在桃林铺遭敌铁甲车攻击而无法前进时，是当地农民抱来稻草、棉絮覆盖铁轨而逼退敌铁甲车，排除北伐军进攻障碍。

图2-7 兵临武昌城下的北伐军

贺胜桥战斗胜利，武汉西南大门洞开，北伐军长驱直入，于8月31日进抵武昌城下。此时，败回武汉的吴佩孚已重新部署，企图凭借武昌高墙深池和长江天险，固守待援。同时，国共两党湖北地方组织也已组织武汉民众，做好迎接北伐军准备。汉冶萍轮驳工人和集家嘴到易家墩沿汉水一带划业工人、木船工人，已准备在北伐军到来时拆毁江上浮桥，断敌交通。汉口码头工人、人力车工人、汉阳码头工人、福新面厂工人、泰安纱厂工人、京汉铁路工人，都已秘密组织起来，成立侦探队、向导队。9月1日，汉阳兵工厂全体工人举行罢工，断绝敌军军火供应。

9月3日凌晨3时，北伐军第一次进攻武昌城，却因缺乏重武器、守敌火力强劲而受挫，被迫于6时停止战斗。同日晚，北伐军总司令蒋介石、副总参谋长白崇禧和苏联军事顾问加伦在武昌余家湾火车站附近召开高级将领会议，制定新的攻城计划。5日凌晨3时，北伐军发起第二次攻城战斗。共产党员、独立团营长曹渊率敢死队强行登城,全部壮烈牺牲。攻城战斗再次受挫。

与此同时,北伐军向汉阳发动攻势,守卫汉阳、汉口的湖北暂编第二师师长经董必武、邓演达策反起义。北伐军与汉阳守敌激战竟夜,6日拂晓占领汉阳。残敌纷纷涌往浮桥向汉口溃逃,早已等候在此的武汉划业工人迅速斩断浮桥篾缆,抽走船只,致逃敌落水者不计其数。7日,北伐军乘胜攻克汉口。10日,占领孝感。13日,占领广水。16日,攻克鄂豫交界之武胜关、鸡公山、平靖关。

图 2-8 汉口码头工人欢迎北伐军

此时,武昌已成一座孤城,但因两次攻城失利,北伐军决定改变策略,以围代攻。9月14日,北伐军总司令部颁发封锁武昌令,对武昌实行全面封锁。果然,城内守敌不久即弹尽粮绝,军心浮动。在多次突围失败和待援无望的情况下,豫军第三师师长吴汉俊与北伐军谈判,愿作北伐军攻城内应。与此同时,城内中共组织也策反守敌宋大霈部成立北伐攻城别动队,联络四川军阀杨森使其保持中立,说服守敌两次放出38000名市民出城就食。10月9日晚,北伐军下达攻城命令。10月10日凌晨2时,北伐军各部同时发起总攻。在城内守军吴汉俊、宋大霈部配合下,北伐军第十师、第十二师、独立团等分别从保安门、中和门进入城内,在蛇山与敌第八师激战近两小时,生俘敌武汉防御总司令刘玉春、武昌守备军总司令陈嘉谟以下1万余人,占领武昌。

图 2-9　武昌攻城战斗中的女子救护队

图 2-10　北伐军攻克武昌城后，武汉人民举行盛大庆祝欢迎集会

在北伐军中央部队入鄂作战同时，由第九军彭汉章部和第十军王天培部组成的左翼军大部，也一路激战，经湘西北向鄂中、鄂西进发。9 月中旬，攻克公安、沙市、江陵、松滋。11 月，攻克渔洋关、五峰、长阳、宜都、枝江。12 月 15 日，攻克宜昌。随后，襄阳守敌张联升部投诚，北伐军占领襄阳。同时，北伐军第八师也顺长江东下，经武穴、蕲春，占领黄梅。至此，鄂西、鄂北、鄂东直军残余肃清，北伐军占领湖北全境。

为支持和配合北伐军第二期作战，国民党湖北省党部以共产党员李超然等组成鄂西先遣工作组，成立国民革命军长江上游先遣军，发动武装起义，攻占当阳县城，成立革命县政府，随即兵分两路沿襄河东下，攻克远安、荆门县城，旋为避敌围攻而撤至荆门北山与敌相持月余，后与北伐军会师，一部为西征军前导，一部编入第四军二十四师。与此同时，中共天门特支领导农民夺取当地反动武装枪支，组建国民革命军先遣队，一度占领县城，成立革命县政府；共产党员张昌岐在来凤组织农民自卫队夺枪起义，赶走驻扎县城的军阀部队。

短短4个月时间，北伐军就在湖北战场歼灭、击溃吴佩孚主力和各地杂牌武装十数万人，实现北伐"首在打倒吴佩孚"的预期目的。至此，为祸中国十数年的吴佩孚直系军阀宣告覆灭。继辛亥革命之后，武汉再次成为中国革命中心。

三、革命中心

随着北伐战争从珠江流域向长江流域推进，特别是北伐军攻克武汉以后，国民政府迁移问题越来越成为人们关注的焦点。1926年11月中旬北伐军攻占南昌前后，国共两党不少人士提出将国民政府从广州迁移武汉的建议。11月26日，国民党中央政治会议正式决定迁都武汉。12月13日，先期到达武汉的部分国民党中央委员和国民政府委员联合组成临时联席会议，代行国民党中央和国民政府职权。1927年元旦，临时联席会议正式在武汉办公，武昌、汉口、汉阳被定为京兆区，正式定名武汉。作为武汉国民政府前身的临时中央党政联席会议成立，标志武汉国民政府时期开始。

为迎接国民政府迁移武汉，国共两党湖北地方组织做了大量准备工作。临时中央党政联席会议成立前后，中共湖北区委举行第一次全省代表大会，通过对国民政府迁移武汉后革命形势发展的科学分析，提出中共湖北地方组织的新任务。根据这次会议精神，国民党湖北省党部发表宣言，指出武汉临时中央党政联席会议成立，标志着"今天的武汉，已成为全国革命势力向反革命作战的中心"，湖北党的责任是"团结全省民众的势力，防备反革命势力进攻与袭击，而谋巩固全国革命之新根据地"。1927年1月1日，临时中央党政联席会议在武汉正式办公。同日，国民党湖北省第四次代表大会在武汉开幕，制定在新的历史条件下，以扩大国民党组织、保护群众政治经济利益、发展群众运动、推进湖北民主政治建设为主要内容的策略方针。从这天开始，汉口、汉阳、武昌三镇数十万群众连续三天举行盛大活动，庆祝新的革命中心在武汉确立。全省各地民众团体也纷纷发表文电，拥护国民政府迁汉办公，祝贺国民党湖北省第四次代表大会胜利召开。

图 2-11　国民党中央和国民政府办公旧址——汉口南洋烟草公司大楼

图 2-12　武汉各界庆祝北伐胜利暨国民政府迁都纪念大会

然而,国民党内最早极力主张迁都武汉的蒋介石,此时却因看到共产党人和国民党左派已在武汉占据主导地位,在武汉建都自己将无法控制国民党最高权力,于1月3日召集在南昌的国民党中央党部和国民政府第一批北迁人员开会,迫使会议决定中央党部和国民政府暂驻南昌。7日,又决定成立政治会议武汉分会,实际取消武汉临时中央党政联席会议代行最高职权的职能。

武汉方面迅速作出反应,立即发动广大民众,掀起声势浩大的提高党权运动。2月9日,国民党中央高级干部在武汉举行会议,决定实现民主、反对独裁、提高党权,成立由徐谦、吴玉章、邓演达、孙科、顾孟余等5人组成的行动委员会,作为反对蒋介石和提高党权运动的领导机构。2月12日,在上海的中共中央向全党发出通告,明确指出蒋介石已成为右派反动势力的中心,要求全党即刻开始作反蒋的宣传、反抗并进而打倒蒋之压迫。15日,行动委员会发出《党务宣传要点》。接着,国民党汉口特别市党部执行委员会发出《欢迎中央党部国民政府全体委员告民众书》。21日,武汉临时中央党政联席会议举行最后一次会议,宣布武汉临时中央党政联席会议即日结束,中央党部和国民政府正式办公。24日,武汉三镇举行有1.5万国民党员、20万民众参加的集会,董必武担任大会主席。徐谦在大会上代表中央党部讲话,指出"一切军事、财政、外交,均须绝对受党的指挥"。3月7日,吴玉章在湖北省党部总理纪念周上讲话,明确指出蒋介石是党政军权的篡夺者、独裁者。3月10日至17日,国民党二届三中全会在汉口南洋大楼举行。在这次左派占压倒多数的全会上,国民党左派和共产党人在同蒋介石的斗争中取得前所未有的胜利,但给蒋介石保留的国民革命军总司令职务,则成为其在未来较量中取胜的王牌。20日,全会选出的以汪精卫为首的国民政府委员会在武昌举行就职典礼。21日,新选出的以汪精卫为首的军事委员会在汉口办公。至此,新一届国民政府正式成立。

关于湖北省、武汉市的政权建设问题,国共两党在北伐军攻占长沙以后就已经开始筹划。1926年8月22日,在长沙举行的在湘国民党中央执行委员与鄂湘两省党部执行委员联席会议,就通过了由董必武和邓演达提出的规划未来湖北政治架构的促进湖北省党务方案。董必武从长沙返回武汉后,省党部即成立省政建设委员会,完成省政建设12种计划大纲。北伐军进抵武汉后,经国共两党协商,湖北在9月份相继成立3个权力机构——湖北临时政治会议、湖北政务

图 2-13 国民党二届三中全会代表合影

委员会、湖北财政委员会,形成特殊的政治架构。湖北临时政治会议由国民党中央执行委员会主席命令组织,在湖北省政府成立之前,承中央党部政治会议之命,以会议方式决定全省军事政治财政,其主席由唐生智代理。湖北政务委员会由北伐军总司令蒋介石命令设置,在湖北省政府成立之前,办理湖北政务,其主任由蒋介石委任。湖北财政委员会由蒋介石命令设置,在湖北省政府成立之前办理湖北财政,主任陈公博。政务委员会、财政委员会均为过渡机构,同受湖北临时政治会议指导。形成这一行政与财政完全划分的合议政治架构的深层原因,是共产党人和国民党左派要在政权建设上限制权力日益膨胀的蒋介石和唐生智。湖北政务委员会大体具有省政府(财权除外)职能,其组成人员虽然没有共产党人,但国民党左派占明显优势,所以中共湖北区委提出的湖北目前政纲要点被接受,成为《湖北目前最低限度政纲》。

武昌克复、湖北境内大部被北伐军控制以后,国共两党便酝酿成立正式的湖北省政府。经半年筹备,武汉国民政府于 1927 年 4 月 10 日公布湖北省政府组成人员任命。11 日,湖北省政府正式成立。徐谦、孙科、邓演达、李汉俊、恽代英、董必武、詹大悲、邓希禹、张国恩、宋子文、孔庚为委员。董必武、孔庚、张国恩为常委。由于共产党人董必武紧密团结詹大悲、李汉俊、张国恩等国民党左派而发挥核心作用，湖北省政府成为国共两党合作的成功典范，成为反对帝国主义和新旧军阀的战斗堡垒，成为新民主主义政权的雏形。

湖北省政务委员会成立后，曾将江汉、襄阳、荆南3道裁撤，各县直接归该委员会管辖，另设置两个市级行政建制——汉口市政委员会和武昌市政厅。1927年1月1日，武汉临时中央党政联席会议成立时，决定以汉口、武昌和汉阳为京兆区，定名武汉，为临时国都。3月21日，国民党中央政治委员会决定组成一个市政委员会，对武昌、汉口、汉阳实行统一管理。4月16日，武汉市政府各委员在汉口宣誓就职。市政府直属国民政府领导，原汉口市政委员会和武昌市政厅随即撤销。7月1日，武汉市改为武汉特别市。

图2-14 中共中央在汉口办公旧址

北伐军进抵武汉以后，湖北成为大革命中心。为加强对湖北地区革命运动的领导，中共中央采取一系列措施，使湖北党组织得到不断加强。1926年8月，将中共湖北地委改组为湖北区委，派彭泽湘任书记，以蔡以忱、陈潭秋、陈荫林、董必武、袁溥之为委员。9月，中共中央局委员张国焘作为中共中央全权代表领导湖北地区党的工作，并于12月开始兼任中共湖北区委书记。与此同时，中共中央委员项英、张太雷抵达武汉，党、团重要干部毛泽东、恽代英、罗章龙、李立三、刘少奇、吴玉章、林育南、陆沉、聂荣臻也陆续到汉。不久，在汉中共中央执行委员成立中共中央执行委员会汉口临时委员会。在此期间，中共中央于12月13日至18日在汉口召开特别会议，根据时局发展变化，特别是国民革命联合战线中危险倾向日益显露的情况，以国共两党联合战线为中心议题，制定处理各种矛盾的斗争策略。然而，这次会议没有解决党在迫在眉睫的危局中如何生存并坚持斗争这个极端重要的问题，反而指出错误方向，使党内右倾错误继续发展。

图 2-15 陈独秀

汉口特别会议结束不久，中共中央改变过去反对迁都武汉的主张，决定支持武汉临时中央党政联席会议。此后，中共中央局委员瞿秋白、蔡和森、彭述之相继抵达武汉。至此，主持中央工作的 5 名中央局委员已有 4 名到汉，只有陈独秀 1 人在上海。1927 年 4 月 4 日，在武汉的中共中央执行委员和共产国际代表及中共湖北区委举行联席会议，决定由中央执行委员、湖北区委委员与共产国际代表组成联席会议常务委员会，选举瞿秋白、谭平山、张国焘为常委，宣布解散中共中央执行委员会汉口临时委员会。4 月中旬，陈独秀从上海来到武汉，主持中央工作，中共中央从此开始在武汉领导全党，并与国民党中央党部合作领导武汉国民政府。

中共中央到武汉后的第一件大事，就是在共产国际代表主导下筹备召开中国共产党第五次全国代表大会，4 月 27 日，中共五大在武昌第一小学开幕，来自全国 11 个省区、代表全党 57967 名党员的 80 多名代表出席。共产国际代表罗易、维经斯基、鲍罗廷和国民党代表汪精卫、谭延闿等应邀出席大会并致祝辞。从 4 月 29 日起，大会改在汉口黄陂会馆举行，到 5 月 9 日闭幕，历时 13 天。中共五大选举产生新的中央领导机构，以陈独秀、张国焘、蔡和森、瞿秋白（后增补李维汉）组成中央政治局常务委员会，陈独秀仍为党的总书记。

中共五大是在蒋介石发动反革命政变后半个月、国共合作已处于破裂边缘的关键时刻召开的。这时，广州、四川、广西等地军阀与蒋介石相配合，已形成对武汉的经济、政治、军事封锁；武汉国民政府内部也危机四伏，汪精卫集团日趋反动。形势迫切要求中共五大制定挽狂澜于将倒的应变措施。然而，主持大会的陈独秀在他那篇按共产国际代表旨意起草的长篇报告中，仍然沿袭右的思路，把希望寄托在已被汪精卫集团主导的国民党和国民政府身上，因此遭到许多代表严厉批评。瞿秋白在大会上散发的《中国革命中的争论问题》，可谓是对陈独秀右倾错误的全面批判。

图 2-16　中共五大会址

由于客观形势严峻恶劣，由于共产国际和陈独秀的右倾错误，中共五大未能也不可能提出挽救革命的具体措施。即便如此，中央五大仍然是中国共产党历史上的一次重要会议，是幼年中国共产党探索中国革命道路艰难历程中的一个重要环节。从历史的角度看，中共五大不但在党的思想理论建设方面提出了一些有价值的思想，而且在党的组织建设方面取得了一些影响深远的成果。从当时的情况看，中共五大也为党内各种思想的交流发展提供了平台，为大革命失败后党确定新的方针奠定了基础。

四、民运高潮

随着北伐战争胜利进军，尤其是武汉成为全国革命中心之后，湖北工农运动以空前规模迅速高涨。在城市,广大工人在工会组织领导下开展罢工斗争,同时与其他方面群众联合开展反帝斗争,取得收回汉口英租界的伟大胜利。在农村,广大农民在农民协会领导下建立政权和武装,其势如暴风骤雨,迅猛异常,把统治几千年的封建特权和土豪劣绅打得落花流水,真正实现"一切权力归农会",掀起空前的农村大革命高潮。湖北因此而成为全国工农运动发达地区之一。

从北伐军进入湖北开始,具有光荣传统的湖北工人阶级即投入支援北伐军的斗争,在攻打汀泗桥、贺胜桥、武昌城等一系列战斗中发挥了重要作用。在斗争中,工会组织迅速恢复壮大。到 1926 年 10 月,武汉地区即恢复、重建工会组织 70 余个,工会会员发展到 17 万人。9 月 17 日,中华全国总工会在汉口设立办事处,负责指导湘、鄂、蜀、赣、皖 5 省工人运动。10 月 10 日,即北伐军攻克武昌城当天,在中华全国总工会驻汉办事处指导下,湖北全省总工会成立大会在汉口宁波会馆举行。大会选举向忠发为省工会委员长。全国总工会负责人李立三任中共湖北全省总工会党团书记。省总工会成立以后,全省工会组织迅速发展。到 1927 年 1 月,全省工会会员发展到 37.1 万人。到 5 月,全省已有产业工会 59 个、职业工会 63 个,会员总数 512727 人,约占全省 80 万工人总数的 63%,占全国 280 万工会会员总数的 1/6,成为全国工会会员人数最多的省份之一。

图 2-17 汉口茶叶行业工会成立大会留影

在工会组织领导下,广大工人为增加工资、改善待遇、减少工时,开展轰轰烈烈的罢工斗争。到 1927 年三四月间,武汉工人先后举行罢工 300 多次,斗争浪潮从外国在华企业席卷所有工厂、企业,形成以外资工厂工人、洋务工人、码头工人、铁路工人、人力车工人、店员、海员为主力的罢工斗争力量,其规模之大,前所未有。在武汉工人罢工斗争的鼓舞和影响下,蒲圻、蔡甸、孝感、荆州、沙市、宜昌、大冶、鄂城、黄冈、仙桃、襄樊、随县、嘉鱼、云梦、黄梅、罗田、安陆等县市(镇)的工人也开展了罢工斗争。

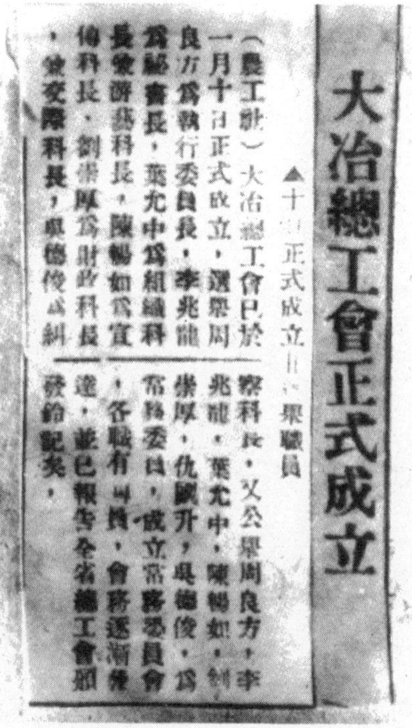

大冶總工會正式成立

▲十日正式成立並選舉職員

（農工社）大冶總工會已於一月十日正式成立，選舉周良方為執行委員長，李兆龍為秘書長，葉尤中為組織科長，□游藝科長，陳暢如為宣傳科長，劉崇厚為財政科長，兼交際科長，吳德俊為糾察科長，又公舉周良方，李兆龍，葉尤中，陳暢如，劉崇厚，仇國升，吳德俊，為常務委員，成立常務委員會，各職有專責，會務逐漸發達，並已報告全省總工會頒發鈐記矣，

图 2-18 大冶总工会成立报道

1927 年 1 月 1 日至 10 日，湖北全省总工会第一次代表大会在汉口举行。大会上，项英代表中华全国总工会作《中国职工运动》报告，李立三、刘少奇、向忠发、林育南等分别就政治、会务、工会组织、童工、女工、工会经济等问题作报告，国共两党中央、湖北省党部、汉口特别市党部、中华全国总工会代表献辞祝贺。大会通过热烈讨论，通过《湖北全省总工会第一次代表大会宣言》、《湖北全省总工会章程》等多项决议。大会号召全省工人阶级在中华全国总工会指挥之下，“一面与全世界革命工人站在一条战线上，一面与全国各阶级革命势力共同奋斗”，以达到“从根本上打倒帝国主义者、军阀及一切反动势力”。就在大会开幕后的第三天，发生震惊世界的汉口“一三”惨案，从而引发一场收回汉口英租界的伟大斗争。

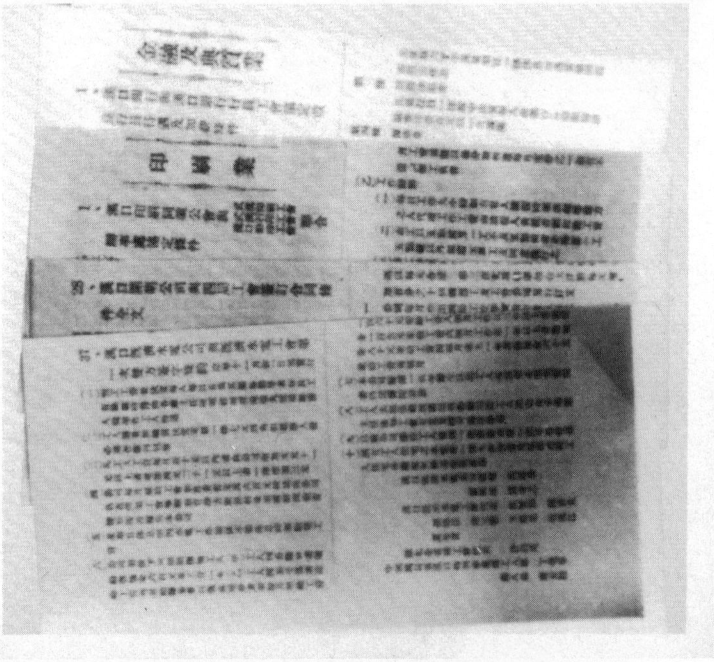

图 2-19　罢工工人与资方达成的劳资契约

1月3日，为庆祝北伐胜利和国民政府迁都武汉，中央军事政治学校武汉分校宣传队在汉口一码头（今苗家码头）江汉关前，靠近英租界的空地上演讲，听众极多。宣传队派出专人维持，演讲场地秩序井然。中午，英租界工部局急请驻汉英海军长江分舰队司令卡梅伦调兵上岸支援。卡梅伦陆续调派大批水兵和陆战队登岸，并授予指挥官根据需要开火的权力。下午3时，英国士兵全副武装，越界驱赶听讲民众。民众大愤，群起抗争，英兵竟用刺刀对付手无寸铁的平民，当场将海员工人李大生等3人刺成重伤，另轻伤数十人。

英帝国主义的暴行激起中国人民的极大义愤。惨案发生当天，武汉国民政府即决定由外交部立即向英领事提出口头抗议，要求在24小时内自陆上撤退一切武装，并派员到现场向民众说明政府必当采取适当方法保护人民，在24小时内决定对英办法。当晚，正在举行的湖北全省总工会第一次代表大会在李立三、刘少奇主持下召开紧急会议，讨论通过《为反对英水兵惨杀同胞通电》，提出"国民政府自行收回英租界"、"将杀人凶手移交我国政府惩办"等6项要求。

4日中午，武汉农工商学各界代表500余人在汉口总商会举行联席会议，以湖北全省总工会所提6项要求和湖北省党部对英方针为基础，补充为8项条件。会议确定由湖北全省总工会、汉口总商会和武汉学联等团体组织武汉市民对英外交委员会，负责对英帝国主义交涉，同时决定在5日举行对英惨案示威游行运动大会。会后，李立三、刘少奇、林育南等到武汉国民政府请愿，要求政府按8项条件与英领事交涉。当晚7时，武汉国民政府宣布全部接受8项条件。与此同时，中共中央在武汉召开紧急会议，通过《中国共产党对此次汉口英兵惨杀华人事件的态度》，提出对英斗争的目标、方针、政策、方法，同时决定5日大会和游行示威由李立三指挥，示威游行队伍进入英租界。

图 2-20　武汉市民追悼“一三惨案”死难同胞暨反英示威大会

5日中午，30万武汉市民在汉口济生三码头举行反英示威大会。大会开始不久，即下起倾盆大雨。广大民众冒雨开会，会后又冒雨游行示威。游行队伍怒不可遏，高呼“打倒英帝国主义”、“收回英租界”口号，冲进英租界。省总工会当即派300余名工人纠察队员进入租界站岗放哨，维持秩序。纠察队员迅速占领巡捕房，在房顶升起中国国旗。当日，武汉国民政府成立汉口英租界临时管理委员会，接管公安、行政事宜。

7日，武昌以工人为主体的市民在董必武主持下继续举行反英示威大会，迫使英国政府接受谈判。8日，由国民党湖北省党部、湖北全省总工会等14个团体组成的武汉市对英委员会为汉口惨案通电世界各国民众，表示“誓为死难之同胞一雪国耻”。2月19日，英国政府被迫与武汉国民政府签订关于汉口惨案的协定，同意中国于3月15日正式收回英租界。以工人阶级为主力军的武汉人民收回汉口英租界的壮举，一洗鸦片战争以来中国政府割地赔款、屈膝投降的积耻，是中国人民反帝斗争历史上第一次重大胜利。不久，在武汉收回英租界的胜利鼓舞下，九江人民也收回了九江英租界。

图 2-21　武汉群众冲进汉口英租界

图 2-22　武汉工人纠察队队员

就在武汉人民收回汉口英租界后半个月，日本驻汉总领事在汉口制造一起骇人听闻的“四三”惨案。4月3日，日本水兵在汉口无故殴打人力车工人，并刺死前来排解的其他工人。工人和市民们义愤填膺，将行凶的日本水兵扭送湖北全省总工会处理。日驻汉总领事竟调集大批水兵登岸，越过租界枪杀武汉民众，当场打死数人，打伤数十人。惨案发生后，武汉各群众团体在刘少奇领导下举行紧急联席会议，组成武汉人民对日委员会，提出立即撤退日本水兵、收回日租界、凶手交中国法庭严办等对日交涉条件，掀起群众反日怒潮。但是，由于武汉国民政府在刚刚回国的汪精卫控制下，面对帝国主义的压力采取“退却策略”，武汉人民的正义要求未能实现。

5月20日，太平洋劳动会议在汉口血花世界大舞台开幕，来自日本、朝鲜、法国、苏联、美国、爪哇和中国工会的33名代表出席会议，赤色职工国际委员长罗佐夫斯基发表讲话，刘少奇代表中华全国总工会向大会报告中国职工运动，英、美、日等国代表以及中共中央代表、国民党中央党部代表发表贺词或演讲。会议历时7天，商讨世界工人运动重大问题，通过20项决议案。会议前后，武汉各团体、机关分别举行各种会议欢迎各国工人代表。5月3日，毛泽东主持召开全国农协和湖北省农协欢迎太平洋劳动会议代表大会，并发表热烈洋溢的致辞。6月3日，湖北全省总工会在血花世界召开工会大会，罗佐夫斯基、苏兆征、李立三发表演讲，宣传会议意义。

图2-23　1927年的毛泽东

太平洋劳动会议闭幕后20天，又一次重要会议在武汉举行。这就是6月19日在汉口中央俱乐部（今民众乐园）开幕的第四次全国劳动大会。出席大会代表420人，代表有组织的工人290万人。罗佐夫斯基和苏、英、美、法、日本、印度等国代表，以及共产国际、中共中央、国民党中央党部、国民政府、国民革命军总政治部和各界代表3000余人到会祝贺。大会由苏兆征致开幕词，罗佐夫斯基、罗易和李立三、刘少奇作报告，陈独秀和汪精卫讲话，讨论通过13项决议案，选举产生中华全国总工会新一届执行委员会，由苏兆征继任委员长。

图 2-24 毛泽东旧居——武昌都府堤 41 号

在工人运动蓬勃发展的同时，湖北农民运动也呈方兴未艾之势。北伐军攻占武汉后，被克复各县的农民协会由秘密转为公开，2100 余名农运特派员先后到 41 个县指导农民运动。1926 年 11 月底（或 12 初），中共中央农委书记毛泽东抵达武汉，成立中共中央农委办事处，筹办国民党中央农民运动讲习所，更为湖北农民运动的发展提供了有利条件。

1927 年 1 月，国民党湖北省第四次代表大会通过农民运动决议案。3 月 4 日至 22 日，湖北省农民协会第一次代表大会在武昌举行，出席会议代表 184 人，代表全省 40 余县农民协会的 80 万余名农协会员。大会通过 35 项决议案，选举产生以陆沉、陈荫林为正副委员长的湖北省农民协会执行委员会。大会闭幕后，全省农民运动立即掀起高潮，在极短时间内，正式成立县农协 22 个、筹备农协 20 个、区农协约 3160 个，会员发展到百万人以上。

图 2-25　湖北省农民协会第一次代表大会

图 2-26　湖北农协机关报《湖北农民》

就在全省农民运动兴起高潮的时候，毛泽东主持的国民党中央农民运动讲习所在武昌开学。此前，毛泽东曾历时32天，在湖南湘潭、湘乡、衡山、醴陵、长沙5县考察农民运动，于2月12日返回武昌，在都府堤41号寓所写成后来对中国革命的主要内容——土地革命的理论实践产生深远影响的《湖南农民运动考察报告》。毛泽东将马克思列宁主义关于农民问题的理论运用于中国革命具体实践，在报告中第一次提出建立无产阶级领导的农村革命政权和农民武装的战略思想，给农讲所学员和湖北农民运动以深刻影响。经过3个多月学习训练，农讲所第一批800余名学员于6月18日毕业，分配到包括湖北在内的17个省，开展农民运动。

图2-27 毛泽东主持的中国国民党中央农民运动讲习所

湖北农民运动的高涨，彻底动摇了封建地主阶级的统治基础，遭到土豪劣绅、不法地主和反动官吏的疯狂反扑。这种反扑的第一起恶性事件，便是发生在2月27日的阳新惨案。这一天正是农历春节，阳新县县长、公安局长和商会会长等人纠集洪门会徒百余人，围攻国民党阳新县党部、县农协，非法拘捕省农协特派员成子英、县农协执委兼秘书谭民治等9人，用煤油活活烧死。此后，麻城、监利、天门、沔阳、钟祥等地也发生类似事件。

图 2-28　毛泽东撰写《湖南农民运动考察报告》(油画)

图 2-29　阳新惨案烈士就义处

阳新惨案发生之后，国民党湖北省党部即制定《湖北省惩治土豪劣绅条例》和《湖北省审判土豪劣绅暂行条例》，经国民党中央批准颁布实行。3月15日，邓演达在国民党二届三中全会提议严肃处理阳新惨案。大会主席团指定邓演达、吴玉章、毛泽东组成查处阳新惨案委员会，会同湖北省党部、省政务委员会、省农协组成联席会议，共同处理该案。会后，由国民党中央农民部、湖北省农协代表率两连士兵前往阳新，逮捕凶手20余名，并于4月8日举行阳新各界追悼死难烈士大会，当场处决7名凶手。在此前后，省及阳新、黄冈、黄安、麻城、蕲春、天门、咸宁等县相继成立审判土豪劣绅委员会，打击乡村反动势力，全省农民运动进入高潮。此后，虽有蒋介石反革命政变后各县封建势力重新集结疯狂反扑，杨森、夏斗寅叛军恣意屠杀乡村共产党员和农协干部，农民运动仍在向前发展。截至5月，全省农民协会已发展到54县，会员300万人，会员人数仅次于湖南而位居全国第二。

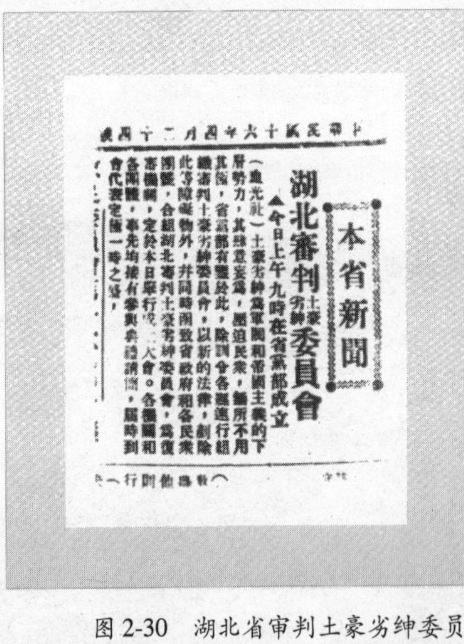
本省新聞

湖北審判土豪劣紳委員會

▲今日上午九時在省黨部成立

（血光社）土豪劣紳為軍閥和帝國主義的下層勢力，其罪惡昭著，壓迫民衆，無所不用其極，省黨部有鑒於此，除訓令各縣進行組織審判土豪劣紳委員會，以新的法律，剷除此等障礙物外，并同時聯合省政府和各民衆團體，合組湖北審判土豪劣紳委員會，為復審機關，定於本日舉行成立大會。各機關和各團體，事先均接有參與典禮請柬，屆時到會代表定極一時之盛。

图2-30　湖北省审判土豪劣绅委员会成立报道及处决土豪劣绅

工农运动的迅猛发展，促进了其他阶层民众运动的发展。1926年底，武汉学生掀起的一场反基督教运动，将全省青年运动推向高潮。事情的起因是教会学校侮辱中国学生人格、限制学生自由。1926年10月，武昌华中师范学校英籍教员梅戈登侮辱中国学生，激起学生抗议，梅戈登竟殴打抗议学生，英籍校长贾蒲明更用手枪威逼全校学生1小时内退出学校。在此前后,汉口法文学校也发生禁止中国学生3人聚谈、实行愚昧教育、驱逐抗议学生的恶性事件。为维护中国学生的人格尊严和人身自由,湖北省学联发文披露武汉学生在教会势力压迫下的痛苦现状,揭穿教会势力"救世"、"仁慈"的假面目。12月,武汉地区各级学联和其他群众团体联合组成"反基督教大同盟"。12月25日,武昌、汉阳、汉口分别举行以学生为主体的反基督教群众大会,汉口各教堂被迫取消圣诞节庆祝仪式,各教会学校也被迫停止学生祷告诵经活动。随后,湖北共产党、共青团组织又在武汉国民政府支持下,领导开展取缔教会学校、学生退出教会学校斗争,进一步扩大反基督教运动斗争成果。作为中国共产党的助手和湖北青年运动的直接领导者,湖北共青团组织也在斗争中发展壮大。截至1927年5月,全省已拥有共青团员12000余名。在共青团组织发展壮大的同时,妇女协会组织也在发展壮大。到1927年2月,全省已有38个县建立妇女协会,会员发展到10400人。省妇协代表全省妇女向武汉国民政府提出制订男女平等、保护妇女婚姻自由等法律的要求,广大妇女在妇协领导下积极投身争取婚姻自由、反虐待、反蓄婢纳妾斗争和放足剪发运动,与男子一道参加各种反帝反封建斗争,成为湖北大革命运动的一道亮丽风景。同青年运动、妇女运动一样,商民运动也迅速发展,展现出新的面貌。湖北青年运动、妇女运动和商民运动的发展,成为湖北以工农运动为主体的国民革命运动全面、深入发展的重要标志。

图2-31 武汉妇女庆祝"三八"妇女节游行

图 2-32　武汉群众庆祝“五一”国际劳动节游行

五、经困文昌

武汉国民政府时期，经济一直处于十分困难的状况。国民政府迁都武汉后即实现财政统一，其辖区名义上扩大到南方 10 省，真正在财政上保持关系的只有湘鄂粤赣 4 省。这 4 省当中，湘赣两省税收分别由唐生智和蒋介石(以国民革命军总司令部名义)征收，不仅没有上缴，反而需中央财政接济。广东虽有上缴，但其数甚微，且途经江西时多被蒋介石扣用。财政上真正能控制监督的，只有湖北一省。而湖北此时的财政状况，已历经北洋军阀摧残而凋敝不堪，又加上帝国主义和新旧军阀封锁而全面恶化。

北伐军占领武汉以后，帝国主义在政治上、军事上向国民政府不断施加压力的同时，还在经济上对武汉实行破坏、打击、封锁。首先是英国在汉银行相继停业，上海、天津等地外国银行停止向武汉放款，在汉的汇丰、麦加利、台湾、正金等银行还停止一切汇兑，拒收国民政府所投纸币，吸收大量存款，套走现金。紧接着，英国在汉企业关闭并抽走现金，美、日等国在汉企业相继停产，造成武汉工业萎缩、商业凋敝，30万工人近一半失业。汉口"一三"惨案后，英怡和、太古轮船公司停航，给武汉主要交通运输线以沉重打击。汉口"四三"惨案后，国外煤炭进口渠道中断，武汉燃料来源断绝，经济形势进一步恶化。至于国内军阀封锁，宁汉对立之前只受北洋军阀封锁而至京汉铁路受阻，蒋介石、李济深相继在上海、广州发动反革命政变后，杨森、夏斗寅又在鄂西叛乱而进攻武汉，使武汉国民政府陷于四面包围之中。此外，工人运动中出现一些"左"的做法，在经济上提出过急要求，将民族资产阶级作为打击对象，也给经济发展带来一定负面影响。如此内外交困，武汉经济发生全面危机。

为摆脱经济困境，武汉国民政府采取了一系列措施。一是举行第二次北伐。1927年4月，武汉国民政府举行第二次北伐，第一期兵锋直指河南郑州，以打通京汉线，解除北方军阀经济封锁。二是成立战时经济委员会。1927年4月15日，在蒋介石发动反革命政变造成宁、申、汉对峙之时，武汉国民政府即专门成立以汪精卫、谭延闿、宋子文、孙科、苏兆征为委员的战时经济委员会，负责制定经济法规、政策，筹集资金，整顿财政，以挽救时局。三是出台相关法规、法令、政策。国民党中央执行委员会和国民政府先后颁发《调解劳资斗争的训令与决议案》、《集中现金条例》、《取缔外币条例》、《失业工人救济局组织大纲》等一系列法规、法令、政策，以维持社会、经济正常秩序。四是整顿财政。主要是通过集中现金和发行有奖债券、国库券，力图解决财政危机。五是紧急采购米煤。针对蒋介石封锁造成原从长江下游芜湖、镇江运米渠道断绝，武汉国民政府立即下令江西、湖南取消米粮出口禁令，每日从湖南、江西分别运米5000担、3000担至武汉。针对"四三"事件后原从日本进口煤炭渠道断绝，武汉国民政府立即将汉冶萍煤矿暂时收回，由财政、交通、劳工3部组成委员会管理，每天向武汉供煤。这些措施虽取得一定成效，但随着整个形势进一步恶化，武汉乃至湖北经济终于在武汉国民政府末期全面崩溃。

然而在这一时期，湖北的文化事业特别是教育、文艺、新闻事业却出现长足进步，在巩固新生政权中发挥了重要作用，不仅在湖北现代史乃至中国现代史上占有重要地位，而且为后来新民主主义文化的产生提供了最初的基因。

首先是教育。武汉国民政府时期，湖北教育发生根本变化。湖北省政务委员会成立后，即根据中共湖北区委和国民党湖北省党部协商结果，由国民党左派李汉俊任教育科长，负责全省教育。不久，又成立以李汉俊为主席的湖北教育讨论会，聘请共产党员董必武、钱介磐和国民党左派耿丹、邓初民等9人为委员，作为改造振兴湖北教育的最高权力机构。湖北省政府正式成立后，即成立教育厅，仍以李汉俊任厅长。因此，湖北教育得以迅速恢复并突飞猛进发展。一是革命教育宗旨确立。《湖北教育暂行纲要》确定教育以实行革命化、平民化、团体化为宗旨，与《国民政府教育方针改革案》中提出的教育的四项基本原则——革命化、民众化、科学化、社会化——是一致的。革命化是"党化教育"精神的根本体现。中小学、大学章程，均将培养革命人才作为教育目的的重要内容。各级各类学校所开课程，均非常强调对主义的学习。中学开设三民主义课程；大学开设政治课，讲授三民主义、社会主义史、共产主义ABC、帝国主义侵略中国史、中华民族革命运动史。中小学教师必须经过党义研究所学习以明了党义，否则取消教师资格。《湖北公私学校训育标准》特别强调，学生应该服从党的指导和法令，应该信仰三民主义和五权宪法，拥护孙中山的三大政策。民众化是国民政府执行孙中山三大政策在教育上的体现。民众化教育，就是一方面使民众人人都有享受教育的权利，一方面培养为民众谋利益的人才。科学化指教育应该向受教育者传授最进步的自然科学和社会科学，尤其是社会科学。社会化指教育要变成改革社会、健全社会的活动。二是教育法规制定。为推动、规范教育，湖北先后制定数十个有关教育的法规政策。纲领性文件如《湖北教育暂行纲领》、《湖北实施义务教育大纲》，关于学校的如《湖北省县市立小学校通则》、《中学规程》、《大学规程》，关于教育机构的如《湖北教育讨论会条例》、《湖北实施义务教育委员会规程》，关于外国人办学的如《取缔外人设立学校条例》。三是普通教育勃兴。汉口到1927年6月，已办起各类小学60余所、私塾300余所。黄冈县有各类小学430余所，受教育者1.7万人，是过去的4倍以上。黄安县作为一个贫穷小县，仅初级小学就有800多所。全省计划7年内对352.8万学龄儿童普及义务教育。四是教育体制创新。1927年2月，由国立武昌大学、省立文科大学、私立中华大学等数校合并组建的国立武昌中山大学开学，其宗旨为"以研究高深学术，养成革命人才”，设文、理、法、商、医、预6科，成为一所位居全国前列的综合性大学。武汉中央军事政治学校设政治、炮兵、工兵等科，成为综合性军事院校。中学教育，也将师范、职员学校一律并入普通中学。五是多种形式办学。各类干部学校和训练班，如国民党中央农民运动讲习所、工人运动讲习所、国民党中央妇女党务训练班、湖北教师党义研究所，如雨后春笋层出不穷，其共同特点是训练时间短，主要进行政治训练，培养各部门专门革命人才。

其次是文艺。革命文艺作为一个伟大革命年代在意识形态领域的反映，在武汉国民政府时期又有新的发展。湖北作为革命中心，自然也成为革命文艺发展的中心。由于时代需要，在诸多文艺体裁中，尤以短剧、诗歌、歌曲、报告文学和文艺评论的成绩最为显著。短剧均反映时代主旋律。如《最后的胜利》，就是在反对蒋介石的高潮中产生，剧情即活捉蒋介石和张作霖。在纪念五七国耻日、五四运动和五卅运动时，则产生《光明的追求》、《新时代的男女》、《五卅短剧》等新剧目。诗歌、歌曲深受广大群众欢迎，因而创作尤丰。这一时期的诗歌多为战斗号角，因而主题鲜明，节奏紧凑，语言通俗，催人奋起。如顾仲起的诗集《红光》，便是一种口号式的新诗或标语的集合体，被誉为用新形式反映“掀起万丈的国民革命高潮”的“滥觞”。报告文学因其直接反映现实，其成就也令人瞩目，代表作为谢冰莹的《从军日记》。这部以一位女战士独特视角记录讨夏战役的报告文学，不仅在《中央副刊》连载，而且被翻译成英、俄、日、法等外文文本，作者谢冰莹也因此蜚声文坛。文艺评论则有一大批直接论述、探讨革命文化、革命文艺的文章问世，其代表作有邓演达的《何谓革命文化》、傅东华的《什么是革命文艺》等。这些文章对革命文化、革命文艺的社会功能和地位、特点，均作了有意义的探索。

再次是新闻。随着武汉国民政府建立，湖北新闻业迎来近代新闻史上第二个高潮。北伐军进抵武汉以后，新闻成为宣传革命的有力工具，120多种报刊先后创办发行。其中在湖北创刊并产生巨大影响的有初为国民党湖北省党部和汉口特别市党部的机关报、后为国民政府和国民党中央党部言论机关的《汉口民国日报》，有中共湖北区委机关刊物《群众》周刊，有中国共产党中央机关刊物《向导》，还有《革命军日报》、《楚光日报》、《武汉评论》、《汉声》周刊、《工人导报》、《革命生活日刊》、《农民运动》等等。许多报纸还开辟副刊配合政治宣传，其中《中央日报》副刊《中央副刊》最为著名。它曾刊登斯大林、布哈林等苏联领袖有关中国革命的论述，还曾刊登毛泽东的《湖南农民运动考察报告》，发表鲁迅的《无声的中国》、《老调子已经唱完》。郭沫若在蒋介石叛变后撰写的讨蒋檄文《请看今日之蒋介石》，即在《中央副刊》发表后产生轰动效应。除此之外，《中央副刊》还发表了包括《从军日记》在内的一大批各种不同体裁的革命文艺作品。《汉口民国日报》副刊《国民之友》也以每天一期半个版面的频率和栏目众多、形式活泼的风格，深得读者青睐。1926 年 12 月由国民党湖北省党部创办的血光通讯社，由共产党员钱介磐、张朗轩先后兼任社长，为湖北新闻业的发展作出重大贡献。1927 年 3 月成立的武汉新闻记者联合会，则标志武汉地区新闻媒体在国民政府领导下，走上“统一革命宣传，改良新闻技术，增进舆论权威，拥护本身利益”的新阶段。

六、分道扬镳

轰轰烈烈的民众运动，推动了国共两党的进一步密切合作。这种合作的一个重要成果，就是湖北省政府成立。早在武昌克复、湖北境内大部被北伐军控制后，国共两党便开始酝酿建立正式的省政府。1926 年 10 月至 11 月，中共湖北区委数次提出以左派为主的省政府委员及各厅长人选名单，请中共中央向国民党中央提出。1927 年 1 月 10 日，国民党中央政治会议第 53 次会议通过《湖北省政府组织案》，决定派邓演达、徐谦、孙科、董必武、詹大悲会同湖北省党部共同组建湖北省政府。1 月 18 日，国民党中央党部与湖北省党部决定组织湖北省政府筹备委员会，以孔庚为主席。3 月 25 日，国民党中央政治委员会第 5 次会议通过由吴玉章、邓演达等与省市党部协商的湖北省政府人员名单。4 月 2 日，湖北省党部为省政府成立发出训令：实现最低限度纲领、促进省民会议、保护农民运动、铲除土豪劣绅、打倒贪官污吏、造成廉洁政府。4 月 10 日，武汉国民政府公布湖北省政府组成人员任命。4 月 11 日，湖北省政府正式成立，徐谦、孙科、邓演达、李汉俊、恽代英、董必武、詹大悲、邓希禹、张国恩、宋子文、孔庚任委员，董必武、孔庚、张国恩任常委。省政府成立以后，由于董必武紧密团结国民党左派詹大悲、李汉俊、张国恩等人而发挥核心作用，成为国共两党合作的成功典范和反对帝国主义及新旧军阀的战斗堡垒。

可谁也没有想到，就在湖北省政府成立的第二天，即 1927 年 4 月 12 日，蒋介石在上海悍然发动反革命政变。四一二反革命政变，致使大半个中国陷入腥风血雨之中，大革命遭到局部失败。对蒋介石的背叛行径，湖北人民进行了坚决斗争。

早在 1927 年 3 月蒋介石指使江西反革命分子残杀赣州总工会委员长、共产党员陈赞贤以后，中共湖北区委就召开群众大会通电揭露蒋介石是“甘心背叛党国摧残民众”的最反动的新军阀，并两次发表告民众书，号召全省人民武装起来，“打倒一切背叛革命者”。同时，《汉口民国日报》发表社论首次公开提出“打倒蒋介石”的口号，国民党湖北省党部决议呈请国民党中央罢免蒋介石本兼各职。

四一二反革命政变的消息传到武汉，湖北地区立即掀起讨蒋反蒋斗争高潮。4 月 13 日，国民党湖北省党部发表《讨蒋通电》，提请国民党中央免除蒋介石一切职务，严加制裁。4 月 15 日，董必武在国民党中央常委扩大会上代表中共湖北地方组织和湖北革命群众，要求国民党中央迅速明确对蒋态度。4 月 17 日，国民党中央宣布开除蒋介石国民党党籍，免除其本兼各职。4 月 20 日，中国共产党发表反蒋宣言，号召全国人民一致声讨蒋介石的反革命行动。

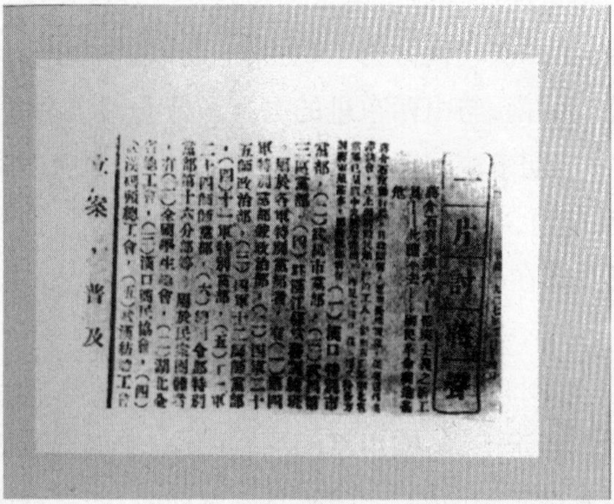

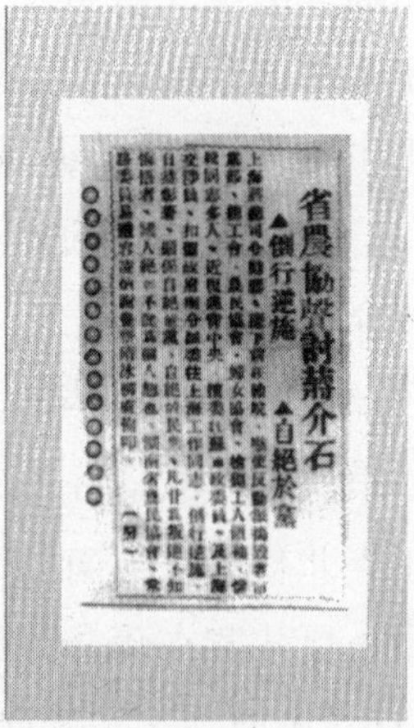
省農協[illegible]討蔣介石
▲倒行逆施 ▲自絕於黨

图 2-33　湖北人民讨蒋斗争报道

在此前后，湖北各群众团体纷纷起而声讨蒋介石，形成强大的政治攻势。湖北省总工会发表《讨蒋通电》，列举蒋介石6大罪状。湖北省农协发表通电，控诉蒋介石摧残农协的12条罪行。汉口商民协会、武汉码头总工会、武汉纺织业总工会、武汉店员总工会、湖北全省学生联合会等数十个群众团体也发出讨蒋通电或宣言。《汉口民国日报》则连续发表讨蒋社论。4月22日，武汉中央军事政治学校师生举行救党大会。23日，武汉各界群众30万人在武昌阅马场举行反蒋大会，发表讨蒋通电。讨蒋斗争迅速从武汉发展到湖北广大城镇乡村，黄冈、黄陂数万群众举行反蒋游行示威，沙市举行有20万人参加的讨蒋大会，公安、潜江、宜昌、鄂城、咸宁、襄樊等地群众也开展各种形式的反蒋斗争。

讨蒋反蒋斗争推动了湖北工农运动进一步发展。到1927年6月，湖北各种总工会发展到77个，工会会员发展到50余万人，工人纠察队发展到5000余人，拥枪1000余支。工人斗争已从集会、罢工发展到要求发放红利和参与工厂生产管理。在农民运动中，农民武装迅速发展壮大，武装斗争范围不断扩大。至6月中下旬，全省已有30余县建立农民武装，武装农民4000余人，拥枪3000余支。

蒋介石“四一二”反革命政变，致使武汉国民政府内外交困。为摆脱危机，国共双方商定举行第二次北伐。4月19日，武汉国民政府在武昌南湖举行盛大的北伐誓师典礼并庆祝军事委员会成立大会，党政军民数十万人参加。4月20日，北伐军陆续沿京汉铁路北上，挺进河南。同日，冯玉祥在西安就任国民革命军第二集团军总司令职，策应北伐。第二次北伐分为二期：第一期以唐生智部和张发奎部为主力，统率3个纵队北伐河南，与由西东进的冯玉祥部会师于京汉、陇海铁路，打通同苏联的交通线；第二期争取阎锡山部共同进占北京，然后回师东征讨伐蒋介石。北伐军进入河南境内，几经鏖战，将奉军主力基本消灭，于5月31日占领郑州，6月1日与冯玉祥部在郑州会师，奉军全线溃退至黄河以北，第二次北伐第一期作战任务完成。

正当北伐军在河南与奉系军阀激战之际，驻守宜昌的国民革命军独立第十四师师长夏斗寅在蒋介石策划、指示下，与四川军阀杨森勾结，发动反革命武装叛变。夏斗寅原为客居湖南的北洋军阀旧部，北伐军进军湖南时，所部被国民革命军收编，1927年初移防宜昌、沙市一带。第二次北伐时，武汉国民政府令其部驻守宜昌，以防四川军阀杨森东犯。5 月初，夏斗寅和杨森一起与蒋介石的密使会商于宜昌，决定里应外合，趁虚向武汉发起进攻。5 月 5 日，杨森在蒋介石支持怂恿下，举兵出万县东下。5 月 8 日，进攻宜昌。此时，夏斗寅已通过蒋作宾与蒋介石取得联系，暗中与杨森达成反共协议，遂令所部不战自退，与川军分别由长江两岸扑向武汉。5 月 13 日，夏斗寅发表《讨共通电》。14 日，枪杀武汉国民政府代表。16 日，进入咸宁。17 日，进逼至距武昌仅 40 华里之纸坊镇。与此同时，杨森所部一路东进，相继占领荆州、沙市等大小城镇，直逼武汉；驻扎于鄂西北的北洋军阀残部也闻风而起，蠢蠢欲动。

此时，武汉几乎是一座空城，形势异常紧张。危急时刻，武汉国民政府采纳中共中央建议，将武汉中央军事政治学校学生和中央农民运动讲习所学员编成中央独立师，由侯连瀛任师长、恽代英任党代表，与第四军第二十五师、第十一军第二十四师、第十一军教导营组成平叛军，由武昌卫戍司令叶挺担任总指挥，于 5 月 18 日出征纸坊，讨伐叛军。

图 2-34 叶挺

同日，中国共产党发表《关于夏斗寅叛变告民众书》及《告夏斗寅部下的兵士书》，号召人民群众起来削平叛乱，打倒反对革命的一切军阀。武汉国民政府也于同日发布命令，将夏斗寅“立即递职拿办”。武汉三镇立即掀起声讨夏斗寅怒潮。国民党省市党部举行联席会议，董必武担任会议主席，决定“通电声讨夏斗寅”。5 月 19 日，武汉三镇举行 50 万人的讨夏大会，湖北总工会等群众团体纷纷发表声明，谴责夏斗寅叛变革命的罪行。

平叛军于 5 月 18 日晚进抵纸坊，发起冲锋，叛军退向纸坊以南之土地堂。19 日，叛军分两路反扑，叶挺率部与敌激战，叛军不支，退往贺胜桥。21 日，平叛军在咸宁 2000 多农民自卫军协助下重创叛军，收复咸宁，迫使叛军残部窜逃鄂东南，后逃至安徽境内被蒋介石收编。

图 2-35　纸坊平叛战斗遗址——土地堂车站

5月25日，武汉国民政府下令讨伐杨森，随即组成西征军，以程潜担任总指挥。6月6日至9日，西征军在仙桃予杨森部以沉重打击。15日，西征军占领沙市。26日，杨森率部逃回万县。

夏斗寅的军事叛乱，成为以武汉为中心的湖北革命运动走向失败的转折点。5月21日，国民革命军第三十五军第三十三团团长许克祥又在长沙发动“马日事变”。此后，以汪精卫为首的国民党中央和国民政府日益动摇和反动，对工农运动压制日益升级，致使湖北城市反革命活动迅速表面化，乡村土豪劣绅、地方武装、右派军人同叛军余部勾结反扑，大量共产党员和农协会员被杀害，革命遭到严重损失。宜昌县中共基层组织和国民党县、区党部及群众团体被破坏殆尽，党、团负责人和工农积极分子被捕杀数百人。通山县反动县长和各地土豪劣绅捕杀共产党员、农协负责人及无辜群众200多人。叛军和土豪劣绅在嘉鱼杀死农民30余人，在武昌杀死农民50余人。另据1927年6月15日《汉口民国日报》报道：叛军和土豪劣绅在“天门烧农民房屋300余间，杀20余人；公安烙死数十人；枣阳残杀500人；沔阳残杀20余人；宜都残杀数十人；麻城沿乡捕杀，烧毁房屋，奸淫妇女，共杀500余人；随县前后杀死1000人以上；罗田惨杀60余人；

黄安惨杀100人；钟祥劣绅王恕堂更占领县城，挨户搜索，惨杀200余人。其他如夏口、黄冈、应山、应城、蕲春、江陵等县豪绅，亦莫不闻风兴起，向农民进攻。挖眼拔舌，刳肠斩首，刀割沙磨，洋油焚烧，红铁火烙，均为豪绅对待农民的残酷刑罚。对待妇女，则以铁丝穿贯其乳，而驱其裸体游行，或零碎割死。农民之死难者已达四五千人，而荆门、松滋、宜昌等县，仍在继续屠杀中；即使国民政府首都武汉仅距汉阳城十余里之地，亦不免发生土豪劣绅围杀农民之事。湖北全省完全为白色恐怖笼罩。

面对日益恶化的严峻形势，国民党湖北省党部和中共湖北党组织为挽救革命作出一系列努力。首先，开展肃反斗争，严厉镇压城乡反革命。4月中下旬，麻城县土豪劣绅勾结河南红枪会匪先后两次在麻城制造惨案，杀害革命干部和群众100多人。省党部与省政府、省农协立即组织调查委员会前往麻城调查，随后派出中央农民运动讲习所学生军和黄安县警备队、警备自卫军赶赴麻城，一举平定叛乱。5月下旬，董必武又亲自调派干部率军奔赴鄂南，先后在咸宁、蒲圻、嘉鱼、崇阳等地痛击夏斗寅叛军残部，惩办土豪劣绅。在全省城乡肃反斗争中，广大工农群众充分发挥主力军作用，有力地打击了反革命分子的嚣张气焰。其次，坚决维护工农利益，抨击国民党右派对群众运动的诬蔑和压制。6月8日，中共湖北省委书记张太雷在《向导》发表《武汉革命基础之紧迫的问题》一文，针对汪精卫控制的国民党中央和国民政府发布的一系列限制工农运动的命令，指出我们现在最可怕的是“把应对着敌人的枪口来对着我们”，面对反革命分子的猖狂进攻，我们“不应是撤退或解散我们的队伍，而应是整顿强固我们的队伍”，因此“革命纪律要巩固革命运动，而不应该压制革命”。同月，国民党湖北省党部又对国民党中央无理解散黄冈县党部事件进行调查，控告国民党中央，重建黄冈县党部。再次，整军经武，准备应变。早在6月初，中共湖北党组织就提醒广大党员：“暴风雨来了，我们要随时准备应变。”6月底，中共湖北省委召开全省党员代表大会，制定关于全省国民党工作和工农运动的《策略要点》，确定停止纠正工农运动“幼稚病”，加紧发展工农运动，联合国民党左派，准备公开反抗武汉国民党中央的武力压迫，并从整军经武、准备应变的指导思想出发，明确提出“招兵”、“募夫”、“上山”和争取土著武装的策略。尽管国民党湖北省党部和中共湖北党组织采取上述措施并取得一定成效，但仍不能挽狂澜于将倒。

图 2-36　麻城平叛战斗遗址——熊家冲

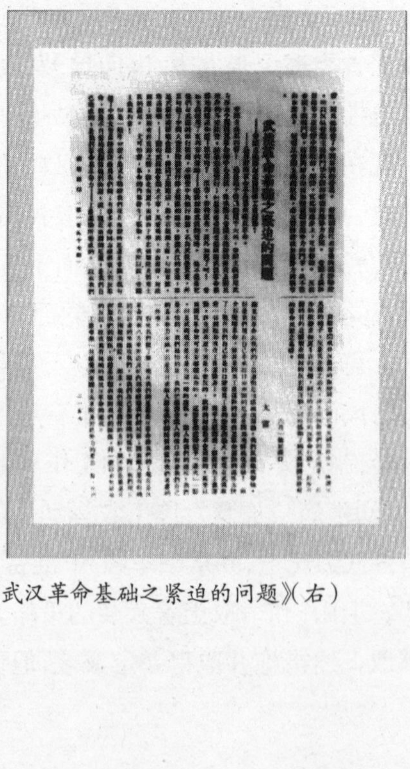

图 2-37　张太雷(左)及其撰写的《武汉革命基础之紧迫的问题》(右)

6月中旬以后，完成第二次北伐任务的国民革命军回到武汉。已经决定同共产党分裂的汪精卫，在北伐总指挥唐生智等人的支持下，加快了“分共”的步伐。汪精卫集团首先解除苏联总顾问鲍罗廷的职务，继而迫使共产党员谭平山、苏兆征辞去农政部长和劳工部长职务。6月28日，第三十五军军长何健发表反共宣言，声称“两湖农工运动幼稚”，纯系“共产党暴徒之策略”，要求武汉国民政府及唐生智“明令与共产党分离”。同日，武汉卫戍司令李品仙奉汪精卫密令，出动军警查封中华全国总工会、湖北省总工会、农民协会等团体，并看管苏联顾问，准备将他们遣送出境。接着，国民政府又连续颁发训令、布告，大肆攻击农工运动，为其准备公开政变制造舆论。

图 2-38　董必武为各地农民武装筹集的部分枪支子弹

面对汪精卫集团掀起的反共逆流，中共中央根据共产国际指示采取果断措施，于7月12日改组中央领导机构，成立新的中央政治局常委会，陈独秀退出中央领导岗位。新的中央确定组织民众武装起义以反抗国民政府叛变的方针，并于7月13日发表《中国共产党中央委员会对政局宣言》，公开谴责武汉国民党中央和国民政府背叛孙中山的三大政策，公开准备政变的罪行，宣布撤回参加国民政府的共产党员。

7月14日，汪精卫召开国民党中央政治委员会主席团会议。汪精卫在会议报告中以共产国际“五月紧急指示”为借口，大肆攻击共产国际和中共。会议作出若干“分共”的决议和命令。7月15日，汪精卫主持武汉国民党中央常委会举行第20次扩大会议，通过前一天政治委员会主席团决定，公开背叛孙中山制定的国共合作政策和反帝反封建纲领。7月16日，武汉国民党中央政治委员会主席团发表“分共”声明。7月19日，武汉国民党中央训令军事委员会制裁在军队中的共产党员。7月19日，武汉国民党中央执行委员会发表《告中国共产党书》，疯狂攻击中共和土地革命斗争。与此同时，反动军队封闭一切工会、农会及其他革命团体，各地土豪劣绅和反动军官勾结惨杀共产党员和革命群众，白色恐怖笼罩荆楚大地。

汪精卫的叛变行径，遭到宋庆龄、邓演达等国民党左派的强烈谴责和公开反对。宋庆龄断然拒绝参加“分共”会议，并发表《抗议违犯孙中山的革命原则和政策》的声明，指出汪精卫一伙不是孙中山的“信徒”，而是他的“叛徒”。邓演达几次撰文愤怒揭露汪精卫的两面派手法，针对汪精卫等肆意曲解孙中山的三民主义，重新论述三民主义的革命意义，号召中国国民党的信徒“要为保持总理三民主义的革命性而奋斗”。

汪精卫集团的叛变，致使第一次国共合作全面破裂，轰轰烈烈的大革命全面失败，湖北大地笼罩在一片血腥和恐怖之中。包括湖北在内的整个中国现代历史，被推到了一个严峻的转折关头！

第三章 内 战

一、血溅荆楚

1927年汪精卫集团叛变革命以后，武汉和南京的国民党中央党部和国民政府虽在反共问题上达成一致，但在中央党权、政权利益分割上的矛盾却迅速激化。7月28日，汪精卫等在武汉发表《武汉国民政府宣言》，下令“东征讨蒋”，以唐生智、张发奎部为主力，沿长江两岸向南京进击。蒋介石则针锋相对，命李宗仁部第七军向江西方向迎战。宁汉战争一触即发，冯玉祥出面调停，双方均未接受。8月1日，中国共产党在南昌发动武装起义。8月3日，汪精卫等致电冯玉祥，提出“南讨共党，北伐奉鲁”口号。同日，南京胡汉民、李烈钧等人也致电冯玉祥，表示愿意放弃党争，一致北伐。经冯玉祥居间调解，南京李宗仁、白崇禧、蒋介石、胡汉民等发表通电，同意召开国民党二届四中全会，宁汉对抗局面暂趋缓和。在此前后，军阀孙传芳部大军进逼南京，蒋介石与桂系李宗仁等矛盾激化。8月13日，蒋介石突然宣布下野，南京政府实权落入桂系之手。此后，南京方面主动与武汉方面联系，实现宁汉合流，决定合组“中央特别委员会”，接管宁、汉双方政权。9月16日，国民党中央特别委员会在南京正式成立，通过南京国民政府名单，发表宁汉合作宣言。9月20日，武汉国民政府正式撤销。

然而，宁汉合组的特别委员会并未真正解决其为争夺正统和领袖地位的矛盾，因而很快因分赃不均而出现新的分裂。9月22日，汪精卫等人重返武汉，成立武汉政治分会，以护党名义通电反对特别委员会。10月19日，武汉方面东征军何健部在安徽南部与南京方面西进之程潜部发生冲突。20日，南京政府下令组成西征军讨伐唐生智，宁汉战端再起。11月15日，西征军占领武汉，下令解散武汉政治分会，改设湘鄂临时政务委员会。25日，任命第十九军军长胡宗铎为武汉卫戍司令、副军长陶钧为副司令。12月2日，湘鄂临时政务委员会成立，程潜任主席。19日，南京政府下令改组湖北省政府，张知本任主席。湖北军政大权实际为以胡宗铎、陶钧为首的桂系鄂籍军人集团所控制。胡宗铎、陶钧分别为湖北黄梅、浠水人，1924年投身桂系。1927年8月，胡宗铎升任第十九军军长，陶钧升任该军副军长兼第一师师长。10月，第十九军进入武汉，胡宗铎、陶钧即想独树一帜，恰逢李宗仁出任第四集团军总司令和武汉政治分会主席，无力直接经营湖北，遂将湖北军政委之于胡宗铎、陶钧。胡宗铎、陶钧如愿以偿，获得对家乡湖北省的实际控制权。

如上所述，宁汉之争源于利益分配上的矛盾，宁汉合流则源于反共问题上的一致。所以，在8月1日南昌起义爆发以后，武汉国民党暨国民政府同南京国民党暨国民政府即一致“称共产党为人民之公敌”。其实，汪精卫集团在7月15日公开“分共”之前，武汉国民政府就开始发布镇压工农运动的命令，解除工人武装，解散农民协会。7月13日首开杀戒，在汉口新市场公开杀害江岸铁路工会秘书、共产党员宋继武。此后，武汉三镇几乎每天都有共产党人和工会农会干部被杀害。7月19日，国民政府军委会发布《制裁共产党员之训令》。7月29日，汉口人力车夫为抗议当局的屠杀政策举行罢工游行，遭到军警镇压，当场被打死2人，打伤10余人。7月30日，武汉全市戒严，禁止开会游行。8月1日，汪精卫“宣布共产党员为叛徒，应明正典刑”。8月2日，武汉国民政府明令对“共产党员一经拿获即行明刑，决不宽恕”。8月8日，武汉国民党中央委员会又函告各级党部、各政府机关清查共产党的4项办法。随即，湖北省政府和武汉卫戍司令部等单位联合设立“镇反”委员会，专门负责捕杀共产党人和革命群众。一时间，大批共产党人和革命群众被杀害。仅8月上旬，在武汉一地被所谓“明正典刑”杀害的共产党员即达100人以上，被秘密杀害的则不计其数。到9月下旬，武汉地区的中共党员人数由原来的8000人骤降到1269人。全省其他地方，同样遭此浩劫。在石首县，反动派按农协花名册捕杀共产党员、农协会员200余人。在阳新县，国民党军队一次杀害共产党员20多名，竟将中共阳新县委书记罗伟以五马分尸酷刑处死。

桂系鄂籍军人集团统治湖北以后，更加肆无忌惮，凶残屠杀共产党人，迫害工农群众。他们强化军、警、宪机关，“用重典”，“以杀为治”，肆意捕杀共产党员和革命群众，叫嚣“宁肯错杀三万市民，不留一个CP”。他们先后7次破坏武汉地区中共组织，两度掀起白色恐怖高潮，捕杀共产党人和进步人士达万人，致使湖北沉浸在一片血泊之中。

1927年12月，桂系鄂籍军人集团掀起第一次白色恐怖高潮。12月6日，桂军3个营突然包围武昌中山大学一、二、三院，连续翻抄3天后，逮捕学生会负责人周达三、学生吴宗鲁、教授林可彝等19人，其余师生全部就地监禁，接受讯问，后将周达三、吴宗鲁、林可彝等人杀害。16日，在武汉全城搜捕共产党人。17日，从日租界引渡前省政府财政厅长詹大悲、教育厅长李汉俊，以其强加的“李是共产党，詹是同伙，密谋暴动”罪名，不经任何法律程序，将李、詹两人当街枪杀于汉口中山大道水塔附近，暴尸三日。19日，杀害声援震寰纱厂女工斗争的武昌中山大学学生马坤、徐闻道等9人。年底，破坏中共湖北地下省委联络站裕泰客栈，当场拘捕30余人，后株连亲友68人，全部枪杀于汉口余记里广坪。

进入1928年后，桂系鄂籍军人集团进一步加紧破获武汉和湖北地区中共组织，残杀共产党人和革命群众，掀起第二次白色恐怖高潮。1月，先后捕杀中共湖北省委常委兼省工委书记黄五一，粤汉铁路工人领袖、中共湖北省委常委余长斌，中共湖北省委委员夏桂林等30余人。2月，破坏汉口中共地下机关小董家巷下巷8号、慈德里22号和武昌中共地下机关保安门正街81号，拘捕50余人。同月，拘捕中共武昌市委书记施季高等13人，杀害中共湖北省委委员王达祥、中共武昌市委书记施季高、中共汉口市委常委胡治中、中共京汉铁路区特委书记邓雅声、中共鄂南特委书记熊映楚等50余人。3月至4月，先后破坏中共和共青团湖北省委机关及武汉城区委、各支部，省总工会、京汉铁路总工会及各级工会组织，杀害中共湖北省委常委夏明翰，中共湖北省委秘书长任开国，中共湖北省委委员、共青团湖北省委书记唐鉴，著名妇女运动领袖、中共湖北省委机关报《长江》报主笔向警予，中共汉口市委书记马俊三，中共湖北省委委员、武昌县委书记黄赤光等中共重要领导干部。4月，又成立“湖北全省清乡督办公署”和鄂东、鄂西、鄂北、鄂中、鄂南5个清乡司令部，内设稽查总队和稽查大队，专职捕杀共产党人和革命群众。5月，鄂西清乡司令部在沙市捕杀中共鄂西特委成员及普通党员26人，鄂东、鄂中、鄂北、鄂南“清乡”司令部杀害的中共党员和革命群众则无法统计。

图3-1 夏明翰

图3-2 向警予

由于桂系鄂籍军人集团的残酷破坏杀戮，湖北地区中共组织活动一度中断。1928年10月，中共中央派夏文法、曹壮父、法和尚相继来汉，恢复湖北党组织。1929年初，新的中共湖北省委及其下属组织又遭破坏，省委书记夏文法、宣传部长曹壮父、工人部长法和尚等16人被枪杀。据1929年4月桂系鄂籍军人集团败逃后武汉报纸公布的统计数据，桂系鄂籍军人集团在1928年间以所谓“验明正身，绑赴刑场”枪杀的共产党人和革命群众就达800余人之多，未曾公布的被害者则不计其数。

桂系鄂籍军人集团控制湖北期间，曾向湖北民众承诺“革新省政，改善鄂人生活”，实际施行的是残暴的军人统治。除凶残屠杀共产党人和革命群众之外，就是大力扩充军队，强夺民众财富。为扩充实力，他们将魏益三部改编为卫戍部队，以加强以胡宗铎为司令的武汉卫戍部队；补充第十九军兵力，调升程汝怀、王贵如两个省防师扩编为第十八军，提升陶钧为该军军长；兼并杂牌军，分别将刘和鼎独立第五师和马文德部改编为暂编师；扩充武装警备旅、警备团和保安大队，以增强武汉警备力量；成立第十八军、第十九军随营军官学校，后改为武汉军官学校，招生千余人。通过一系列运作，最后形成以第十八、十九军为主体，拥兵约5万的桂系鄂籍军人集团。为筹措经费，他们不断增设苛捐杂税，有所谓月捐、田亩捐、团防枪捐、清乡捐、门牌捐等等，名目繁多，无奇不有。如此苛捐杂税，民众自然不愿缴纳，他们则派出武力强行征收，否则即行凶捕人。桂系鄂籍军人集团的倒行逆施，使其控制湖北的一年半时间成为湖北历史上最黑暗最恐怖的岁月。

正当桂系鄂籍军人集团在湖北柄政时期，南京国民党中央和国民政府的派系矛盾重新衍生激化，并直接影响湖北政局。1928年1月，蒋介石回南京复职，取代桂系主政南京国民政府。2月，国民党二届四中全会确定中央政治会议下设广州、武汉、开封、太原4个政治分会，由李济深、李宗仁、冯玉祥、阎锡山分任主席，以平衡权力。随着李宗仁出任武汉政治分会主席，桂系中心转移湖北。1929年1月，蒋介石在实现党权、政权"统一"之后，企图以"武力统一"军权，并首先对桂系开战。3月28日，蒋介石亲任讨逆军总司令，指挥三路大军，讨伐武汉桂系，蒋桂战争爆发。31日，蒋介石发出对桂系军队总攻击令，各路大军逼近武汉。4月2日，蒋军进抵汉口东郊刘家庙，桂军李明瑞、杨腾辉率部脱离战场，迫使驻守武汉的胡宗铎、陶钧、夏威各部仓皇弃城而逃。5日，蒋介石乘"楚材"号兵舰进入汉口，宣布"兵不血刃而定武汉"。11日，败逃鄂西的胡宗铎、陶钧、夏威联名通电，同时下野。至此，湖北桂军全部瓦解，蒋桂战争结束，桂系鄂籍军人集团在湖北的统治画上句号。

二、武装起义

面对国民党反动派的反革命屠杀政策，中国共产党人并没有被吓到、被征服、被杀绝。他们从地下爬起来，揩干净身上的血迹，掩埋好同伴的尸首，又开始了新的战斗。1927年8月7日，中共中央在汉口召开紧急会议即著名的八七会议。会议彻底清算大革命后期陈独秀的右倾机会主义错误，确定土地革命和武装起义的方针，选出以瞿秋白为首的中央临时政治局，给正处在思想混乱和组织涣散中的党指明出路，为挽救党和革命作出巨大贡献，成为由大革命失败到土地革命战争兴起的历史转折点。

八七会议把发动农民进行秋收暴动作为党在目前最重要的任务。根据会议决议和会前中共中央发布的《关于湘鄂粤赣四省农民秋收暴动大纲》，中共湖北省委于8月中旬制定《湖北省秋收暴动计划》，决定将全省划为武汉、鄂东、鄂南、江汉路、鄂北、鄂中、鄂西等7大区域，各区组织特别委员会，在省委直接领导下，以鄂南为中心发动秋收暴动。随后，制定《鄂南农民暴动计划》。

图3-3　八七会议旧址——汉口原俄租界三教街41号

8月中下旬，中共鄂南特委在崇阳、通城、通山等县率先发动农民暴动，拉开鄂南秋收暴动序幕。8月底和9月上旬，中共湖北省委书记罗亦农两次赶赴鄂南，召集鄂南6县党的负责人会议，部署秋收暴动，决定鄂南暴动与毛泽东领导的湘赣边界秋收暴动于9月9日同时举行。9月8日，鄂南特委获悉将有一列装有饷银的火车从武汉开往长沙，遂决定先行劫车以资军费，然后攻打蒲圻、咸宁县城。当晚，300名农军夜袭蒲圻中伙铺车站，劫车成功。此时，咸宁、蒲圻县城敌军兵力突增，鄂南特委遂改变原定计划，令起义军向农村进军。9月9日，蒲圻数万农民破坏武(昌)长(沙)铁路以阻止武汉敌军南援，嘉鱼、通山、咸宁等县农军纷纷暴动而进至咸宁外围要地，形成对咸宁县城的包围之势。9月15日，咸宁、通山、嘉鱼、蒲圻农军7000余人进攻咸宁县城，终因敌众我寡而未克。随后，敌军反攻，农军连战失利，遭受重大伤亡。10月初，农军转移至通山九宫山、沉水

图3-4　罗亦农

山、消水山一带，坚持武装斗争。

图 3-5 鄂南秋收暴动遗址——蒲圻中伙铺车站

图 3-6 鄂中秋收暴动遗址——沔阳戴家场

就在鄂南暴动开始的第三天，鄂中暴动在沔阳南部拉开帷幕。9月10日晚，中共鄂中南部特委和沔阳县委负责人率部分党员和数十名农民突击沔南戴家场大土豪、团防武装头目涂老五院宅，控制戴家场。与沔阳暴动相呼应，监利剅口农民于9月19日夜攻占郑家拐、汤家竹林、跑马岭等地，三官殿、上车湾等地农民也奋起暴动。9月下旬，鄂中南部特委决定以洪湖为中心扩大暴动范围，向农民宣布实行土地革命。10月，沔阳、监利两县起义武装合编为工农革命军第四军。戴家场暴动不久，中共鄂中北部特委领导汉川庙头、分水、杨林、榔头等地农民暴动，打出“工农革命军榔头独立团”旗帜，随后又同汉阳党组织联合行动，袭击汉阳七肖大湾。与此同时，中共天门县委也成功组织芦市、净潭农民暴动。

9月中旬，中共鄂西特委所辖各县武装暴动广泛兴起，其中以当阳瓦仓暴动和江陵弥陀寺暴动声势最大。9月14日，中共当阳县委率瓦仓农民自卫团打垮设在庙前石马槽的团防局，拘捕、处决土豪劣绅数十人，并于次日成立瓦仓区工农革命政权。观音区、城区九子山以及远安县南乡农民纷纷响应，同土豪劣绅开展斗争。与此同时，公安县各区农民自卫队捕杀官吏、土豪劣绅，捣毁税收机关，其势甚锐，湖南澧县农民自卫队因受敌压迫转至公安，与公安农民自卫队会合。两县农民自卫队按照鄂西特委决定，于9月23日攻占与公安相邻的江陵县重镇弥陀寺，随后返回公安，进行反苛捐杂税、反土豪劣绅的斗争。

图3-7 鄂中秋收暴动使用的武器

9月上旬，鄂北区中共枣阳县委领导西区程坡、马岗、蔡阳铺、七方岗等地农民，联合襄阳县东北部程河、双沟、张集等地农民，攻打龙兴寺区署和团防局，随后又攻破沈家大屋，捣毁琚湾团防局。与此同时，随县工农自卫军独立大队击溃敌“建国军”1个团，攻占吴山镇，全歼团防武装，后又攻克三合店团防局。

在鄂东，中共黄安、麻城两县委先后传达八七会议精神，决定两县共同暴动。9月下旬，黄安紫云区檀树乡熊家嘴数百农民首举义旗，处决本地土豪劣绅，七里坪镇工人则组成纠察队处决本镇土豪兼商会会长。随后，紫云、七里两区多处农民暴动，在三四天内即捕杀土豪劣绅数十名。与此同时，麻城县委在乘马、顺河等地召开有数千人参加的群众大会，号召农民起来没收土豪劣绅财产，实行土地革命。随后，乘马、顺河两区农民纷纷起而暴动，搜捕土豪劣绅，没收其财产。因黄、麻两县秋收暴动均在9月，故又称九月暴动。在黄麻地区进行九月暴动的时候，黄梅也组织200余名农民攻打孔垄团防武装，惩处土豪劣绅10人，缴枪16支，随后联合广济革命武装进军黄梅县城，惜因计划泄露而中止。

秋收暴动以后，全省未能准期暴动的地方继续发动，一些暴动过的地方又继续暴动。11月10日，中共鄂北特委召开襄阳、枣阳、随县三县党组织负责人联席会议，成立三县暴动总指挥部，于中旬举行以枣阳为中心的三县联合暴动，后成立中国工农革命军第九军鄂北总队。11月下旬，由中共鄂中南部、北部特委合并而成的鄂中特委组织天门、汉川两县游击队，攻打汉川分水嘴、杨林沟、芦排、南渡河等区镇，歼灭地主、团防武装百余人，缴枪数十支。12月3日，鄂中特委领导工农革命军第四军和武装农民数百人，以里应外合战术一举攻占沔阳县城，毙敌县长以下数人，缴枪20余支，从监狱里救出共产党员和工农群众80余人。随后，特委率暴动武装撤离县城，转往沔阳西部，成立沔西区苏维埃政府，将部队整编为工农革命军第五军。12月30日，鄂东中共黄冈县委发动回龙山暴动，后成立中国工农革命军第六军。

图3-8 七里坪会议旧址

这一时期规模最大、影响最大的起义是黄麻起义。鉴于黄麻九月暴动以后保存一定规模农民武装，中共湖北省委于10月间派遣多名重要干部进入黄麻地区，组建中共黄麻特委，指导黄安、麻城、罗田、黄冈等县工作，准备大规模武装起义。11月3日，黄麻特委在黄安七里坪召开黄、麻两县党团活动分子会议，决定发动黄麻起义，武装夺取黄安县城，建立革命军队和革命政权。会上，成立黄麻起义指挥部，潘忠汝、吴光浩分任正副指挥。13日晚，黄、麻两县农民自卫军及武装农民2万余人汇集七里坪，随即向黄安县城进发。同时，黄陂一支农民自卫军也向黄安开进。14日凌晨，起义大部队包围县城，在先期进城担任内应的突击队接应下，一举攻进城内，捣毁县政府，活捉敌县长，全歼敌警备队近200人。17日，根据省委指示，起义军改编为中国工农革命军鄂东军，全军300余人、240支枪，由潘忠汝任总指挥、吴光浩任副总指挥。18日，成立黄安县农民政府，曹学楷当选政府主席，随即颁布《黄安县农民政府施政纲领》。11月28日，驻河口之国民党第三十军独立旅进攻黄安县城，被鄂东军及闻讯赶来增援的农民武装击退。12月5日，国民党第十二军教导师突然从宋埠奔袭黄安县城，鄂东军据城奋战，终因寡不敌众，撤出县城。黄麻起义虽遭挫折，但作为这一时期湖北境内规模最大的武装起义，也是这一时期全国各地武装起义中规模较大的武装起义，在湖北乃至全国产生重要影响。

图3-9 潘忠汝(左)、吴光浩(右)

图 3-10　黄麻起义农军集结地——黄安七里坪

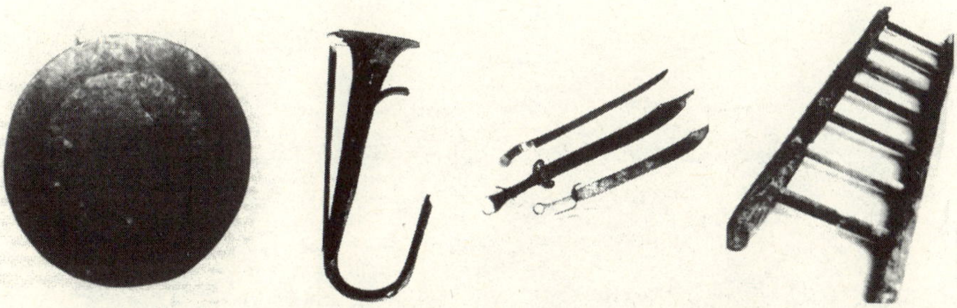

图 3-11　黄麻起义使用的铜锣、军号、武器和木梯

黄麻起义后不久，荆江两岸年关暴动爆发。1927 年 11 月，中共中央多次指示湘、鄂两省利用年关阶级矛盾尖锐的时机，发动新的暴动。中共湖北省委立即制定《关于全省总暴动计划》（又称年关暴动计划），组织全省总起义，而以武汉为全省城市暴动的中心。正在这时，由南昌起义总指挥贺龙及所部师长周逸群等人组成的中共湘西北特委，奉中共中央指示前往湘西北发动武装斗争，途经武汉。湖北省委聘请贺龙担任拟在除夕之夜举行的武汉三镇年关暴动，不料年关前夕被敌人查获暴动计划，暴动被迫取消。此时，荆江两岸公安、石首、监利、沔阳、汉川、潜江、江陵、华容、南县等县正积极准备暴动，湖北省委遂与贺龙等人商定，请他们组成鄂西南特委先到荆江两岸地区领导年关暴动，然后到湘西北发动武装斗争。贺龙一行于 1928 年 1 月 21 日到达监利县境，与贺锦斋、李明铨领导的游击队会合，随即与监利、石首、华容、沔阳等县委共同商定：监利、石首、华容、

沔阳各县党组织全体动员，带领农民暴动，发动游击战争。同时，鄂中特委领导的工农革命军200余人到达监利，与石首、监利等县农民暴动队组成工农革命军第四十九路军，全军300余人，军长贺锦斋，由贺龙统一指挥。工农革命军成立后，首先在监利境内行动，先后在上车湾、何堡、尺八、聂河、王垸等地攻打团防据点，处决土豪劣绅，继而移师江南，攻克华容砖桥，攻打石首调弦口、高基庙、小河等地，并一度袭击县城，此后折返监利下车湾，部队发展到1000余人。工农革命军胜利转战荆江两岸，极大地推动了荆江两岸的年关斗争。石首、华容、公安、江陵、汉川、沔阳、潜江、南县纷起暴动，致使各级官吏及土豪劣绅闻风丧胆，各地驻军不敢越雷池一步。在荆江两岸年关暴动的同时，鄂北、施鹤地区也爆发连绵不断的武装起义。

图 3-12　工农革命军第四十九路军成立遗址——监利朱河下车湾

早在大革命失败前的1927年6月，中共湖北省委就提出“武装农民上山”的应变策略。秋收暴动以来，省委又一再强调在农村开创武装割据局面。各地武装起义受挫后，保存下来的起义武装即辗转游击于广大农村，在极其困难的条件下逐步走上工农武装割据、建立苏维埃政权的道路。1928年10月，省委召开扩大会议，贯彻中共六大精神，要求各级党委坚定领导割据区域的土地革命、游击战争和政权建设，组织和训练工农红军，巩固和扩大红色区域。到1930年6月，全省相继建立起鄂豫皖、湘鄂西、鄂东南、鄂豫边革命根据地。

黄安县城失守以后，中共湖北省委几次给黄安县委发出指示信，指示黄安县委坚持斗争，积极向麻城、罗田方向发展，同黄梅县委取得联系，以便“在麻城、黄安及河南之商城一带，造成一个割据局面”。12月下旬，工农革命军鄂东军72人、53支枪突破敌人封锁，到达黄陂北部木兰山。1928年1月，鄂东军奉命改编为工农革命军第七军，由吴光浩任军长、戴克敏任党代表，在木兰山一带游击。后因国民党军不断进攻，第七军回到黄麻地区举行“二次暴动”，不期暴动失败，不得不辗转于黄陂、黄安、黄冈、罗田、光山各县境内，从而深感立足点之重要。5月，在发现位于河南、湖北两省三县（光山、黄安、麻城）交界柴山保具备立足点的条件之后，第七军负责人在黄安县清水塘召开会议，决定开辟柴山保，实行武装割据。第七军进入柴山保，很快站稳脚跟。7月，第七军奉命改编为中国工农红军第十一军第三十一师，吴光浩任军长兼师长，戴克敏任党代表。10月，成立中共鄂东特委，由王秀松任书记，管辖黄安、麻城、光山3县及红军中的党组织。不久，鄂东特委得知毛泽东在井冈山地区领导开展工农武装割据的情况，即提出“学江西井冈山的办法”，创造整个大别山地区武装割据的构想。随后，红三十一师运用灵活机动的游击战术，多次打败湖北、河南两省敌军“进剿”，同时将武装斗争和土地革命、政权建设有机结合，使以柴山保为中心的鄂豫边根据地在1929年5月初步形成。就在这时，豫东南商南起义爆发，成立中国工农红军第十一军第三十二师，开始创建豫东南根据地。从6月下旬开始，国民党军向鄂豫边和豫东南发起新的进攻，红三十一师、三十二师在赤卫队、农民群众配合下连续粉碎敌三次“会剿”，两块红色区域连成一片。根据中共中央决定，鄂豫边、豫东南两块根据地和两支红军实行统一领导，于11月、12月相继成立中共鄂豫边特委和鄂豫边革命委员会，由徐朋人、曹学楷分任书记、主席。11月，皖西六霍起义爆发，成立中国工农红军第十一军第三十三师，开始创建皖西根据地。1930年春，以大别山脉为中心的鄂豫皖边界地区工农武装割据初步形成。此时，中共中央发出指示，统一鄂豫边、豫东南、皖西3块根据地党组织和红军领导。3月，中共鄂豫皖边特委成立，郭述申任书记。4月，红十一军三十一师、三十二师、三十三师改编为红一军一、二、三师，许继慎任军长，曹大骏任政委，徐向前任副军长兼第一师师长，全军2100余人。6月，鄂豫皖边苏维埃政府成立，甘景元任主席。至此，鄂豫皖革命根据地正式形成。

图 3-13　黄陂木兰山

图 3-14　清水塘会议旧址

图 3-15 郭述申(左)、许继慎(右)

荆江两岸年关暴动以后,中共鄂西南特委即恢复湘西北特委称号,赴湘鄂边发动武装起义。1928 年 3 月,贺龙、周逸群等到达桑植,动员贺龙亲族、旧部,组织起一支 3000 余人、700 支枪的工农革命军。3 月下旬,工农革命军发动桑植起义,攻占桑植县城,成立县革命委员会。不久,敌人重兵围攻,桑植县城失守,工农革命军被打散,周逸群辗转到达洪湖地区,贺龙则在桑植、鹤峰边界收集失散部队。4 月下旬至 5 月中旬,中共湖南省委根据中央指示,将湘西北特委并入湘西特委,在工农革命军中组建以贺龙为书记的湘西前敌委员会。6 月,敌军西撤,工农革命军乘隙游击,被打散的部队陆续归还建制,全军很快扩大到 1500 余人枪。7 月,湘西前委将部队改编为工农革命军第四军,由贺龙任军长,辗转游击于桑植、鹤峰边界地区,寻找立足点。11 月下旬,工农革命军第四军整编,改称中国工农红军第四军,仍由贺龙任军长,随后向宣恩、恩施、咸丰、利川、建始等地游击。1929 年 1 月,红四军攻占鹤峰县城,成立苏维埃政府,旋主动撤出,逐步开辟以鹤峰为中心的割据区域。6 月,红四军再克桑植县城,成立中共桑植临时县委和第二届县苏维埃政府。在鹤峰、桑植割据区基本连成一片以后,红四军先后向湖南大庸、慈利、石门和湖北五峰、长阳、巴东游击,使割据区迅速扩大为纵横二三百里的湘鄂边根据地,全军增加到 4000 余人。周逸群于 1928 年 5 月回到洪湖地区以后，立即重建被破坏的中共鄂西特委并担任特委书记，领导湖区游击战争，很快开辟若干小块割据区域和大片游击区。1929 年 3 月，鄂西特委将各地武装组建为鄂西游击大队。8 月，鄂西游击大队整编为洪湖游击总队，全队 1000 余人，由周逸群任总队长兼党代表，段德昌任参谋长。12 月，洪湖游击总队扩编为中国工农红军独立第一师，段德昌任师长，周逸群任党代表，下辖 3 个纵队 5000 余人。1930 年 2 月，红一师升编为中国工农红军第六军，孙德清、旷继勋先后任军长，周逸群任政委，全军约 7000 人。随后，红六军转战监北、沔西，使江陵、石首、沔阳、监利、潜江边界割据区域基本连成一片。4 月中旬，在石首成立由江陵、石首、监利、沔阳、潜江组成的鄂西苏维埃联县政府，洪湖根据地形成。7 月，红四军（旋改称红二军）从湘鄂边东下，于公安县城南平与红六军会师，组成红二军团，贺龙任总指挥，周逸群任前委书记、政治委员。9 月，中共鄂西特委改组为湘鄂西特委，由刚到洪湖苏区的中共中央代表邓中夏任特委书记、红二军团前委书记和政治委员。因邓中夏随军行动，周逸群调地方工作，代理特委书记。同时，鄂西苏维埃联县政府扩大为湘鄂西苏维埃联县政府，由周逸群任主席。至此，湘鄂西革命根据地正式形成。

图 3-16　鹤峰县苏维埃政府旧址

图 3-17　红六军成立遗址——监利汪家桥

图 3-18　贺龙(左)、周逸群(右)

鄂南秋收暴动失利以后，中共湖北省委先后派出重要干部到鄂东南阳新、大冶、通山成立党组织，领导武装游击活动。1929 年 6 月，大冶中心县委发动阳新、大冶手枪队和鄂城、通山、咸宁 3 县农民举行刘仁八暴动，成立中国工农红军第十二军，军长谢振亚，政委侯中英。此后，红十二军游击鄂东南各县，初步控制阳新、大冶南部和通山、鄂城、咸宁、蒲圻边界地区。10月,红五军第五纵队由湖南进入鄂东南,同红十二军一道,奔袭通山县城,占领阳新县城,横扫通山、阳新、大冶诸县乡村,打开鄂东南大发展局面。12月,红五纵队配合国民党军独立第十五旅中的中共地下组织发动“大冶兵暴”,占领大冶县城,将红十二军和兵暴部队编入红五纵队。1930年6月,红五军在大冶刘仁八召开军委扩大会议,将红五纵队扩编为红八军,与红五军组成中国工农红军第三军团,由彭德怀任总指挥、滕代远任政委。此后,红三军团在鄂东南地区纵横扫荡,使根据地猛烈扩大,成为湘鄂赣革命根据地的重要组成部分。

图3-19 大冶兵暴旧址

1928年春,中共枣阳、襄阳、南漳、光化、谷城等县委相继发动群众举行大规模暴动,组成工农革命军鄂北总队。然而,由于敌人残酷围攻,鄂北总队连续受挫,被迫插枪隐蔽。根据中共中央指示,1929年3月成立中共鄂北四县临时特委,领导鄂北地区斗争。9月,四县临时特委改称中共鄂北临时特委。1930年3月,重建中共鄂北特委,由聂洪钧任书记。鄂北特委重新聚合插枪隐蔽的农民武装,将襄东、枣阳一带赤卫队聚零为整,组编成中国工农红军鄂北第三十五总队,由张履中任总队长,在襄阳东部、枣阳西部、钟祥北部发动游击战争。5月,鄂北

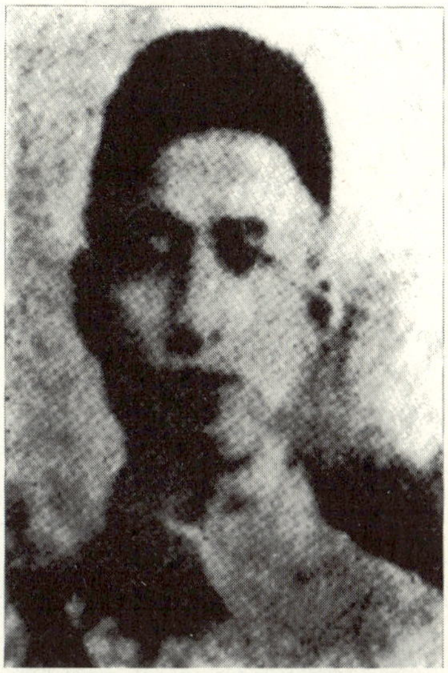

图 3-20　滕代远(左)、彭德怀(右)

图 3-21　红三军团司令部旧址

特委发动枣西暴动,将起义部队整编成中国工农红军鄂北第五总队,由杨秀阡任总队长兼党代表,旋杨秀阡阵亡,由谢耀武继任总队长、余益庵任党代表。6月,红五总队同襄阳、枣阳武装农民数千人攻打宜城等地,在枣阳、襄阳、宜城等地先后建立苏维埃政权。6月20日,红五总队奉命改编为中国工农红军第九军第二十六师,由张香山任师长、余益庵任党代表。不久,红二十六师进攻钟祥,数战获胜。8月,成立钟祥县革命委员会,以襄枣宜钟为中心的鄂北根据地初步形成。10月,根据中共中央指示,鄂北特委与豫西南特委合组鄂豫边特委,由郝久亭任书记,同时成立鄂豫边革命委员会,由程克绳任主席,以鄂北为中心的鄂豫边革命根据地正式成立。

图3-22 聂洪钧

图3-23 程克绳

大革命失败以后,湖北各级中共组织从血泊中奋起,发动广大群众以武装起义反抗国民党的反革命屠杀政策,并逐步走上工农武装割据道路,创建鄂豫皖、湘鄂西、鄂东南、鄂豫边4块革命根据地,从东、南、西、北4个方向对武汉形成战略包围,使湖北革命形势发生显著变化。

三、山湖鏖兵

正当湖北各地在武装起义之后逐步创建革命根据地的时候,蒋桂战争打破持续近两年的宁汉对峙局面,确立蒋系南京国民政府对湖北的统治。蒋介石于

1929年5月进入武汉以后，即全面调整、更换湖北党政军人事，成立以何成濬为主席的新一届湖北省政府。何成濬，湖北随县（今随州市）人，1907年留学日本，加入中国同盟会。辛亥革命跟随黄兴，后历任中华民国临时政府陆军部副官长、广州军政府驻沪军事特派员、广州大元帅府鄂军总司令。1926年国民革命军攻克武昌，任湖北省政务委员会委员，旋悄然去南京依附蒋介石。1928年任国民革命军第一集团军参谋长。1929年当选国民党中央委员。作为蒋介石在湖北的忠实代理人，何成濬就任新一届湖北省政府主席以后，即积极追随蒋系南京国民政府，以主要精力投入军阀混战和"剿共"战争。

1929年10月，蒋（介石）冯（玉祥）阎（锡山）中原大战爆发。在蒋介石一度陷入四面楚歌的关键时刻，何成濬受蒋介石之命，以第三军团总指挥名义率师驻守漯河，沿平汉线对冯玉祥主力作战，而将省政府主席一职交方本仁代理。方本仁代理省政府主席半年多，虽发表"厉行禁烟，实行清乡，整理财政，选用人才"4项施政方针，却因代理省政府主席为短期行为，在任内于省政几无建树。

1930年10月，何成濬回任省政府主席，正值鄂豫皖、湘鄂西、鄂东南、鄂豫边苏区相继形成。10月18日，何成濬发出布告："先剿匪清乡，次实施建设"。随后，即按照南京国民政府统一部署指挥，连续对各苏区进行三次"围剿"战争。如此，何成濬在这次主鄂期间，除在教育方面有所作为外，其他毫无成绩。

11月，南京国民政府设立以何成濬为武汉行营主任、以李鸣钟为督办的鄂豫皖三省边区绥靖公署，负责对鄂豫皖苏区"围剿"。12月，蒋介石调集10万兵力对鄂豫皖苏区实施第一次"围剿"，主要目标为鄂豫皖苏区西部的鄂豫边地区。由于此时鄂豫皖苏区红军主力红一军正在皖西地区作战，鄂豫边地区只有少数地方武装，国民党军得以迅速占领黄安、河口、七里坪，进入苏区中心区域。面对强敌进攻，鄂豫边各县地方武装组成3路游击纵队，在广大群众配合下开展游击战争。12月中旬，战斗在鄂东蕲春、黄梅、广济地区的红十五军在军长蔡申熙、政委陈奇率领下，奉命进入鄂豫边黄麻地区。1931年1月上旬，在皖西作战的红一军返回黄麻地区，与红十五军在麻城福田河会合，合编为中国工农红军第四军，由旷继勋任军长、余笃山任政委、徐向前任参谋长。1月下旬，红四军以"围点打援"战术攻占麻城磨角楼，击溃敌援军4个团，歼敌1000余人。2月初，中共鄂豫皖特委、鄂豫皖革命军事委员会成立，曾中生任特委书记兼军委主席。2月上旬，红四军占领新集。2月中旬，红四军集中优势兵力，主动向平汉线信阳—广水段出击。3月初，奔袭李家集车站，截获军车一列，全歼敌新编十二师1个旅。随后，袭击柳林车站，歼敌新编十二师1个营，击溃2个团。此时，国民党郑州绥靖公署和武汉绥靖公署急调第六、第三十、第三十一、第三十四师，企图从南北两路夹击红四军。红四军集中兵力，奔袭南路孤军突进至双桥镇之三十四师，毙敌1000余人，俘敌师长岳维峻以下5000余人。双桥镇战斗后，国民党军其他部队停止行动，对鄂豫皖苏区的第一次“围剿”战争遂告结束。

图3-24　中共中央鄂豫皖分局旧址

3月中旬，国民党又调集11个师13万兵力，对鄂豫皖苏区实施第二次“围剿”。4月中旬，国民党军开始对鄂豫边发动进攻，逐步进入苏区中心地带。红四军主力避敌锋芒，跳出鄂豫边，转向皖西，打击入侵之敌。4月15日，红四军收复麻埠。25日，收复独山，迫敌退出霍山县城。与此同时，留在鄂豫边的警卫师和红十师二十八团则与地方武装密切配合，以游击战争机动灵活打击消耗敌军。5月上旬，敌“围剿”部队开往皖西，企图与东线堵击部队合歼红四军。红四军突然掉头西进，由独山返回鄂豫边，在新集浒湾痛击敌军1个旅，毙伤俘敌近1000人。在此期间，由中共中央派到鄂豫皖苏区设立中央分局的中央政治局常委张国焘，于5月12日在新集召开会议，宣布撤销中共鄂豫皖特委，成立中共鄂豫皖中央分局和新的鄂豫皖革命军事委员会，由张国焘任书记兼主席，同时成立中共鄂豫皖省委，由沈泽民任书记。红四军在浒湾战斗后转兵南下，于5月28日在黄安桃花镇和十里铺分别歼敌2个团另1个营。此后，国民党军被迫转入守势，蒋介石限令5月底歼灭鄂豫皖红军的第二次“围剿”战争宣告失败。

图 3-25 沈泽民

9月，国民党军开始准备对鄂豫皖苏区进行第三次“围剿”。到11月，集结在鄂豫皖苏区周围的兵力已达15个师约20万人。为粉碎国民党军更大规模的“围剿”，鄂豫皖苏区于10月组建红二十五军。11月7日，中国工农红军第四方面军在黄安七里坪成立，举行盛大阅兵式和庆祝大会。方面军下辖红四军和红二十五军，总兵力近3万人，由徐向前任总指挥、陈昌浩任政治委员。与此同时，全区地方武装编成15个赤卫军和20余个独立团，战斗力迅速提高。此后，红四方面军即根据国民党军内部不统一、不协调的状况，采取进攻策略，主攻出击，以粉碎其“围剿”部署。11月10日，红四方面军以8个团的兵力发起黄安战役。黄安城为南线之敌靠近苏区中心的突出据点，且陷于苏区与游击区包围之中。红军首先肃清城外敌之据点，然后紧缩包围圈，诱打援敌，最后发起总攻，全歼守敌。黄安战役历时43天，毙敌5000余人，俘敌师长蒋冠英以下近万人，缴获长短枪7000余支、迫击炮10余门、电台1部。黄安战役是红四方面军战史上围点打援的成功范例，对以后作战产生很大影响。黄安战役结束后，黄安人民在黄安城举行盛大庆祝会，庆祝战役胜利，并宣布将黄安县改名红安县，以资纪念。此后，红四方面军又于1932年1至6月先后发起商(城)潢(川)、苏家埠、潢(川)光(山)3大战役，彻底挫败了国民党军的第三次“围剿”计划。红四方面军成立后，在短短7个月时间里，即取得4大战役的辉煌胜利，歼敌约6万人，其中成建制歼敌正规军近40个团。4大战役胜利之后，鄂豫皖苏区进入全盛时期，主力红军总兵力达到4.5万余人，群众武装达到20万人以上，面积达到4万余平方公里，人口超过350万，成为仅次于中央苏区的全国第二大革命根据地。

图 3-26　徐向前

图 3-27　黄安战役参战的红军第一架飞机——列宁号

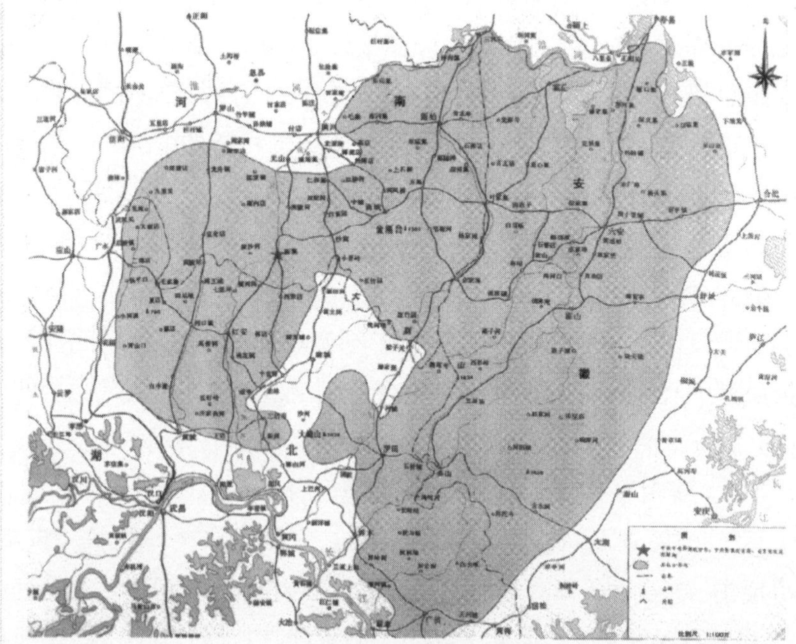

图 3-28　鄂豫皖革命根据地形势图

图 3-29　鄂豫皖苏区发给农民的土地使用证

1930年底，国民党军在发动对鄂豫皖苏区“围剿”的同时，也开始以洪湖地区为重点对湘鄂西苏区实施“围剿”。此时，红二军团已渡江南征，并于12月中旬在松滋杨林市战斗失利，正向湘鄂边地区转移。鉴于红二军团远离洪湖不能返回，中共湘鄂西特委立即以红二军团部分伤病员和杨林市战斗中被敌隔断回到洪湖的部队1000余人组建新六军，由段德昌任军长，担任反“围剿”主力，同时成立赤色警卫大队等地方武装配合作战，反击敌军“围剿”。1931年1月1日，国民党军数路并进，压向洪湖地区，发起第一次“围剿”。赤色警卫大队江左军等地方武装奋起反击，一度收复沔阳等县城，予敌以重大杀伤。1月中旬，敌优势兵力占据洪湖中心地区，江左军即留少数兵力于内线坚持，以大部兵力转移外线游击。此时，位于长江以南的新六军和赤色警卫大队江右军亦广泛出击，配合江北作战。不久，新六军渡江北上，收复石首地区，旋返回江南。

3月1日，国民党军向江南地区发起进攻，开始第二次“围剿”。新六军、江右军奋勇反击，终因敌众我寡未能取胜，藕池、石首县城等军事要点相继失陷。3月中旬，湘鄂西特委决定分洪湖、桃花山、洞庭湖三片展开游击战，与敌长期周旋。3月27日，刚到洪湖苏区代替邓中夏的中共中央代表夏曦宣布成立中共湘

图3-30 中共中央湘鄂西分局旧址——监利瞿家湾（左，现属洪湖）和周老嘴（右）

鄂西中央分局，由夏曦任书记。3月下旬，转进至湘鄂边的红二军团根据中央指示改编为红三军，计划北渡长江，开辟荆（门）当（阳）远（安）根据地，从外线打破敌人“围剿”。与此同时，新六军北渡长江，进入监利，改编为洪湖独立团。独立团于3月底收复朱河镇，4月初攻克柳关、瞿家湾、峰口，随后移师洪湖西北部，

收复周老嘴、新沟嘴、老新口，于4月初余家埠战斗胜利后，扩编为红三军第九师。就在江北红军连战连捷的时候，江南军民也从桃花山突围，一路拼杀，转进至洞庭湖地区。5月，广东、广西地方实力派反对蒋介石的“两广事件”爆发，洪湖地区国民党军相继撤离，红九师及赤色警卫队等地方武装转入反攻，歼敌2000多人，江北地区除监利、沔阳、潜江等县城以外全部恢复，江南地区游击战争重新活跃，第一、二次反“围剿”胜利结束。就在这时，周逸群率江右军主力和洞庭特区骨干北移洪湖，途中遭敌袭击，英勇牺牲。6月，中共湘鄂西中央分局正式撤销中共湘鄂西特委，成立中共湘鄂西临时省委，由崔琪任书记，旋由杨光华代理书记。不久，成立湘鄂西省革命军事委员会，由夏曦任主席。

7月，国民党军集结24个团的兵力对湘鄂西苏区实施第三次“围剿”。此时，长江中下游正发生百年未遇大水灾，洪湖地区渍涝面积达80%。苏区军民一面抢险抗灾、生产自救，一面与敌作战、反击“围剿”。敌此次“围剿”首先指向江南地区，由于江南兵力薄弱，红九师又因长江水势过大不能南渡支援，江南地区很快被敌占领。随后，江北地区又被敌全力封锁。面对强敌压境，红九师在段德昌正确指挥下，以一部保卫后方，大部向潜江、天门发展，迎接红三军第七、第八师返回洪湖。8月，红九师相继攻占潜江县城和荆门重镇沙洋。接着，又在潜江县城附近歼灭反攻潜江之敌新编第三旅，在荆门后港歼敌川军2个营。至此，敌前锋部队大部被歼，被迫停止进攻。正值此时，红七师、红八师自房县返回潜江境内。12月11日至13日，湘鄂西第三次工农兵代表大会在洪湖苏区召开，正式成立湘鄂西省苏维埃政府，由崔琪任主席。1932年1月，红三军向襄河北岸实施攻击，取得龙王集、文家墩等战斗胜利，开辟襄北新区，造成对武汉直接威胁。在洪湖苏区反“围剿”的同时，湘鄂边、巴兴归苏区军民也展开了艰苦的反“围剿”战争。

湘鄂西苏区三次反“围剿”胜利，使红三军发展到1.5万余人，地方部队发展到1万余人，赤卫队和少先队发展到30余万人，根据地发展到55县，形成洪湖、湘鄂边、巴兴归、荆当远、松枝宜、洞庭特区等6个相对独立的战略区域，苏区发展进入全盛时期。

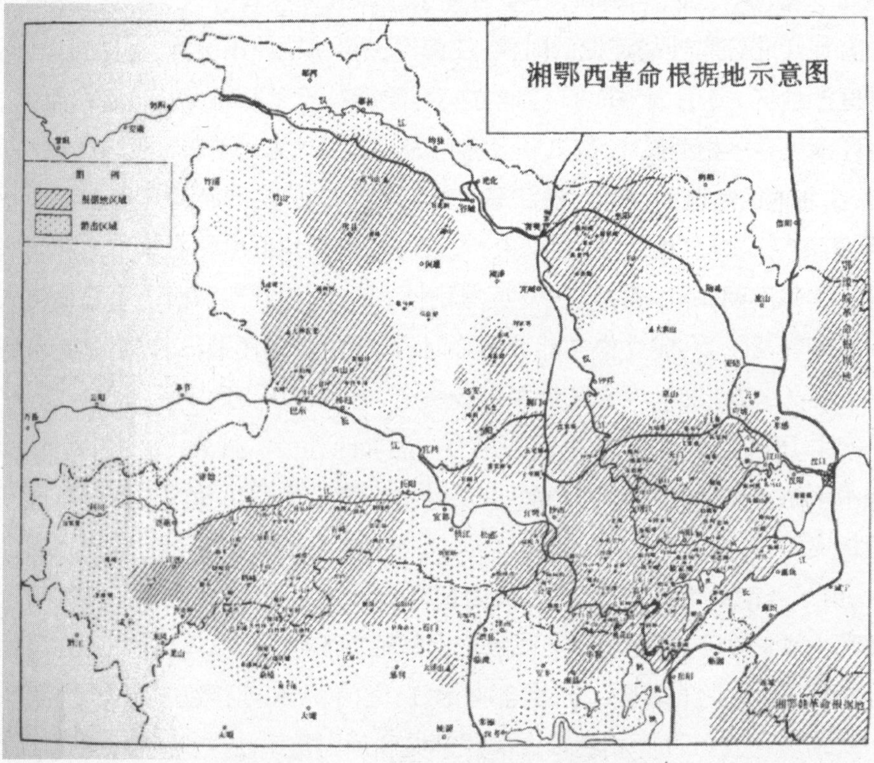

图 3-31 湘鄂西革命根据地形势图

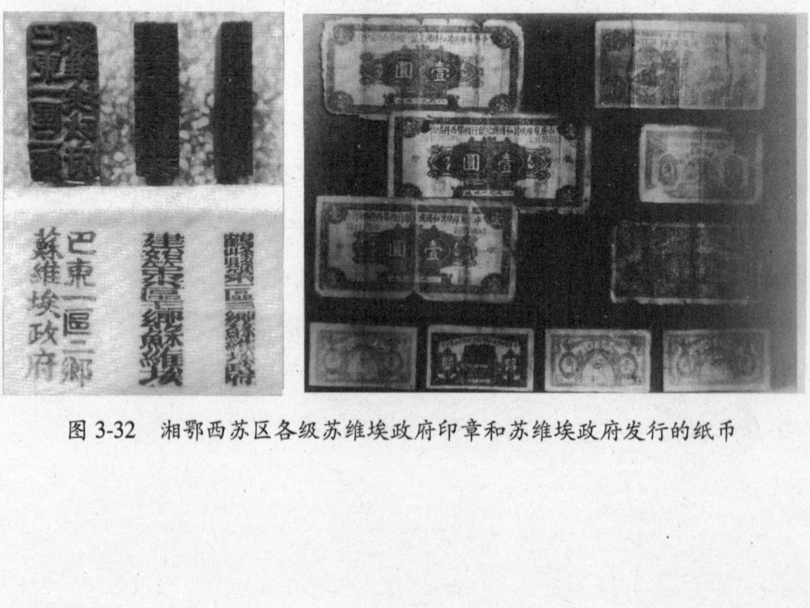

图 3-32 湘鄂西苏区各级苏维埃政府印章和苏维埃政府发行的纸币

图 3-33 红军在湘鄂西根据地留下的宣传标语

鄂东南苏区反“围剿”是湘鄂赣苏区反“围剿”斗争的重要组成部分。1930年10月,国民党军为配合其对红一方面军进攻,集结6个师又1个旅的兵力,对湘鄂赣苏区实施第一次“围剿”。面对敌军分片围攻的战略,红十六军和鄂东南游击队分别在湘鄂赣边和鄂东南同时展开反击。在湘鄂赣边,红十六军于12月11日攻占修水,23日攻占通城,25日猛击平江后向江西挺进,1931年1月19日攻占万载县城。在鄂东南,国民党军于12月上旬开始向其中心区域太子庙合围进攻。12月中旬,中共鄂东特委将地方武装和各县游击队组编为中国工农红军独立第三师。12月17日,敌二十六师占领太子庙,继而向南深入阳新腹地。1931年1月31日,红军进攻沿埠头,全歼敌二十六师第五团,收复龙港,迫敌退出燕厦。至此,湘鄂赣苏区第一次反“围剿”战争结束。

1931年2月,国民党军集结7个师又1个旅,准备对湘鄂赣苏区实施第二次“围剿”。5月初,国民党军进入鄂东南,围攻苏区党政机关驻地阳新三溪口。红三师以主力阻敌进攻,另一部分散游击。5月底,红十六军由湘赣边转入鄂东南,同红三师并肩作战。6月初,红三师与红十六军攻占通山县城。6月中旬,敌主力回救通山,红军主动放弃县城,向咸宁转进,在官桥、马桥取得大捷,随后包围咸宁县城,直逼武昌,粉碎国民党军第二次“围剿”。

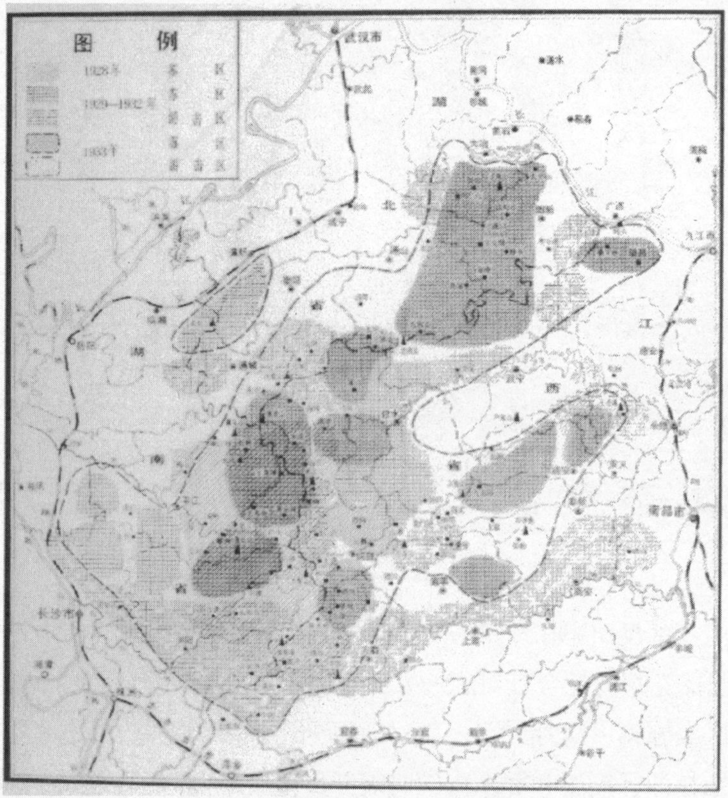

图 3-34 湘鄂赣革命根据地形势图

7月，蒋介石调集30万兵力，亲任总司令，对中央苏区发动第三次“围剿”，对湘鄂赣苏区采取警备守势。湘鄂赣苏区集中红军主力出击，配合中央苏区反“围剿”战争。7月下旬，红二十六军、红三师及地方武装约2万人向驻守阳新木石港之敌二十六师第三团发起强攻，后诱敌追击，于玉岭山全歼该团，将残敌赶出苏区。鄂东南玉岭山战斗和湘鄂赣边修水黄坊战斗、万载茴果战斗3次胜利，宣告湘鄂赣苏区第三次反“围剿”战争结束。

三次反“围剿”战争胜利，使湘鄂赣苏区发展进入鼎盛时期。到1932年春，苏区正规红军猛增至1.7万余人，控制区域扩展至3省29县。鄂东南阳新、大冶、通山、通城、崇阳、咸宁、蒲圻、鄂城等县建立县级苏维埃政府，嘉鱼、武昌、黄梅、广济、蕲春、蕲水等县部分地区建立区、乡革命政权，其苏区面积、人口均占全苏区二分之一以上。

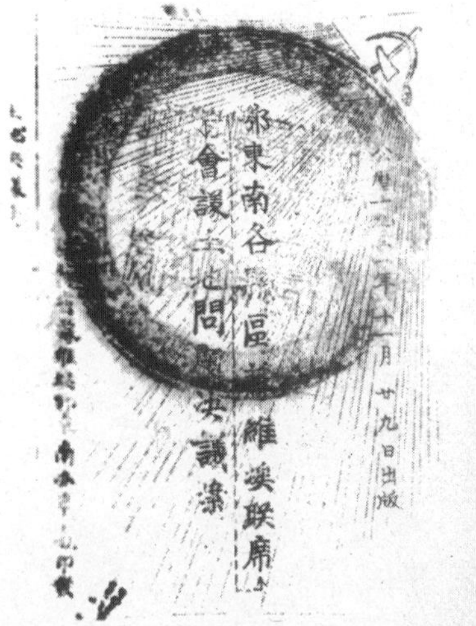
鄂東南各縣區蘇維埃聯席
會議土地問題決議案

图 3-35　鄂东南各县区苏维埃联席会议通过的《土地问题决议案》

1931 年 1 月，国民党军集中 2 个师的兵力以鄂北为重点，对鄂豫边苏区实施“围剿”。红二十六师奋起反击，却因敌众我寡而不断遭受重挫，不得不以部分兵力转移至京山以北游击，其余原地插枪隐蔽。4 月下旬，红三军主力由荆当远向南漳、保康一带游击，鄂北国民党驻军奉命前往南、保边界堵截。红二十六师利用鄂北敌人兵力空虚的有利时机，迅速恢复建制展开反击，经 4 个月战斗，基本恢复原有区域。8 月下旬，红三军第九师抵达襄（阳）枣（阳）宜（城）地区与红二十六师并肩作战，鄂豫边苏区反“围剿”战争进一步发展。

图 3-36　鄂东南根据地中心——阳新龙港全景

红三军从远安经南漳、保康于5月中旬抵达谷城，应中共鄂豫边特委请求并经中共中央批准，暂留均县、房县开辟新区。5月下旬，红三军首克均州，继攻郧阳不克，进入武当山地区。6月初，国民党军3路围攻，红三军主动转移，于6月18日占领房县县城，将开辟新区重点移至房县。到9月，新开辟的鄂西北苏区已包括均县、房县全部及谷城、保康、竹山一部，在汉水上游与鄂北苏区构成夹江而峙、相互策应的战略格局，使鄂豫边苏区发展进入兴盛时期。

图3-37　红三军驻地——武当山紫霄宫

7月下旬，国民党军集结9个团的兵力，从东、北两面夹攻房县。8月1日，北路之敌袭击房县县城。贺龙亲率红三军一部迎敌，激战7天7夜，终于击败敌军。与此同时，红三军主力在东路与敌6个团展开拉锯战，后于阧口设伏，击败东路之敌，余敌撤离苏区。9月中旬，红三军主力奉命撤离房县，返回洪湖地区，同时组建红九军第二十五师坚持鄂西北苏区斗争。12月下旬，国民党军2个团进攻苏区，红二十五师主动撤离县城待机，于上当河将敌1个团包围全歼。与此同时，鄂北苏区的武装力量也在反“围剿”战争中得以加强，除红二十六师外，又新建5个军区和5个游击纵队。

1932年1月，集结于鄂豫边苏区周围的数万国民党军突然进攻苏区。22日，敌军进犯耿集，苏区集中全部武装与敌硬拼，猛攻耿集、土桥铺之敌强固据点，遭敌优势兵力围攻，红军蒙受重大损失。2月2日，中共鄂豫边特委召开紧急会议，决定改组边区特委和边区革命委员会，成立中共鄂豫边临时省委和鄂豫边临时省苏维埃政府。中共鄂豫边临时省委书记由沈宗源担任，不久沈宗源拐款潜逃，由谭中余、宋良猷、陈雪怀先后代理。鄂豫边临时省苏维埃政府主席由王明鹤担任。此时，湘鄂西红三军出击襄北，逼近应城。围攻鄂北之敌慌忙南下解应城之围，红九军乘机向外进攻，连续取得几次胜利，鄂豫边形势暂趋稳定。

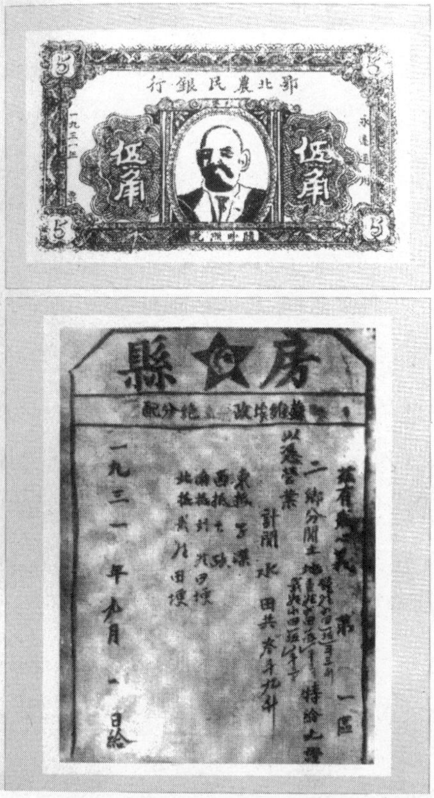

图3-38　鄂北农民政府发行的纸币(上)和房县苏维埃政府颁发的土地证(下)

从1930年春到1932年春，国民党先后集结重兵，三次“围剿”鄂豫皖、湘鄂西、鄂东南、鄂豫边苏区。刚刚统一的各苏区军民不畏强敌，英勇反击，攻克县城20余座，歼敌正规军10万余人，取得三次反“围剿”战争胜利，予国民党统治以沉重打击。到1932年春，湖北主力红军发展到7万余人，约占全国红军总数的二分之一；全省69县有45县大部或一部成为稳固革命根据地，形成对武汉、宜昌、沙市、襄樊等大中城市的战略包围。

四、苏区新貌

大革命失败以后，湖北各地中共组织面对国民党政府的反革命屠杀政策，组织发动武装起义，逐步走上武装割据道路，相继创建鄂豫皖、湘鄂西、鄂东南、鄂豫边革命根据地，并在根据地建立起与国民党政府完全不同的政权组织——苏维埃（工农兵代表会议）政府。因此，这些根据地又被人们称为“苏区”。

1927年秋收起义、1928年年关暴动以后诞生的通山县工农政府、黄安县农民政府、巴东县人民委员会和当阳瓦仓区、公安陈祠桥、沔阳西区革命政府，是湖北地区最早的一批革命政权。1929年在鄂东北、鄂东南、鄂西、湘鄂边、鄂北等割据区域建立的一批乡、区、县级苏维埃政府，机构、职能逐步健全。到1930年，全省已建立20多个县苏维埃政府或筹备委员会，建立4个地区性革命政府——鄂豫边革命委员会、鄂东南革命委员会、鄂西苏维埃联县政府、湘鄂边苏维埃联县政府。各革命根据地统一形成以后，又分别建立鄂豫皖、湘鄂赣、湘鄂西、鄂豫边省级苏维埃政府，直属中华苏维埃共和国临时中央政府领导。各级苏维埃政府坚持共产党领导，实行工农民主专政，实行立法、司法、行政三合一体制，成为湖北历史上前所未有的新型政权机构。由于各级中共组织的坚强领导和苏维埃政府的有效管理，湖北苏区呈现出一派欣欣向荣的崭新面貌。

首先，是土地革命如火如荼。地主对土地的占有，是中国农村封建制度的基础。因此，中共八七会议明确指出，要破坏封建制度，只有用剧烈的土地革命，现在中国革命的根本内容是土地革命。随后，中共湖北省委指示各级党组织担负起土地革命的责任，将土豪劣绅、大中地主的土地及一切公地分给贫苦农民，实行耕者有其田。根据中共中央精神和湖北省委指示，湖北各苏区先后制定一系列具体政策，开展土地革命。在鄂豫皖苏区：1927年11月，黄安县农民政府一成立，即作出《土地问题决议案》；1929年6月，中共鄂东北特委召开鄂东北各县第二次联席会议，制定《临时土地政纲》；1929年冬，鄂豫边第一次苏维埃代表大会在《临时土地政纲》基础上，进一步制定《土地政纲实施细则》。在湘鄂西苏区：1928年荆江两岸年关暴动以后，即开始传播土地革命的政纲、口号；1929年12月，中共鄂西党的第二次代表大会作出《关于土地问题决议案》；1930年10月，湘鄂西第二次工农兵贫民代表大会通过《土地革命法令》。在鄂东南苏区：1929年10月湘鄂赣边革命委员会发布的《革命纲领》，即列入土地革命条款；1930年6月阳新县第一次苏维埃代表大会通过的《没收土地和分配简例》和《土地使用暂行条例》，则成为具有代表意义的土地法规。

因为上述决议、法规、条例的指导，湖北各苏区的土地革命如暴风骤雨迅猛展开。具体工作一般都经历以下几个步骤:第一步,从村到特区逐级建立土地委员会,负责实施土地制度改革各项工作;第二步,通过举办土改训练班、召开群众大会等形式,广泛开展宣传动员;第三步,严格掌握政策界限,走群众路线,划分阶级成分;第四步,进行人口和土地调查,确定土地分配标准;第五步,丈量并分配土地,插标定界,注明户主、地面、面积。

湖北各苏区的土地革命虽然由于"左"倾错误干扰和实际经验缺乏出现过一些偏差,但毕竟改变了几千年的封建土地制度,解放了长期被束缚的农村生产力,激发了广大农民的生产和革命积极性。土地革命使农村极不合理的土地占有关系得到改变。鄂豫皖苏区紫云区檀树乡程璞畈10个村占人口总数93%的贫苦农民,土地革命前只有占耕地总面积7.9%的156亩土地,土地革命后共分得土地1711亩,比土地革命前增加10倍以上。土地革命使农村阶级关系发生变动。土地革命前,广大农民在政治上毫无权利;土地革命后,农民在各苏区区、乡两级苏维埃政府工作人员中占80%以上,在省、县两级苏维埃政府工作人员中占40%以上。土地革命使农业生产得到发展。土地革命后的1930年,黄梅县收成增加二三成。土地革命后的1931年,黄陂县一些地方水稻亩产增加三四十斤,英山县水稻亩产增加二三成甚至五成。土地革命使广大农民革命热情空前高涨。在鄂豫皖苏区:1930年5月,黄安县七里坪檀树岗招兵站一天招兵800人;1931年6至8月,鄂豫边区就有5295人参军。在湘鄂西苏区:沔阳县姚家河600多人口,就有140多人参加红军、赤卫队;鹤峰县城关各乡原有赤卫队员100多人,土地革命后迅速增加到500多人。在鄂东南苏区:大冶五区马对于村一次就有20多人自动报名参加红军;大冶五、六两区一个时期同时在籍的红军就达573人。由土地革命激发起空前政治热情的广大贫苦农民,成为保卫和建设苏区的重要力量。

其次,是经济建设成效显著。在以土地革命解放农村生产力的同时,湖北各苏区中共组织和苏维埃政府还以极大精力推动经济建设,发展生产力,取得显著成效。湖北各苏区均处于以农业为主的地区,发展农业生产便成为经济建设的首要任务。苏区各级中共组织和苏维埃政府作出一系列重要决定,组织督耕委员会,颁布《生产奖励条例》,组织生产竞赛,同时减轻或免除农业税,发放农业贷款,设立种子、耕牛、农具调剂站,解决生产资料不足的困难,并且组织各级政府工作人员参加农业生产劳动，努力推动农业生产。各地以村为单位，以变工、兑工、帮工和换耕、共耕等互助形式，合理组织农村劳动力，同时发动妇女参加生产。鄂豫皖苏区中心区的青年妇女有一半多走出家门干农活，几乎成为农业生产的主力。1930年秋冬，湘鄂西苏区监利县周老嘴乡170多名青年妇女走出家门，几天就学会耕地技术，完成700多亩冬播任务。各苏区在大力发展粮食生产的同时，还十分重视利用本地自然资源，因地制宜发展副业生产，其产品除保证苏区军民需要外，还运往外地销售。水利是农业的命脉，各苏区在发展农业生产过程中，尤其重视水利建设。各级苏维埃政府均设有水利委员会或水利局，组织兴修水利。1931年洪水泛滥，长江、汉江大堤溃口数以百计。水灾过后，中共湘鄂西省委即动员监利、沔阳、荆门、潜江、江陵等县数十万民工上堤，开展以堵口复堤为中心的水利建设，除将长江、汉江大堤数百里险段修复以外，还加筑大量民垸堤防，疏浚一批河道，大大增强了抗洪排涝、抵御自然灾害的能力。在鄂豫皖苏区，也先后修建黄安金牛凉亭水堤等一大批大中小型水利工程。由于上述行之有效的措施，各苏区农业生产得到较快发展。1931年，鄂豫皖苏区农业获得丰收，其中麻城县乘马岗区第八乡第八村上等田粮食亩产由1929年的300斤增长到380斤，麻城县顺河区第四乡垸店各湾下等田粮食亩产由1929年的175斤增长到250斤。鄂东南苏区阳新县龙港区蔡家湾一带，土地改革前稻谷平均亩产200斤，土地改革后第一年平均亩产就达到400斤。湘鄂西苏区1933年粮食总产量比上年增长11.6%。苏区农业发展，除为苏区军民生活提供基本保障之外，还为工业和手工业提供原料，为商业贸易提供商品，为财政收入提供源泉，从而促进了苏区整个经济的发展。

在农业发展的同时，湖北各苏区的工业也得到发展。苏区工业分军用工业和民用工业两大类。军用工业由苏维埃政府和红军部队经营，主要是兵工厂和被服厂。以兵工厂为例：鄂豫皖兵工厂有2个车间100多名职工，还在红安、红山（英山）、麻城、光山、（黄）陂孝（感）北等地设立分厂，共计生产短枪3500余支、长枪800余支；湘鄂西兵工厂拥有职工250余人，能生产长短枪、手榴弹、迫击炮和各种子弹；鄂东南兵工厂拥有职工及警卫人员1500余人，每天能生产100余枚炸弹、500余发子弹、39发迫击炮弹、280枚手榴弹，还能仿造德式二十响驳壳枪、轻重机枪和迫击炮。民用工业由苏维埃政府、集体和个人经营，主要是从事榨油、制陶、整米、编织和制造卷烟、农具、渔具、篾器的各种集体合作社、工厂、作坊,生产群众日常生产生活用品资料。军用、民用工业的创办和发展,不仅支持了革命战争,方便了人民生活,而且改变了苏区的经济结构,巩固了工农联盟。

随着农业、工业的发展,湖北各苏区的商业贸易也活跃起来。苏区商业包括国营、集体、私营三种经济成分。国营商业由苏维埃政府经营,除经营各种商品外,还享有经营食盐、布匹、医药、粮食等主要和紧缺生活用品的专营权,同时负责对集体和私营商业批发。国营商业在苏区整个商业中具有主导和领导地位。除供给苏区军民生活必需品外,还发挥控制物价、活跃整个商业的作用。集体商业由具备一定条件的群众集股组成,主要经营日常生活用品,兼营土特产品收购。集体商业网点设置普遍,十分方便群众购物,也发挥着活跃苏区商业的作用。私营商业主要经营一般生活用品,因得到苏维埃政府的政策保护而比较活跃,成为苏区整个商业的必要补充。在发展内部商业的同时,各苏区还制定一系列措施,频繁进行对外贸易,从而突破了国民党严密的经济封锁。苏区商业贸易的发展,有力地促进了苏区的经济社会发展。

经济社会的发展,使苏区财政金融事业得以建立发展。苏区初创时期,财政收入主要依赖没收地主豪绅、大商贾资财和对富农、富商征调及战场缴获。随着经济恢复发展,在群众具有一定经济承受能力之后,税收便逐步成为苏区财政收入的主要来源。苏区税种主要有农业税、营业税、过境税,农业税、营业税均以累进方法计算征收,过境税则以不同物资及其数量计算征收。苏区财政支出主要用于红军供给、党政机关行政费用和苏区建设,红军供给在财政支出中占首要位置,苏区建设则用于扶植农业、工业,创办文化教育事业。为加强财政管理,苏区建立和健全各级财政机构,建立和健全财政管理制度,同时严格执行财政纪律,对违犯者给予坚决处置。鄂豫皖特区苏维埃政府一事务长贪污公款,被撤职查办。红三十一师司务长贪污20元,被处以死刑。随着社会经济的恢复发展,苏区开始创办银行和信用合作社。各苏区银行建立后,即开始发行货币和统一货币制度,开展吸收存款、发放贷款业务;信用合作社则开展小额农业、商业贷款业务。苏区金融活动的开展,对于统一货币、集中资金、流通金融,支援革命战争,促进农业、工业、商业发展,巩固苏区经济基础,发挥了重要作用。

其三,是社会事业长足发展。随着政治经济变革,苏区各项事业也得到长足发展。在教育方面,迅速形成干部教育、普通小学教育、工农业余教育三种形式并存的格局。干部教育分实践培养和干部学校教育两种途径,干部学校教育通过军事学校和地方党政干部学校而实现。军事学校主要招收红军中排、连现职干部和有培养前途的战士,以培养排、连、营级军事干部和政治工作干部。地方党政干部学校主要招收在职党政干部和优秀青年,以培养苏区党、团、工会、苏维埃政府干部。普通小学教育主要是创办列宁小学。列宁小学设置国语、算术、自然常识、政治常识、体育、美术、唱歌等课程,教育成绩十分显著。据史料记载:1930年,麻城县在校小学生达3万左右;1931年,黄安县有列宁小学1100多所;同年,湘鄂西苏区江陵、石首、华容、沔阳、监利、鹤峰6县,就有列宁小学530余所,在校学生2万余名。工农业余教育的任务是以办夜校、冬学、识字班及开展识字运动等形式扫除文盲。据统计,鄂豫皖苏区各县参加识字教育的工农群众达30万人,其中妇女占65%左右。鄂东南苏区大冶县开办工农夜校300多所、工农识字班280多个,参加学习的工农群众1万多人。湘鄂西苏区鹤峰县城的妇女夜校长年有学员30人以上。在文化方面,则以文艺演出、俱乐部、群众性歌咏、书刊出版等多种形式呈现出崭新面貌。文艺演出由红军或地方的宣传队、剧团、音乐队等文艺团体承担,是苏区文化活动中最活跃的部分。俱乐部(又称列宁室)是苏区群众文化活动和娱乐的重要场所,中心市镇和部分村均有设立。群众性歌咏活动是苏区最普及的文化活动,《八月桂花遍地开》(鄂豫皖苏区)、《当兵就要当红军》(湘鄂西苏区)等一大批革命民歌在歌咏活动中产生、传唱。书刊出版是苏区文化活动中成绩最突出的部分,各苏区创办的报刊就有《英特尔纳雄纳尔》、《洪湖日报》、《红旗报》等100余种,出售的书籍仅湘鄂西苏区就有外地出版的《共产党宣言》和本地出版的《洪湖渔歌》等数十种。在医疗卫生方面,则形成以红军后方医院为中心,以随军野战医院、团卫生队、伤残军人休养所和县、区、乡医院为网络的医疗系统。这些医院除免费为红军和老百姓治病以外,还开展大规模群众性卫生防疫运动,提高广大军民的健康水平。

其四,是干部作风亲民清廉。苏区各级干部恪守中国共产党全心全意为人民服务的宗旨,战场上冲锋在前,撤退在后,生活上吃苦在前,享受在后,亲民务实,廉洁清正,表现出一种全新的作风。红二军团总指挥贺龙常年一双水草鞋,一支旱烟袋,平易近人,和蔼可亲,湘鄂西苏区无论大人小孩都叫他“贺胡子”。

红三军政委关向应的全部行装只有一条破军毯和两套打满补丁的衣服。1931年春，湘鄂西苏维埃联县政府主席周逸群连续7天靠野菜充饥，却将筹集到的几斤大米连同身上的棉袄送给生活困难的烈士家属。1931年3月，中共石首县委书记张际阶在敌人追兵逼近渡口的时候，忍痛将亲生儿子抱下渡船让群众安全渡江，自己的儿子和其他亲人却倒在敌人的弹雨之中。通山县苏维埃政府主席戴德昌守护公家10万斤粮食颗粒不丢，却让自己4岁的女儿活活饿死。苏区各级干部的优良作风，使苏区人民真切感受到共产党是真心实意为劳苦大众谋利益的党，所以心甘情愿跟着共产党。"小小黄安，人人好汉；铜锣一响，四十八万；男将打仗，女将做饭。"这首流行于鄂豫皖苏区的《黄安谣》，就是苏区人民跟着共产党闹革命的生动情景的真实写照。正是中国共产党的领导，使湖北各苏区展现出一派与国民党统治区截然不同的崭新面貌。

五、白区状况

如上所述，中国共产党领导人民群众通过武装起义开创的革命根据地，因为建立的政权叫苏维埃政府，所以称"苏区"，又因为建立的军队叫工农红军，所以又称"红区"。与苏区对立的国民党统治区，人们便称"国统区"或"白区"。

1930年10月何成濬回任湖北省政府主席以后，曾宣称"先剿匪清乡，次实施建设"，实际上是只"剿匪清乡"，未"实施建设"，因而导致1931年夏特大洪水给湖北人民生命财产造成巨大损失。此时，省警备司令夏斗寅乘机倒何，致使南京国民政府于1932年3月下令免去何成濬省政府主席职务，以夏斗寅代之。夏斗寅上任之后，即以"剿共"和整顿财政为施政重点。1932年11月，蒋介石亲定《整顿湖北省政治纲要》，令湖北省政府作为制定施政计划的根据。然而，夏斗寅却擅自成立"省政设计委员会"，声称以湖北人的身份在湖北"大展宏猷"，遂于1933年7月被免职。夏斗寅去职后，张群接任省政府主席。张群主鄂期间，湖北已无地方军阀势力，红军主力也相继退出，境内已无大战事，因而其施政方针开始把经济建设摆在比较重要的位置。1935年12月，张群调任南京国民政府外交部长，杨永泰接任省政府主席，即以民政和建设为重点，取得一定成绩。1936年冬，杨永泰被刺，黄绍竑任省政府主席。黄绍竑十分重视经济建设，上任伊始，即进行调查研究，提出包括改良农业、发展轻工业、兴修水利、整理现有公路等内容的施政计划。然而不久，日本发动全面侵华战争，打断了湖北经济建设的进程。

作为地方政府，湖北省政府始终紧跟南京国民政府，在政治上首先是“铲共剿匪”，以屠杀和战争对付中国共产党。何成濬、夏斗寅两届省政府在配合地方驻军和中央军反复“围剿”境内苏区红军的同时，继续在武汉和全省各地破坏中共地下组织、捕杀共产党人。1930年4月，国民党军警在武昌阅马场杀害中共湖北省委书记毛春芳、武昌区委书记邓斌等多人。同年，抓捕中共湖北省委常委、秘书长冯任等多人。随后，破坏中共湖北省总机关，抓捕干部及工作人员26人。8月，于武汉三镇闹市区砍杀著名中共党人何恐、王自强等87人。9月，破坏中共汉口行委及所属多个支部，抓捕20余人，杀害市委委员兼行委书记秦了君、行委委员郧聘三、彭信儒等多人。12月，先后破坏中共武汉市委秘书机关、会议机关及长江局接头机关、接待机关、印刷机关，杀害中共中央军委办事处主任胡学宏、总兵委书记陈军、长江局委员兼秘书长张采真、长江局共青团负责人袁树人、武汉市委委员周子辉、王崇仁等多人。1931年4月，又先后破坏中共中央军委武汉交通站和红二军团驻汉办事处、交通处、采购处及鄂西苏维埃联县政府驻汉办事处、湖北省委交通处、武汉市委交通处等20余处秘密联络点，抓捕中共党员和工作人员数百人，杀害其中100余人。至此，湖北国统区中共地下组织被摧毁殆尽，党的活动再度中断。

在此期间，湖北国统区出于实现其政治目的的需要，还秉承南京国民政府旨意，对政治体制进行一系列重大变更。南京国民政府接管湖北军政权力以后，于1927年12月规定设省政府委员会主席为全省最高行政长官，改合议制为合议制与独任制相结合的新体制。1928年4月，改省政府委员会主席为省政府主席，裁撤司法、农工、军事3厅。1929年3月改组省政府，下设民政、财政、教育、建设4厅和秘书处，分署办公。南京国民政府成立初期，地方行政实行省、县两级制。湖北由于辖县较多，于1928年9月另设行政委员管辖鄂西、鄂北诸县，后于1929年5月撤销。1932年8月，根据“豫鄂皖三省剿匪总司令部”关于设置行政督察专员公署“综理辖区内各县市行政及剿匪清乡事”规定，将全省划分为11个行政督察区。1936年3月，将11个行政督察区裁并为8个。其后，行政督察专员公署由省政府辅助机关逐渐演变为权力实体。1927年4月第一届湖北省政府组成时，全省设69县。1933年1月，演化为70县。关于县级行政机构，曾于1926年10月国民革命军北伐占领武汉后，改组县政权机关，设县行政公署。1928年7月，改县行政公署为县公署。9月以后，改设县政府，设县长1人为县行政长官。为强化县政管理，1932年1月将所辖68县以面积、人口、经济、文化、交通等5项标准划分为三等，即一等县9个、二等县25个、三等县34个，1935年将所辖70县调整为四等，即一等县17个、二等县17个、三等县20个、三等小县16个。同时，于县政府机关裁局改科，以加强县政府权力，减少行政开支。关于县以下组织，按照1928年9月南京国民政府规定实行四级制，即县下为区，区下为村里，村里下编闾，闾下编邻，均为自治性组织。1930年7月以后，县以下仍维持四级，但将村里改为乡镇。1935年4月以后，根据南京国民政府军事委员会南昌行辕关于"剿匪"省份各县分区设署的规定，分三期将区公所或区办事处改设区署，从而大大强化基层政权职能。在此前后，还实行基层政权体制的又一项重大变更，即以保甲制度取代闾邻制度。保甲制度的实施，带动全省地方基层政治体制全面、深刻变更，极大地强化了湖北省政府对广大乡村的统治。

南京国民政府建立后的10年间，湖北国统区的经济虽有一定发展，其道路却异常曲折。湖北是农业大省，但在南京国民政府建立初期，湖北农业经济始终处于滑坡状态，并于1931年跌入谷底。此后，湖北省政府采取整理田赋、兴修水利、发放贷款、推广良种等项措施恢复发展农业，使全省主要农作物产量从1932年起开始回升，并呈基本平稳状态。农作物产量平稳回升，不仅逐步改变多年来粮食来源不足的状况，而且为工业发展提供大量原料，为整个经济发展创造了必要条件。

湖北现代工业主要是矿产工业和工厂工业，均起步较早，但从20世纪初期开始相继陷入困境，乃至一落千丈。湖北省政府从1927年底开始着手普遍调查整理公矿，但收效甚微，于是从1928年2月开始重点改造、建设象鼻山铁矿，使其生产能力大大提高。同时，大力鼓励民营矿业发展，不仅核准一些原有民营矿业继续生产，而且核准一些新的民营矿业相继投产。公矿的整理特别是民矿的发展，初步遏制全省矿业工业一落千丈的衰落态势，并为日后发展奠定一定基础。对于工厂工业,也于1927年底利用宁汉战争结束后政局相对稳定的时机,吸引一部分资金投入办厂,生产开始回升。但到1930年前后,资本主义国家尤其是日本为转嫁经济危机,进一步加紧对中国的经济侵略,加上1931年特大水灾导致原料短缺、成本增加、产品积压,致使各类工业生产急剧倒退,到1934年底90%的工厂被迫停产或减产。此后,湖北省政府相继出台减轻税收、提倡国货、鼓励公私企业发展等政策,使全省工厂工业从1935年下半年起逐步回升、发展和繁荣。

宁汉战争结束后,武汉暨湖北地区的商业贸易曾出现短暂繁荣景象,对外贸易也迅速活跃。1930年后,由于1929年世界经济危机冲击和1931年大水灾袭击,加上"九省通衢"的商业贸易优势逐渐弱化,繁荣活跃的商业贸易急剧陷入萧条呆滞,各地商店大量倒闭。1935年下半年后,全省开业商店、营业额、从业人员明显回升,行业分工更细,经营规模扩大,商业内部管理方式和经营方式发生变革,商业贸易萧条呆滞局面出现转机,开始出现新的繁荣活跃。在商业转趋繁荣的同时,对外贸易也活跃起来。

1927年12月国民政府第一届政府组成以后,即将整理财政机构和清理财政收支确定为财政方面的主要任务。省政府组成之际,即设置省财政厅为全省财政经济行政管理机构。1928年3月,省被确立为一级财政,湖北省地方税划归省财政厅管理。6月,省财政划分为国家、地方两个渠道管理,即田赋、契税、牙税、屠宰税划归省地方收入,厘金属南京国民政府收入。此后,即着手清理财政收入,全省财政状况日趋好转。但自1931年起,由于裁厘过骤、水灾造成田赋骤减和财政支出增长过快,全省财政状况急剧恶化。省财政厅从1933年2月开始采取健全县级财政机构、着力开拓财政来源、严格控制财政支出等项措施,致使全省财政在1933年后逐步改变艰窘状况,实现财政收支大体平衡。在全省财政跌宕起伏之际,金融业却因为金融机构的大量成立和币制改革(废两改元、法币政策)的顺利实施,而得到比较快速的发展。

交通业是这一时期湖北国统区经济建设较有成效的事业。湖北河湖纵横,且为长江、汉水交汇之所,航运之便为全国之冠。湖北省政府一方面强化航政管理机构,统一管理商营轮船,建立和发展省营航运业,一方面鼓励民营木帆船运输,引外埠及外国轮船公司入航,使航运业得以发展。公路运输较之航运,发展更为显著。1928年6月,省政府即编制《湖北省修建省道计划大纲》。1929年,公路建设工程启动。1932年11月,国民政府军事委员会和"豫鄂皖三省剿匪总司令部"为"剿匪"需要,在汉口召开豫、鄂、皖、赣、苏、浙、湘7省公路会议。会后,湖北即加大公路建设的投资力度和建设速度。至1936年10月,共完成干、支线4002.74公里,在建干、支线382.4公里,同时修建县道14条计457.32公里。与航运、公路相比,铁路建设则显逊色,其主要成果仅为实现粤汉铁路全线通车和汉口江岸至徐家棚间铁路轮渡竣工。这一时期湖北国统区交通事业的另一成果是创建民用航空。1929年10月,中国航空公司上海—南京—汉口航线开航,以汉口为起讫站。1931年3月开辟汉口—宜昌航线,并于10月延至重庆,1933年6月伸展至成都。此后,欧亚航空公司又相继开辟北平—太原—洛阳—汉口—长沙—广州、北平—郑州—汉口、汉口—香港、汉口—西安等航线。为适应航空运输需要,两家航空公司还在湖北境内修建一批机场。

1927年至1937年湖北国统区的文化教育卫生事业,总体上也在缓慢发展,但同时存在种种误区。这一时期的文化建设有一定发展,同时存在明显伤痕。报刊业因政权转换,原有一些报刊或停止或被查禁,同时出现一大批新报刊。1933年,仅武汉就有75家报刊,随后又有增加。由国人自办的通讯社1933年有49家,随后又有发展。图书出版业也在平稳发展,作为出版发行机构的书局、书店,这一时期先后设立100多家,其中新建的湖北省图书馆和武汉大学图书馆已具相当规模。这一时期的文艺活动尤其是城市文艺活动比较活跃,建立各种戏剧团体,上演一大批新剧目,涌现出一批有影响的戏剧演员。但是,在文化建设有一定发展的同时,国民党当局一直没有间断过对进步文化、革命文化的"围剿"。湖北省政府、国民党湖北省党部先后成立刊物、电影、戏剧等审查委员会,颁布《湖北省刊物条例》等法规,于1927年8月查禁武汉国民政府时期的《革命青年》、《海外周刊》等刊物,1930年7月至9月审查41种报刊并查禁《前进》、《共产党的计划》、《革命歌集》等10余种书刊,1931年又查禁在武汉出版的《霹雳》、《红光》、《日日新闻》、《在前》、《狂涛》、《沙漠》等刊物,同时拘捕、杀害大批进步、革命文化工作者。进步文化、革命文化被摧毁殆尽。

湖北国统区的教育事业在这一时期也得到较快发展。初等教育即小学教育,1935年各类小学已达7822所,但入学儿童数仅占学龄儿童总数的7%。中等教育，1935 年已有普通中学 76 所、师范学校 7 所、职工学校 19 所，但学校分布不平衡、公立学校数量少、教育质量不甚高等问题仍成明显制约。高等教育，这一时期已有国立武汉大学、省立教育学院、私立华中大学、中华大学等校，其数量居全国第 5 位，但每百万人口中的大学生平均数仅为 49 人，处全国各省第 17 位。这一时期，湖北国统区还根据南京国民政府旨意，在原苏维埃区域实施一种旨在"肃清"中共和红军影响的"特种教育"。由于具有明显政治色彩，"特种教育"推行之初曾一哄而起，随即迅速萎缩，终难达预期目的。

这一时期，湖北国统区的医疗卫生事业较之以前也有明显改善和发展。到 1937 年，全省计有医院、诊所 308 所，病床 3622 张，医护人员 1603 人，分布在汉口市、各行政督察区及大部分县，局部改变湖北地区长期以来缺医少药的状况，并初步形成近代医疗管理体系。但是，由于医疗机构分布极不平衡、医务人员严重不足、医药用品设备严重短缺，享受医疗保障的只有城市富人，城市贫民和广大乡村民众依然难以就医。这一时期环境卫生的改善主要在武汉三镇，各县区尚未重视此项工作，因而脏乱现象依旧十分普遍。

六、浴血悲歌

正当湖北苏区各项事业蓬勃发展之际，中共党内政治形势发生重大变化。1931 年 1 月，以王明为代表的"左"倾教条主义在中央取得统治地位，随即向各地派遣中央代表，设立中央代表机关，贯彻"左"倾路线。3 月初，夏曦作为中央代表进入湘鄂西苏区，宣布成立由他任书记的中共湘鄂西中央分局。3 月底，湘鄂西中央分局派尉士均代表分局赴鄂豫边苏区改组中共鄂豫边临时省委。4 月，张国焘作为中央代表进入鄂豫皖苏区，宣布成立由他任书记的中共鄂豫皖中央分局。1932 年 3 月，以林瑞笙为首的中央代表团进入湘鄂赣苏区，指导包括鄂东南在内的全苏区工作。于是，湘鄂西、鄂豫边、鄂豫皖、湘鄂赣苏区先后接受和确定"左"的进攻策略，实行"左"的土地和经济政策，造成肃反扩大化，从而为新的反"围剿"战争埋下失败祸根。

1931 年九一八事变以后，中日民族矛盾迅速上升，南京国民政府却坚持不抵抗政策和“攘外必先安内”方针，压制抗日民主运动，直至和日本签订丧权辱国的《淞沪停战协定》。1932年6月，蒋介石调集大量军队，按照先进攻鄂豫皖和湘鄂西苏区然后全力进攻中央苏区的部署，发动第四次“围剿”战争。6月19日，蒋介石到达武汉，兼任“豫鄂皖三省剿匪总司部”总司令，亲自部署、指挥对鄂豫皖和湘鄂西苏区的第四次“围剿”。随即，组成左路军10万余人，由武汉“绥靖”主任何成濬指挥“围剿”湘鄂西苏区；组成中、右路军约30万人，分别由蒋介石、李济深指挥，“围剿”鄂豫皖苏区。同时，采取“三分军事，七分政治”策略，厉行“清乡”，巩固军事“围剿”成果。

8月7日，蒋介石下令向鄂豫皖苏区发起总攻，国民党军以4个纵队分进合击。此前，由于张国焘的错误领导，红四方面军不停顿地进攻作战，不仅没有做好反“围剿”准备，而且严重消耗自身力量，使反“围剿”战争一开始就处于不利局面。反“围剿”开始后，张国焘又抛弃以往运动战的成功经验而主张转入阵地战，命令红四方面军赶赴红安以西堵击进犯之敌。红军虽经顽强战斗，在红安、七里坪两次激战中毙伤敌5000余人，缴获枪3000余支，但自身也遭受重大伤亡。七里坪战斗后，红四方面军向新集以北之胡山寨转移，不料与西面赶来之敌相遇激战。战事未息，南北两面之敌已步步逼近，逐步形成对红四方面军的合围之势。红四方面军主力乃偕鄂豫皖中央分局、鄂豫皖省委及鄂豫皖省苏维埃政府等党政机关撤出新集，向皖西转移。9月中下旬，鄂豫皖中央分局连电中央告急。苏区中央局周恩来、毛泽东、朱德、王稼祥复电鄂豫皖中央分局，指示红四方面军“在运动中选择敌人薄弱部分，猛烈打击与消灭敌人一点后，迅速转至另一方，以迅速、果敢、秘密和机动求得各个击破敌人，以完全粉碎四次‘围剿’”。然而此时张国焘已由盲目轻敌变为惊慌失措，竟没有贯彻这些指示以挽救危机。红四方面军进入皖西后，又遭皖西之敌和尾追之敌东西两面夹击，只得经英山返回黄麻地区。蒋介石发现红四方面军主力西移，急调重兵追击堵截。红四方面军顽强阻击，虽毙伤敌2000余人，自身也伤亡重大，且被压迫于方圆仅几十里的弹丸之地，形势万分危急。10月10日，鄂豫皖中央分局在红安县黄柴畈召开会议，决定鄂豫皖省委率部分红军和地方武装坚持苏区斗争，中央分局和方面军总指挥部率红四方面军主力越过平汉线向西转移，于外线寻机歼敌，然后重返鄂豫皖地区。不料，红四方面军刚过平汉线，即遭敌优势兵力围追堵截，只得放弃原定计划，向川陕边界转移。11 月 10 日，红四方面军离鄂西征，历时 2 个月，转战 3000 里，进入川北开辟川陕边苏区。

图 3-39　黄柴畈会议旧址

红四方面军主力西征以后，蒋介石仍以 20 万兵力继续“围剿”鄂豫皖苏区。鄂豫皖省委决定重建红二十五军作为主力，继续进行反“围剿”战争。11 月 30 日，红二十五军建立，由吴焕先任军长、王平章任政委，下辖 2 个师，共约 7000 人。12 月 12 日，国民党军集结 80 团兵力，将鄂豫皖苏区划分为两个战区，发动大规模“清剿”。红二十五军在地方武装配合下，奋战两个月，打破敌人分区“清剿”，初步巩固鄂豫边中心区，基本打开皖西北和鄂皖边斗争局面。1933 年 1 月，组建红二十八军，由廖荣坤任军长、王平章任政委，下辖 2 个团另 1 个特务营，共 3000 人。3 月，红军连续取得郭家河、杨泗寨、潘家河战斗胜利，迫敌退至国统区，致使鄂东北中心区域连成一片，鄂皖边、皖西北恢复稳定，苏区形势初步好转。此后，红二十八军编为红七十三师，并入红二十五军。5 月初至 6 月中旬，鄂豫皖省委根据临时中央指令，集中主力围攻敌重兵防守且易守难攻之七里坪，久攻不克，伤亡惨重。各路敌军乘红军主力自困于七里坪之机，大举进犯苏区中心区。6 月 13 日，鄂豫皖省委被迫下令撤围，红二十五军转至鄂豫边界筹粮休整。至此，鄂豫皖苏区第四次反“围剿”失败。

还在红军围攻七里坪的时候，蒋介石就调集19万兵力，开始对鄂豫皖苏区实施第五次“围剿”。7月，“围剿”之敌首先进攻鄂东北中心区，红二十五军偕地方武装正面抗击失败，主力红军转向皖西。9月，皖西北中心区失陷。此后，红二十五军回师鄂东北，又遭敌围攻，损失严重，不得不转至老君山、天台山地区。10月中旬，鄂豫皖省委决定改变工作方针，以游击战争和内外线相结合的战略战术打击敌人，恢复和巩固根据地，同时大力发展以县、区、乡党员干部为核心的便衣队组织。按照这一方针，红二十五军积极开展外线游击，不断取得胜利，在鄂东北恢复以老君山、天台山和东高山、西高山为中心的两块游击根据地，便衣队组织发展到7个大队20多个小队。与此同时，红七十四师与八十二师合组为新的红二十八军，由徐海东、郭述申分任军长、政委。1934年4月，红二十五军与红二十八军会师，合编为新的红二十五军，军长徐海东，政委吴焕先，全军约3000人。此时，国民党军又集结16个师、4个独立旅扑向鄂豫皖苏区，红二十五军避敌锋芒，转至苏区边沿活动，到7月中旬，恢复朱堂店至铁铺一带游击根据地。9月初，红二十五军远程奔袭太湖县城，接着南下英山，建立以陶家河为中心的游击根据地。这时，中共中央特派员程子华抵达鄂东北，传达中央军委副主席周恩来关于红军主力实行战略转移的指示。11月11日，鄂豫皖省委根据中央军委指示，决定率红二十五军以中国工农红军北上抗日第二先遣队名义向西转移，留部分武装重组红二十八军坚持鄂豫皖边区斗争。随后，红二十五军进行整编，撤销师级建制，由军部直辖各团，全军4个团2980余人，由程子华任军长、徐海东任副军长、吴焕先任政治委员。11月16日，红二十五军出发，开始长征。

图3-40　吴焕先

1932年6月，国民党军集中10余万兵力对湘鄂西苏区实施第四次“围剿”。此前，由于夏曦推行“左”倾教条主义，红三军在瓦庙集、张家场两次战斗中遭受重大伤亡,同时开展大规模反“改组派”斗争,造成肃反扩大化的严重错误。7月,敌以27个主力团首先进攻襄北苏区,红三军分兵阻击,英勇搏斗,终因敌我力量悬殊而转移襄南。8月中旬,敌以全力围攻洪湖中心区,夏曦一面令各地党组织率地方武装固守市镇,一面令红三军主力强攻荆州、沙市以牵制敌人,结果均遭失利,敌军突入洪湖地区,逼近苏区首脑机关所在地瞿家湾。面对强敌来攻,贺龙、段德昌等军事领导干部建议集中主力转移外线于运动中歼敌,夏曦却决定兵分两路,一路由中央分局直接指挥固守洪湖,一路由贺龙、关向应率领进攻襄北以迫敌回防,其结果是固守洪湖一路数战数败而丧镇失地,欲进襄北一路遭敌重兵堵截而不能进入。10月,洪湖苏区全部丧失。此前,巴兴归、湘鄂西苏区也相继失陷。

洪湖苏区丧失以后,湘鄂西中央分局决定转往桑(植)鹤(峰)地区,恢复湘鄂边苏区,再伺机打回洪湖。红三军历时两个多月,转战七千余里,于12月21日抵达鹤峰,并于30日攻占鹤峰县城。此后经半年努力,重新控制鹤峰、恩施、建始、巴东、长阳及五峰、桑植、石门、慈利部分地区,基本恢复发展到湘鄂边苏区全盛时期规模。1933年6月,湖北、湖南两省敌军围攻湘鄂边苏区,红三军和各县区游击队迎战失利。中央分局决定红三军一部坚持鹤峰地区斗争,一部转往恩施、咸丰、利川开辟新根据地。然而,由于兵力分散,坚守老区和开辟新区的计划均未实现,湘鄂边苏区再度丧失。12月,中央分局决定放弃恢复湘鄂边苏区计划,转入创建湘鄂川黔新根据地的斗争。

在鄂豫边苏区,自坚持鄂西北的红九军二十五师主力于1932年3月奉湘鄂西中央分局之命转回洪湖后,武装力量严重削弱,红色区域迅速缩小,以致斗争完全失败。与此同时,坚持鄂北斗争的红军游击队也因单纯内线防守,与敌正面硬拼,遭受重大损失。5月上旬,国民党军集结6个团另2个营的兵力从东西两路出击,围攻鄂豫边苏区。苏区红军集中全力分兵把口,固守村镇,与敌激战30余次,伤亡殆尽,余部退至枣阳、唐河边界马武山一带游击。至此,苏区大部失陷,第四次反“围剿”失败。9月,苏区地方武装及各县游击队统一整编成立襄北独立团,开始以大洪山为依托恢复鄂北根据地。是年冬,国民党军四十四师及2个独立旅并纠集各县保安团围攻大洪山。襄北独立团骤遇强敌,作战失利,分途转出山区,向敌后方基地侧击。1933年1月,国民党军又以四十四师及2个独立旅在敌5县联防纵队配合下，再次“围剿”襄北独立团。独立团以保存和发展实力为基本原则，不固守一地，灵活游击，上旬进入钟祥拔敌10个民团据点，然后转入京山全歼敌1个保安中队，下旬奔袭敌四十四师歼敌1个连，胜利打破“围剿”。2月中旬，独立团强攻随县河口寨遭敌重创，被迫向京山转移，后决定放弃恢复鄂豫边苏区计划，南下洪湖，偷渡长江，前往湘鄂边与红三军会合。6月上旬，独立团在监利车湾过江时被敌重兵包围，全部壮烈牺牲。6月中旬，鄂豫边临时省委遭敌破坏，成立鄂豫边临时工委。7月，临时工委决定将发展方向转往豫西南，发动以桐柏山为中心的武装斗争，建立新的战略支撑点。从此，鄂豫边区工作重点北移，提前开始艰苦卓绝的红军游击战争。

1932年7月，国民党军以10万兵力在其湖南、江西驻军配合下，向湘鄂赣苏区发动第四次“围剿”。短时间内，苏区被分割为以龙港为中心的鄂东南等4个区域。不久，龙港失陷，鄂东南苏区被分割为阳新、通山、龙燕、龙湖等4块小区，红十六军和独立一、二、三师在阻敌作战中遭受重大伤亡。1933年2月，国民党军集结30余师兵力重点进攻中央苏区，湘鄂赣红军奉命东征南昌，以牵制“围剿”中央苏区之敌。主力红军东征后，国民党军乘虚深入湘鄂赣苏区。在鄂东南，中共鄂东南道委率领红军留守部队和各县地方武装，灵活机动打击敌人，使大部分苏区得以恢复巩固。4月，东征红军西返。红十六、十八军打击深入湘鄂赣边区之敌，迫其退出苏区。红三师转回鄂东南，在咸宁等地与敌激战，予“进剿”之敌以沉重打击。至此，湘鄂赣苏区第四次反“围剿”胜利，红军也遭受很大损失。8月，红十六、十八军缩编为红十六、十八师。

9月，国民党军以10万兵力对湘鄂赣苏区实施第五次“围剿”。冬，敌优势兵力进逼鄂东南中心区。鄂东南道委拟集中红三师及地方武装攻打阳新驻敌，恢复燕厦、木石港、龙港等中心城镇，然后向赣西北发展。然而，首攻燕厦失利，虽进攻木石港获胜，却未从根本上扭转危机形势。1934年1月下旬，红三师遭敌重兵伏击，伤亡惨重，余部转移通山九宫山地区。5月，转移至鄂东南的湘鄂赣省委在通山冷水坪对红十六军进行整编，率其南下。7月，红十六军在龙门山区遭敌重兵围攻，大部壮烈牺牲，苏区基本丧失。至此，湘鄂赣苏区第五次反“围剿”失败，边区提前进入三年游击战争时期。

1932年春至1934年，鄂豫皖、湘鄂西、鄂豫边、鄂东南苏区军民先后进行空前激烈的第四、五次反“围剿”战争，虽重创敌军，歼敌2万余人，却终未能粉碎敌人进攻，致使红色区域急剧缩小，主力红军被迫实行战略转移或转入游击战争。国民党军占据各苏区后，即展开疯狂的残杀和摧残。在鄂豫皖苏区，有12个县几乎完全被破坏，其中湖北有4个县。东西400里、南北300里之内，全部人口不是被杀光就是被迫迁空。仅麻城县乘马区泗店、田铺一带方圆六七十里地区，就烧毁村庄891个，杀害平民24825人。在湘鄂西苏区，被屠杀的平民数以万计，被烧毁的房屋不计其数，几乎无一处不被摧残。仅江陵一县，就屠杀中共党员2000人以上，屠杀平民近3万人。湖北地区土地革命进入极端困难时期。

七、百折不挠

1934年下半年，湖北苏区红军主力先后转移外线，在挫败国民党军围追堵截之后，又开始创建新的苏区。留在老苏区的红军和游击队，则以艰苦卓绝的游击战争英勇抗击国民党当局的反复“清剿”和血腥镇压，不仅在战略上配合了红军主力长征，而且为后来的抗日战争坚守了若干战略支点，保存了一批武装力量。

1934年11月中旬，中共鄂豫皖省委率红二十五军主力离开鄂豫皖苏区，进入鄂豫交界的桐柏山区。11月下旬，深入河南西部伏牛山区，随即长驱一千九百余里，于12月初到达陕西商洛地区，开始创建鄂豫陕苏区。此后，由中共鄂豫皖省委改称的中共鄂豫陕省委即领导红二十五军南下鄂陕边界，开辟郧(西)旬(阳)山(阳)镇(安)边红色区域。1935年2月，国民党军以4个旅又1个团的兵力对郧旬山镇边红色区域进行第一次“围剿”。红二十五军离开郧西向西挺进，迂回作战，连续攻克宁陕、佛坪、雒(洛)南县城，新创3块红色区域，鄂豫陕苏区正式形成。5月上旬，国民党军以30余团兵力对鄂豫陕苏区进行第二次“围剿”。红二十五军在地方武装配合下，采用“诱敌深入，先疲后打”的作战方针，逐步转至外线，一举粉碎敌人“围剿”，鄂豫陕苏区达到全盛阶段。7月15日，长期与中共中央失去联系的鄂豫陕省委，获悉红一、四方面军已在四川西部会师并将北上的消息，立即决定率红二十五军前往陕甘地区与红二十六军会合，创建陕甘宁苏区，迎接中共中央和中央红军。7 月 16 日，鄂豫陕省委留鄂陕、豫陕两特委领导坚持鄂豫陕苏区斗争，率红二十五军向陕甘转移，踏上继续长征的道路。

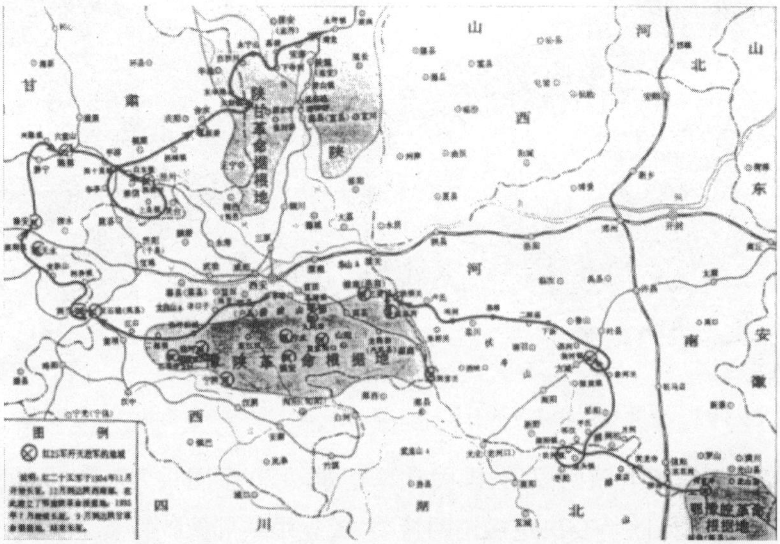

图 3-41　红二十五军长征路线及鄂豫陕革命根据地形势图

图 3-42　鄂豫陕根据地主要负责人合影
前排左起：中共鄂豫陕特委书记郑位三、红二十五军副军长徐海东。
后排中为红二十五军军长程子华。

图 3-43 中共鄂豫皖省委和红二十五军司令部旧址——郧西县二天门北角

红二十五军离开陕南以后,国民党军立即以 20 余团兵力进攻鄂豫陕苏区。9 月,中共鄂陕、豫陕特委决定撤销两特委,成立中共鄂豫陕特委,同时合编各地游击武装,组建红七十四师,在三省边界地区开展游击战争。到 1936 年底,红七十四师及游击队先后进行上百次战斗,打破敌人 3 次大规模围攻,歼敌约 4000 人,缴枪 3000 余支,游击区域由 10 余县扩大到 24 县,牵制住国民党军 10 余团兵力,有力地配合了陕甘革命根据地斗争和主力红军长征。1936 年 12 月西安事变以后,红七十四师奉命改编为南路抗日军(对内仍称红七十四师),鄂豫陕特委将工作重心转入抗日救亡。1937 年 7 月抗日战争全面爆发以后,中共鄂豫陕特委奉命率红七十四师离开边区,前往陕北三原整编,随后编入八路军一一五师,奔赴抗日前线。

自 1933 年 12 月中共湘鄂西中央分局作出放弃恢复湘鄂边苏区而创建新苏区的决定以后,红三军主力即转入创建湘鄂川黔苏区的新阶段。1934 年 1 月,红三军由咸丰进袭利川县城。此后,即在鄂川边开辟包括湖北宣恩、咸丰、利川、恩施和四川黔江、石柱 6 县边界地区的游击根据地。5 月,湘鄂西中央分局率红三军进入贵州,开辟包括印江、德江、沿河、松桃、酉阳 5 县边界地区的黔东特区。10 月,从湘赣苏区撤出的红六军团冲破国民党军重重堵截,抵达贵州印江木黄与红三军会师。会师后,部队奉命整编,红三军恢复红二军团称号。就在这时,

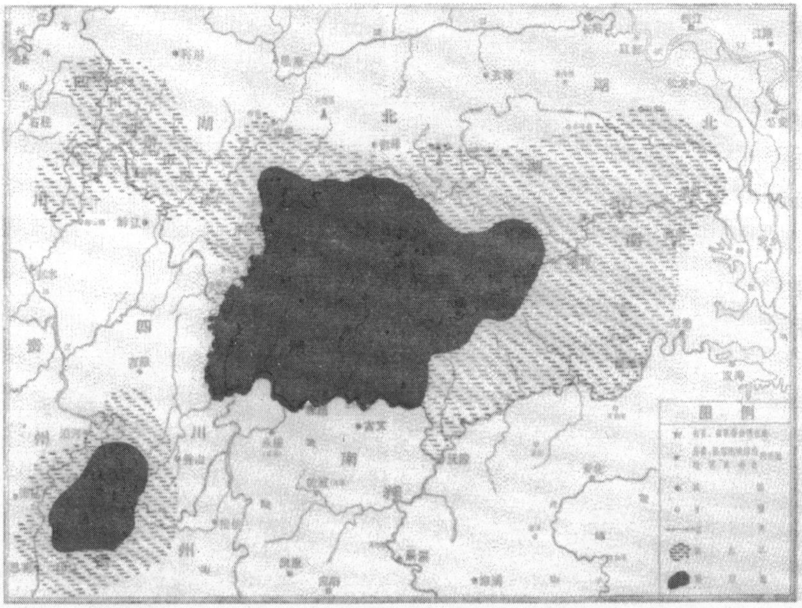

图 3-44 湘鄂川黔革命根据地形势图

中共中央决定放弃中央苏区，到湘西与红二、六军团会合。为策应中央红军长征，红二、六军团决定留中共黔东特委率黔东独立师坚持特区游击战争，红军主力经川鄂边联合东进，实施湘西攻势。经一个月战斗，红二、六军团攻占永顺、桑植、大庸3座县城，歼敌3000余人。11月下旬，根据中共中央指示，成立中央湘鄂川黔省委和省军区，任弼时任省委书记兼省军区政委，贺龙任省军区司令员。12月1日，成立湘鄂川黔省革命委员会，贺龙兼主席。后来，中共中央和中央军委又决定在湘鄂川黔建立革命军事委员会分会，任命贺龙为主席。至此，以永(顺)大(庸)龙(山)桑(植)为中心、以黔东和鄂川边为两翼的湘鄂川黔苏区正式形成。

湘鄂川黔苏区形成以后，成为土地革命战争后期南方苏维埃运动的重要区域，牵制住敌军30万兵力，对国民党统治造成新的威胁。1935年1月，国民党军集结湖北、湖南两省80余团共11万兵力，向湘鄂川黔苏区发动六路"围剿"。红二、六军团正面迎敌失利，被压缩于永顺、大庸、桑植间以塔卧为中心之狭小区域，处于非常被动的地位。4月上旬，敌军已从四面向苏区中心推进，中共湘鄂川黔省委决定迅速跳出敌人包围圈，向长江北岸移动。4月中旬，红二、六军团

图 3-45 贺龙(左一)、关向应(右二)与任弼时(右一)、王震(前坐)、李达(左二)合影

在转进途中,集中优势兵力,歼敌八十五师师部又 2 个旅,初步扭转战局。5 月中旬,鉴于策应中央红军的战略任务已经完成,湘鄂川黔军委分局决定调整兵力部署,在恢复永(顺)大(庸)龙(山)桑(植)中心根据地的同时,以主力深入湖北,集中力量攻打鄂敌,向北扩展红色区域。5 月下旬,红二、六军团进逼龙山。6 月上旬,包围宣恩县城。6 月 13 日,在忠堡地区歼敌四十一师师部又 1 个旅、1 个特务营,重创 6 个团,俘敌纵队司令张振汉以下官兵 2000 余人,缴获长短枪 2000 余支、机枪数十挺。8 月 3 日,又于板栗园地区歼敌八十五师师部又 2 个团、1 个特务营,毙敌师长谢彬,缴获长短枪 980 余支、迫击炮 6 门、弹药 600 余箱、银元 6 万块。忠堡、板栗园两次大捷,迫使鄂敌后撤、湘敌收缩,敌六路"围剿"被粉碎。此后,红二、六军团即大举东进,出击洞庭湖地区,半个月内接连占领湖南石门、临澧、津市、澧县 4 座县城和湖北松滋刘家场、西斋、杨林市、街河市等区镇,将国民党军封锁线向东逼退 200 余里。到 9 月,根据地已拥有 200 万人口,主力红军发展到 1.6 万余人。

图 3-46 忠堡战斗(左)和板栗园战斗(右)遗址

10 月 8 日,蒋介石下令成立宜昌行辕,令陈诚任行辕参谋长,代行总司令职权。陈诚即调集 130 个团约 30 万兵力,向湘鄂川黔苏区发动新的“围剿”。红二、六军团兵力不及敌军十分之一,反“围剿”面临极为严峻的局面。11 月 4 日,湘鄂川黔省委和军委分会决定以红十八师留守根据地坚持斗争,红二、六军团主力向南突围,插入湘中后向湘黔边转移。19 日,湘鄂川黔省委和军委分会率红二、六军团从桑植刘家坪等地出发,向东南方向突围,开始长征。

图 3-47 红二、六军团长征出发地——桑植刘家坪

红二、六军团主力长征以后，湘鄂川黔苏区中心地区大部被敌占领。红十八师在极其艰难的条件下，依靠土家、苗、白、汉各族人民，凭借深山密林与敌周旋，辗转于鄂西、川东、黔东等地，于1936年1月上旬奉命撤离湘鄂川黔边区，与主力会合，归还建制。3月，根据红军总部指示，红二、六军团（7月与红三十二军合编为红二方面军）北渡金沙江，向陕北进军。

在鄂豫皖边区，1934年11月红二十五军长征以后，国民党军仍以10余万兵力继续划区"清剿"，形势异常严峻。此时，鄂东北尚存4小块红色区域，皖西北尚存7小块红色区域，分别由中共鄂东北道委和皖西北道委领导坚持斗争。在红二十五军转移后的第三天，中共鄂东北道委即决定组建地方部队和便衣队，开展游击活动。1935年2月，鄂东北独立团与在皖西北活动的红二一八团会合。根据中共鄂豫皖省委指示，鄂东北独立团与红二一八团合编，重建红二十八军，由高敬亭任政治委员（不设军长），统一领导鄂豫皖边区党政军工作。

图 3-48 高敬亭

红二十八军重建之时，正值国民党以"驻剿"、"追剿"、"堵剿"战术实施三个月"剿灭"鄂豫皖边区红军计划之际。红二十八军则以分散游击寻机歼敌战术频频制胜。4月，蒋介石又令"豫鄂皖三省剿匪总司令部"重新部署两个月"清剿"计划，集中61个团的兵力，以皖西为重点聚歼红军主力。红二十八军在游击队、便衣队密切配合下，仍以游击战为主，同时辅之以必要的伏击战，在鄂东北和皖西北往返跳跃，将游击战由山地扩展到平原地区，多次取得歼灭成营敌军的胜利，再一次粉碎敌军"清剿"。1936年2月，卫立煌就任鄂豫皖边区"清剿"总指挥，重新调整兵力部署，加强对鄂东北红军进攻。此后，湖北省政府设立鄂东"清剿"总指挥部，调遣湖北保安团进入鄂东地区"清剿"，同时从外地调入大量主力配置于平汉铁路沿线地带。针对国民党军严密的"围剿"、"追剿"、"收剿"、"驻剿"、"堵剿"战术，中共鄂东北道委决定由内线转向外线，跳出敌军包围圈，攻击敌人后方。于是，鄂东北独立团频繁穿越平汉铁路，灵活跳跃于鄂东北南北两片地区，一面迷惑调动敌“围剿”大军，一面寻机围歼小股敌军，由地方武装整编组建的第一、第九、第三路游击师也在边区周围积极歼敌，根据地和游击队得以不断巩固扩大。

图 3-49 鄂豫皖边区红军驻扎过的山洞

1936 年 12 月西安事变和平解决以后，国民党被迫放弃内战政策，但对南方各省红军游击队仍拟予消灭，并将鄂豫皖红军游击队列为“秘密清剿”重点。1937 年 4 月，卫立煌继任豫鄂皖边区督办公署督办，即以“剿抚兼施”、“军政并进”、“红军、便衣队并重”为原则，抽调大量兵力“清剿”鄂豫皖边区，妄图三个月“根绝红患”。6 月，大规模“清剿”开始，红二十八军因缺乏准备，仓促应战，损失严重，多数地方武装和便衣队也遭受不同程度伤亡，游击根据地大部被摧毁。尽管如此，红二十八军仍顽强作战，鄂东北道委和皖鄂特委也领导游击师和便衣队各自为战，将游击战争坚持到抗日战争爆发。

图 3-50 鄂豫皖边区便衣队用过的菜筒和吊罐

1937年7月卢沟桥事变以后,鄂豫皖边区的共产党组织和红军面临由反对国民党军“围剿”到反对日本帝国主义侵略的战略转变。根据中共中央指示,高敬亭等人于7月15日致信国民党豫鄂皖边区督办公署,提出停战谈判倡议。7月22日,鄂豫皖边区中共代表与国民党豫鄂皖督办公署、安徽省政府代表正式谈判,于27日达成停止内战、共同抗日协议。停战协定签订后,红二十八军和地方武装及便衣队即陆续开往红安七里坪等地集中,改编为新四军第四支队,奔赴抗日前线。

图3-51 中共湘鄂赣省委书记陈寿昌

在湘鄂赣边区,第五次反“围剿”失败以后,根据地即被国民党军分割成11块相互隔绝的小块红色区域,主力红军所剩无几,地方部队和游击队也遭受严重挫折甚至全部损失。1934年8月上旬,中共湘鄂赣省委决定恢复红十六师,巩固平(江)浏(阳)铜(鼓)根据地。11月,红十六师(实辖四十六团)恢复后,即以鄂东南为主要目标,进击通山、崇阳等地。1935年1月,进攻通山大屋陈敌新编第三旅,歼其一部。2月初,在崇阳大源桥歼敌五十师三〇〇团两个半营,俘敌200人,缴获重机枪5挺、步枪300余支。2月中旬,在崇阳高枧两次战斗中歼敌东北军一〇五师1个营又1个连,缴获轻机枪10余挺、步枪200支,俘敌400余人。4月,游击崇阳、修水边界地区,在三界尖击溃敌2个团,全歼其中1个机枪营。到6月,红十六师已发展到3个团约5000人,恢复和新创6块苏区,其中最大一块纵横约一百里。

就在这时,国民党军集结60余团兵力严密包围湘鄂赣省委驻地,妄图一举“剿灭”红十六师。6月15日,红十六师被迫突围,损失惨重,总兵力锐减四分之三。边区形势急剧恶化,游击战争进入最艰苦阶段。1936年3月,国民党军又以11个师、3省保安团和11个别动队“清剿”湘鄂赣边区。湘鄂赣省委即将全区重新划分为4个军分区,组建4个特委领导群众性游击战,同时抽调本地干部回家乡工作,开展恢复老区、开创新区和发动白区的工作。6月,“两广事件”爆发,驻守湘鄂赣之敌南调。湘鄂赣省委决定留省军区独立团坚持平(江)修(水)铜(鼓)老区斗争,以红十六师挺进南浔铁路以西地区实行外线出击。11月,红十六师再度恢复到1000余人。西安事变和平解决以后,蒋介石加紧进攻南方红军游击队。年底,红十六师转进鄂东南,与省军区独立团会合,游击大冶、鄂城、武宁一带。1937年1月,两支红军在通(山)崇(阳)边界遭敌重兵进攻,伤亡惨重,被迫向赣西北转移。2月,红十六师改名湘鄂赣野战军。4月,湘鄂赣野战军相继在铜鼓胆坑和宜丰同安战斗中受挫,一部转往外线开展白区工作,一部在黄金洞、九宫山、冷水坪等小块根据地和若干外围支点坚持斗争。

图3-52 中共湘鄂赣省委常委、宣传鼓动部部长吴致民烈士墓

三年游击战争期间,中共湘鄂赣省委长期与中共中央失去联系,直到1937年1月才获悉中央关于建立抗日民族统一战线的方针政策。5月10日,湘鄂赣省委成立湘鄂赣人民抗日红军军事委员会,傅秋涛任主席,统一领导原苏区抗日武装。抗日战争全面爆发后,湘鄂赣省委遵照中央指示,先后与国民党武汉行营和地方政府进行4次谈判,并于8月29日签订停战协定。此后,边区武装组建成湘鄂赣人民抗日游击支队,随即改编为新四军第一团,奔赴抗日前线。

八、怒涛初起

1931年9月18日，根据不平等条约驻扎中国东北的日本关东军，向中国军队驻地北大营和沈阳发动进攻，制造震惊中外的“九一八”事变。随后，侵占辽宁、吉林、黑龙江3省，东北沦陷。“九一八”事变的第二天，全国各大城市即爆发大规模抗日救亡运动。此时，湖北洪水刚退，虽然洪水造成的灾祸还未消除，湖北各界仍迅速行动，掀起抗日救亡运动高潮。

图3-53　武汉学生举手表决反抗日本侵略的决议案

9月29日，武汉大学校务会议代表全校师生致电国民党中央党部和南京国民政府外交部，呼吁“研究巩固东省国防办法”，“对日经济绝交”。10月初，武汉反日救国会向全国发出通电，要求南京国民政府“统一军政对日”。10月5日，武汉大学500余名学生齐集国民政府军事委员会武汉行营请愿，要求对日宣战，发给学生枪械，准备武装抗日。19日，武汉学生抗日救国会组织各校学生举行大规模反日示威游行，参加抵制日货宣传。12月6日，为策应北京大学南下示威团和南京爱国学生向国民政府示威活动，武汉大学学生代表150人组成请愿团，奔赴南京参加联合总示威，强烈要求国民政府对日宣战。9日，武汉大学请愿团返回武汉，立即筹划组织武汉抗日救亡总示威以策应南京。面对风起云涌的抗日救亡运动，国民党暨南京国民政府却采取压制、限制和武力镇压政策，湖北省政府也秉承其旨意对全省抗日救亡运动实行严厉限制。由于武汉警备司令部和武汉绥靖公署对学生活动进行严密监控，准备进行武力镇压，原计划于24日举行的总示威被迫取消。武汉暨湖北地区的抗日救亡运动转入低潮。

图 3-54 武汉学生齐集湖北省政府门前请愿后举行游行示威

虽然抗日救亡运动转入低潮，湖北人民尤其是青年学生的抗日救亡活动并未停止。武昌省立高中学生自己筹钱翻印《田中奏折》，揭露日本帝国主义图谋灭亡中国的阴谋。武汉多所学校学生创办《狂涛》、《在前》、《雪里鸣》、《如此》等进步刊物，唤起民众拯救民族危亡的爱国意识。与此同时，一些学生运动骨干还组织读书会、时事座谈会等进步团体，联络、聚集进步力量，探讨抗日救国的真理和民族解放的道路。这些进步团体，有武汉大学的时事座谈会、武昌艺专的鲁迅读书会、省立高中和高等工艺学校的学生读书会、女子师范的都府堤十八号读书会，其中以何伟等领导的生活书店武汉门市部读书会联系最广、影响最大。通过这些活动，不但在武汉学生界形成一支抗日救亡骨干力量，而且为在武汉乃至湖北地区掀起更大规模的抗日救亡运动打下基础。

1935年11月华北事变以后，平津上空战云密布，整个华北危在旦夕。面对日益加深的民族危机，北平学生悲愤地喊出："华北之大，已经安放不得一张平静的书桌了！"12月9日，北平爱国学生数千人在中共地下组织领导下，举行声势浩大的抗日救国示威游行，声讨汉奸卖国贼，反对"华北自治"，要求停止内战，一致抗日。"一二·九"运动消息传来，武汉学生立即响应，湖北地区再次掀起抗日救亡运动高潮。

12月10日，东北同胞在武汉主办的《大光报》率先报道北平"一·二九"运动消息。是日，武昌华中大学成立学生自治会，并以该会名义致电北平各校，声援北平学生爱国行动。武汉大学学生则以大字报公布《北平来信》，号召全校师生行动起来，参加抗日救亡活动。同日，省立高中、省立一中、省立二中、私立育杰中学、市一男中、市一女中等校学生，均以各种形式参加抗日救亡活动。12日，华中大学、省立高中、市一男中、市一女中、省立女子师范、市二女中、湖北艺术专科学校、心勉女中、中华大学等40余校100多名学生代表在昙华林华中大学礼堂召开联席会议，决定组织各校学生会，举行示威游行，并通过《告全国同胞书》。15日，华中大学、武汉大学等负责单位代表开会，决定发起召开第二次联席会议，讨论开展学生运动步骤和建立统一学联领导机构问题。17日，53所学校120余名代表再次集会昙华林，成立武汉中等以上学校全体学生救国联合会（通称"公开学联"）。18日，学联干事会决定12月20日在武汉三镇同时举行示威游行，声援北平学生，开展抗日宣传。

面对抗日救亡运动再次兴起，湖北省政府立即采取措施进行限制。一是责令省教育厅长着各校校长限制本校学生，宣讲"学生在于读好书，不要务外"，"爱国不忘读书，读好书才有本领救国"。二是在各校加紧门禁，重点学校甚至安置戒备武装或便衣特务，不准学生随意外出，限制各校学生之间串联。三是在有效控制范围内，允许学生开会、游行、呼口号适当表示爱国之情，表示之后立即把学生带回学校。在得知学联决定12月20日举行武汉三镇学生联合大游行的消息以后，湖北省政府、国民党湖北省党部立即紧急部署，一面令省市各军政警机关严密注意学生动向，一面令各校校长劝阻学生行动，同时下令20日封江禁渡，准备镇压。

20日,武昌50余所学校1万余名学生齐集平阅路省政府门前示威请愿,之后整队游行,向平湖门进发。游行学生一路高呼口号,沿途散发《宣言》。《宣言》写道:"虽然我们明知北平有许多学生已经为爱国运动而牺牲在本国军警屠杀之下了,但这不足以威吓我们,我们有热血,我们有头颅,我们有百折不回的精神,我们有与生俱来的爱国雄心,我们还会畏缩害怕吗?"两边围观的市民深深为学生们的爱国赤诚所感动,不约而同加入游行行列。

游行队伍到达汉阳门码头,准备过江会合汉口学生继续游行,不料已经封江禁渡。此时,汉口游行学生4000余人准备迎接武昌学生过江,也被阻于江汉关码头。游行总指挥部在组织学生到省建设厅请求恢复轮渡遭到拒绝后,决定露宿长街(今解放路),彻夜请愿,不达目的不罢休。为学生爱国激情所感动的武昌市民和商人,不顾冬夜寒冷,敞开门户,拉出电灯,给学生送来热茶、点心。划业工人则驾着小木船护送学联学生偷渡,与汉口学生取得联系。次日清晨,游行学生聚集省政府门前,派何功伟等代表出面交涉,当局却迟迟不予答复。学生们怒不可遏,一拥而上,将"湖北省政府"和"国民党湖北省党部"招牌砸烂,并且拆毁岗亭,用亭柱撞击省府大门。代理湖北省政府主席卢铸被迫出来答复,同意学生明日渡江。同日,汉口、汉阳数千名学生也赴武汉绥靖公署请愿,声援武昌学生斗争。

22日,武昌游行学生齐集江边,但因当局只安排少量船只,仅有2000余人渡江与汉口、汉阳学生会合。针对当局阻挠、分散学生队伍的阴谋,学联决定23日组织更大规模示威游行。23日,三镇学生1万余人在汉口举行市民大会,会后举行示威大游行。游行队伍蜿蜒两公里,沿途高呼口号,散发传单,10万市民伫足夹道观看。下午1时,游行队伍来到江汉关日租界,面对荷枪实弹的日本水兵,学生们同时高呼"打倒日本帝国主义"、"日本鬼子滚出中国去","民气之盛,达到极点"。

武汉"一二·九"运动参加的人数之多、规模之大,位于全国各大城市前列。学生们的爱国壮举,得到社会各界的广泛支持响应。25日,汉口30万工人致电学生救国会,表示愿与武汉学生共存亡。汉口邮务工会为支援学生救亡运动,印发反对华北自治运动宣言,表示为领土完整和民族生存,誓率全省2000邮工奋斗到底。武汉商会、湖北省教育会发表宣言、通电，表示愿作学生之坚强后盾。武汉大学全体教职员也成立救国会，致电南京国民政府，“要求中央严令各地军警当局，不得摧残爱国运动”。武汉地区开始出现由各抗日阶级、阶层组成的“民族革命营垒”。

图 3-55　12 月 23 日武汉万名学生示威大游行

湖北省政府在压制镇压武汉地区抗日救亡运动的同时，也对各县市抗日救亡运动进行压制镇压。12 月 25 日，应城县西河中学、简易师范、新蒲女子职业学校、中心小学等 10 余所学校师生近千人举行集会游行，宣传抗日救国，遭到县保安团开枪镇压，致使 40 余名学生受伤，造成应城惨案。武汉报纸迅速披露惨案真相，应城学生也赴省报告情况，请求支援。武汉学联立即组织 41 校于 30 日举行总罢课，抗议应城当局暴行。随后，率 41 校代表和应城旅省学生代表赴省政府请愿，提出各级政府切实维护爱国运动、惩办应城惨案肇事凶手等 4 项要求。省政府慑于学生罢课和社会舆论压力，只得一一应允。1936 年 1 月 1 日，武汉学生慰问团赴应城调查事件真相，当即与应城各界人士举行联席会议，向县政府提出惩办凶手、负责受伤学生医疗费等 9 项要求。应城县政府被迫全部接受，湖北省政府也被迫处分应城县长和保安队头目，并责令应城县长通电全国向学生道歉，惩办肇事凶手。应城学生运动之后，抗日救亡运动迅速扩展到湖北全省。1 月 4 日，安陆县初级中学全校罢课，会同县城中心小学、进文小学学生举行环城示威游行。不久,宜昌学生集会游行,随即开展罢课罢考斗争。襄阳、樊城学生也纷纷上街示威游行,抗议日本帝国主义的侵略行径。

图 3-56 武汉学生代表与应城学生代表合影

湖北地区蓬勃兴起的抗日救亡运动,引起南京国民政府高度恐慌,蒋介石电令湖北军警当局严加防范。1935 年 12 月 27 日,省会武汉宣布戒严,明令禁止一切集会结社。1936 年初,国民党政学系亲日派分子杨永泰出任湖北省政府主席。杨永泰上任伊始,即下令各校提前放假,胁迫学生离校,开学后又召集学生训话,宣扬"读书就是爱国",诱骗学生脱离运动。武汉学生不为所动,转而组织武汉学联扩大宣传团,深入工厂和近郊农村宣传抗日。学生走向社会与工农群众结合,引起当局愈加恐慌。4 月 8 日,武汉警备司令部以学联"有共党操纵,反对本党主义"罪名解散学联,下令逮捕学联负责人和积极分子。武汉进步学生即秘密组织武汉学生救国团(通称"秘密学联"),在各校发展读书会、救国会等群众团体,编辑发行《武汉学联》,坚持进行抗日宣传。6 月,"两广事件"爆发,湖北当局害怕学生运动再度"复萌",竟然逮捕、通缉学联负责人,勒令一些学联积极分子退学。湖北抗日救亡运动再一次遭到打击摧残。

国民党政府不容抗日救亡,严酷的事实逼使湖北爱国学生重新思考运动的前途。中国共产党抗日民族统一战线政策的传播,为湖北爱国学生带来新的希望。于是,他们开始寻找共产党组织。但是,这时武汉的共产党组织已经被国民党当局摧残破坏,他们便"自动依据党的原则建立武汉地方党的支部",即后来所说的自发支部。不久,中共中央北方局派遣何伟(霍恒德)来武汉,组建中共武汉临时工作委员会,由何伟任书记。临时工委成立后,即迅速与学生自发支部取得联系,并建立硚口工人支部。随后,便深入各界群众,团结各界人士,组建学生救国会、工人救国会、妇女救国会、文化救国会,进而成立武汉各界救国会,组织民族解放大同盟,同时建立书报流通社,主办《大众日报》,次年2月又成立中华民族解放先锋队武汉地方队部。与此同时,荆(州)沙(市)、襄(阳)枣(阳)宜(城)地区也秘密重建共产党支部,原洪湖根据地、鄂北根据地的共产党员和党组织又重新凝聚成统一的战斗集体。自此,以武汉为中心的湖北抗日救亡运动纳入中国共产党的直接领导,为第二次国共合作以后湖北抗日救亡运动全面高涨而成为全国抗战中心奠定了基础。

第四章 御 侮

一、抗战中心

1937年7月7日,日本侵略军在北平西南卢沟桥附近突然向中国驻军进攻,中国官兵奋起抵抗。中华民族全面抗战从此开始。七七事变发生的第二天,中国共产党就通电全国,号召:"全中国同胞,政府与军队,团结起来,筑成民族统一战线的坚固长城,抵抗日寇的侵掠!国共两党亲密合作抵抗日寇的新进攻!"后经过谈判,国民党承认中国共产党的合法地位,实行国共第二次合作,以国共合作为基础的抗日民族统一战线正式形成,全民族抗战正式展开。

七七事变的真相被武汉各媒体披露以后,群情激昂,纷纷要求抗日御侮。武汉大学学生救国团致电南京国民政府,呼请出兵抗战。汉口新闻记者公会上书国民党市党部,呼吁开展募捐慰劳前方将士和检举汉奸、抵制仇货运动。平汉铁路工人组织慰劳守土将士团,开赴前线慰问。湖北新生活促进会在武汉地区发起一人一分钱募捐活动,汉口商会捐款2万元。武汉人力车公会以200名工人组成义勇队和运输队。汉口国术总社训练班组成大刀队,红十字会抽调人员成立救护队,表示随时听候调遣上前线。工人举行罢工,拒绝为日商服务。7月24日,湖北各界民众抗敌后援会成立,以武汉为中心的湖北抗日救亡运动掀起新的高潮。

7月底，日军占领北平、天津后，大举增兵，沿平绥、平汉、津浦铁路向华北纵深推进，中国军队节节抵抗。8月13日，日军进攻上海。下旬，由中国工农红军改编的国民革命军第八路军由陕西开赴山西，加入华北作战，相继取得平型关、阳明堡等战斗胜利。10月，中国军队在太原以北之忻口地区组织防御，给日军以重创，取得忻口战役胜利。然而，淞沪会战经过3个月苦战，中国军队伤亡巨大。11月初，日军又在杭州湾登陆，威胁上海中国守军侧背，中国军队弃守上海后撤。12日，日军占领上海后，继续向中国首都南京进攻。12月13日，日军占领南京，制造惨绝人寰的大屠杀，罹难中国军民达30余万人。至12月底，日军还先后占领保定、大同、归绥(今呼和浩特)、包头、石家庄、太原、济南，中华大地在日军铁蹄蹂躏下呻吟。

图4-1　董必武

图4-2　八路军武汉办事处

就在这山河变色、腥风血雨之时，武汉走上中国抗战舞台的重要位置，成为中国政治、经济、军事、文化中心和战时首都。早在日军攻陷上海、威逼南京之时，南京国民政府就决定迁都重庆。随后，国民党中央党部、内政部、经济委员会、侨务委员会、建设委员会、邮政储金总局等移驻武汉办公。国家中央银行、中国银行、交通银行、农业银行等亦从沪迁汉。南京沦陷前，国民政府行政院、军政部、经济部、交通部、教育部、卫生部、司法部、监察部迁到武汉。蒋介石、汪精卫、孔祥熙、冯玉祥等国民党军政要员，以及第三党领导人、救国会领导人、妇女界领袖、文化界名人先后莅汉。英、美、法、意、比、瑞典和苏联等国使节也来到武汉。与此同时，中共中央决定成立长江沿岸委员会，以周恩来、秦邦宪、叶剑英、董必武、林伯渠为委员，周恩来为书记，统一领导长江流域党的工作。董必武负责湖北地区工作。9月中旬，董必武到达武汉，以中共中央代表身份，负责筹建八路军驻武汉办事处，开展统战工作，恢复和重建湖北中共组织。10月中旬，中共湖北省工作委员会成立，后相继改组为中共湖北省临时委员会、中共湖北省委员会。10月下旬，八路军驻武汉办事处正式成立。12月初，南京“八办”撤至武汉，与武汉“八办”合并。12月14日，中共中央又决定由周恩来、秦邦宪、项英、董必武在武汉组成中共中央长江局，统一领导南部中国各省党的工作；由周恩来、王明、秦邦宪、叶剑英组成中共中央代表团驻武汉，负责与国民党联系、谈判，开展统战工作。18日，周恩来、王明、秦邦宪、项英、叶剑英等由延安抵达武汉。江城一时枢要丛集，群贤毕至，成为全国政治中心。

图 4-3　左起：秦邦宪（博古）、叶剑英、周恩来、陈绍禹（王明）

周恩来等18日到达武汉后，21日即同蒋介石会谈，就成立两党关系委员会达成协议。此后，两党就一系列重大问题进行谈判协商。首先是两党关系委员会协商制订共同纲领。12月30日，两党关系委员会会议讨论由周恩来起草的《中国人民抗日救国纲领》。后几经周折，于1938年春协商定案。虽然由于蒋介石不愿承认共产党的平等地位而使这一纲领搁置下来，这些谈判却推动了国民党《抗战建国纲领》的出台。1938年3月29日至4月1日召开的国民党临时全国代表大会，通过《中国国民党抗战建国纲领》。其次是协商解决两党合作的具体组织形式问题。中共中央提出国民党改为民族革命联盟后各党派加入（各保持其独立性)实现党内合作,和各党组成共同委员会实行党外合作两种形式,国民党均不赞成,后来实际采取遇事协商、临时约见形式。在这种合作形式下,中共代表团(主要是周恩来)同蒋介石、陈立夫、何应钦等进行十余次艰难谈判。蒋介石对中共的合理意见与要求,迫不得已也偶尔解决一点问题,但经常是软拖硬拒。再次是推动改革政府机构问题。通过中国共产党推动,迫于全国人民要求和各民主党派呼吁,国民党对政府机构的改革采取了两个有限的局部措施。一是邀请共产党人参加政府个别部门和个别机构。1938 年 1 月,国民政府改组军事委员会,下设军令、军政、军训、政治 4 部,请周恩来担任政治部副部长。政治部下设 4 厅,第三厅管宣传,请郭沫若当厅长。后来,第三厅实际上成为共产党领导的统一战线机构,团结文化、艺术各界一大批致力抗日民主运动的著名人士,组成领导抗日救亡文化宣传活动的坚强阵容。二是成立和召开国民参政会。在中国共产党推动下,国民党迫于形势,在 1938 年 3 月召开的临时全国代表大会上决定成立国民参政会。7 月 6 日至 15 日,国民参政会第一届第一次会议在汉口举行,王明、秦邦宪、吴玉章、林伯渠、董必武、邓颖超等参政员出席会议。三是加强两党在军事上的合作。中共代表团经常用持久战、游击战思想影响国民党军队,不但帮助国民党举办珞珈山军官训练团,而且协助国民党取得台儿庄战役的胜利。

这时的武汉,还是全国军事指挥中心。1937 年 12 月 5 日,国民政府军事委员会由南京迁至武汉。7 日,军事委员会委员长蒋介石抵达武昌。随后,在这里进行全国军事组织、战略战术、军队建制等大规模调整,指导和指挥全国抗战。1938 年 1 月,国民政府改组军事委员会,撤销原行营政训处和第六部,成立政治部,由陈诚任部长,周恩来、黄琪翔任副部长。17 日,国民政府又颁布《修正军事会组织大纲》,对军事委员会的组织机构进行改组。此后,根据已发生变化的战争态势,重新划分战区,调整国民革命军战斗序列,进行全国军事总动员,调动全国军队一致对日作战,建立抗战军事体制和作战指挥系统,实施持久战和消耗战的基本战略与“以空间换时间”的战略防御措施,先后组织津浦线战斗、徐州会战、华北作战、西北作战、东北作战、察哈尔作战和武汉会战等战役、战斗,部署指挥华北、华南沿海游击战,同时将沿海、沿江工厂、企业及其设备和科学、文化、教育机关以及院校向内地转移,计划建立以四川为中心的抗战基地,从而使中国抗战转入持久抗战的轨道。

图 4-4 武汉新四军军部旧址

这时的武汉，也是全国经济中心。随着政治、军事中心西移，武汉的经济地位日益提升。抗战前夕，中国 76%的工厂分布在沿海。抗战爆发后，为避免沿海民族工业遭遇灭顶之灾和在客观上造成经济资敌，为在战时大后方建立长期抗战的工业基础，国民政府决定实行焦土抗战，将沿海工业迁往内地。1937 年 8 月 11 日，根据行政院和资源委员会决定，国民政府成立上海工厂迁移监督委员会。上海工厂内迁的第一站便是武汉，计划在这里集中后再西上宜昌、重庆，或南下岳阳、长沙。在国民政府协助下，华北及东南沿海城市工业纷纷内迁，上海、河南、山东等地向汉迁移工厂 170 余家，使武汉工厂总数达 700 余家。在湖北省和武汉市政府配合下，一部分内迁工厂很快恢复生产，使武汉经济地位扶摇直上，年工业总产值达 2 亿元以上，从而成为中国政府控制的、门类齐全的最大都市和全国经济中心。

这时的武汉，更以救亡团体的勃兴、抗战文化的繁荣和救亡活动的声势浩大，成为全国抗日救亡运动中心。随着国共第二次合作和武汉成为抗战初期国统区中心，各种群众救亡团体便在武汉如雨后春笋，层出不穷。许多被国民党取缔的救亡团体迅速恢复，一些从外地迁入的救亡团体展开活动，一大批新组建的救亡团体纷纷成立。如中华民族解放先锋队、中国工人抗敌总会筹备会、全国各界救国联合会、中华全国文艺界抗敌协会、湖北省战时乡村工作促进会、湖北省各界民众抗敌后援会、东北救亡总会，总数达340个之多。这些救亡团体在开展抗日救亡运动中发挥了重要作用。

图4-5　郭沫若在武汉街头演说

1938年4月1日，国民政府军委会政治部正式成立第三厅，由周恩来直接领导，郭沫若任厅长，阳翰笙、胡愈之、田汉、洪深、徐悲鸿、史东山、光未然、应云卫、马彦祥、冼星海等著名文化人担任处长、科长和各科科员，从厅长到科员几乎都是当时中国文化界的名流巨子，被誉为“名流内阁”。在第三厅领导下，救亡团体空前活跃，救亡报刊异彩纷呈，救亡运动迅速掀起高潮。1937年12月，武汉地区各种报刊只有30余种，到1938年3月增至67种，7月达100种以上。由于全国各地文化界人士云集武汉，一时间在百里江城，进步理论书籍大量出版，歌颂抗日英雄、揭露日军暴行的作品广为流传，社会科学、文学艺术、新闻事业欣欣向荣。

图 4-6　青年救国团在武汉街头进行抗日宣传

图 4-7　冼星海在大冶钢厂指挥歌咏队为工人演唱救亡歌曲

早在 1938 年 1 月，武汉各界 20 余团体就根据中共湖北临时省委安排召开联席会议，决定开展抗战宣传周活动。4 月 7 日，第三厅在武汉三镇组织的抗战扩大宣传周开始。这次活动分文字日、演讲日、歌咏日、美术日、戏剧日、游行日，共计1周时间。宣传周的第一天，中国军队台儿庄战役胜利的消息传到武汉，顿时三镇沸腾，各报均发号外，各种宣传品广为散发。当晚，武汉军民10万余人，手执火炬，沿街游行。在宣传周的最后一天，中共湖北临时省委发动各救亡团体及其影响下的群众近50万人冒雨游行。此后，雪耻和兵役扩大宣传周、战时节约宣传周、五一纪念大会、欢迎世界学联代表及慰劳中国空军负伤将士等一系列活动，使武汉三镇的抗日救亡群众运动一浪高过一浪。

图4-8 武汉各界举行纪念“五一”国际劳动节游行示威，声讨日军侵华罪行

7月初，武汉会战进入紧张阶段。时值“七七”抗战一周年，为发动广大民众以实际行动保卫大武汉，第三厅组织起一场声势浩大的“七七”献金活动。这次活动历时5天，在汉口、武昌、汉阳共设6座献金台。参加献金的有年逾古稀的老人，也有仅几岁的孩童，有国共两党及其他党派负责人、社会知名人士、国际友人，更有广大的普通民众。国民政府主席林森献出重达17两的金鼎1座、金戒指4枚。蒋介石派代表替他和宋美龄献金1.8万元。国民政府立法院院长孙科、国民党中央秘书长朱家骅等国民党党政军大员也积极捐款。国民党中央党部献金2.3万元。中国共产党尽管经济上极为困难，但仍从中共中央6月份所缴党费中拨出1000元捐献。毛泽东等7位中共参政员献出7月份薪金共2450元。周恩来捐出他任政治部副部长的一月薪金240元。参加国民参政会第一次

会议的参政员黄炎培、史良、邹韬奋、张澜、陶行知等200多名中间党派及无党派人士均热烈献金。献金中大量的是工人、农民、人力车夫、店员、小贩甚至乞丐。他们捐献的钱虽少，但留下一个个感人场面，昭示着中华民族同仇敌忾、共御外侮的民族精神。这次参加献金者达50万人以上，接受捐款93万元，加上金银饰物及其他物品，现金和实物折款相加计100万元以上。此后，献金运动迅速向全省各地发展，宜昌、襄樊等地相继开展献金活动。

图4-9　武汉女中中学学生用支援抗日的献金袋组成“抗战”二字

抗战初期的武汉，还是世界反法西斯战争的中心。大批外国作家、记者和文艺界人士来到中国，云集武汉。这些来汉的外国人士中，有被人们称为“三S”的美国作家、新闻记者斯诺、斯特朗、史沫特莱，有日本反战作家鹿地亘及夫人池田幸子和女作家绿川英子，有英国诗人奥登和小说家伊粟伍德，还有菲律宾作家白雷罗、新西兰女作家威尔金森、英国女作家欧脱莱、何登夫人等。他们冒着生命危险，用笔或镜头将所见所闻如实而生动地写成通讯、报告文学，拍摄成纪录片，在全世界发表或公映，赢得世界人民对中国抗战的同情和援助。在共产国际和各国共产党、工人党倡导下，全世界各国无产阶级和各阶层人士，用舆论宣传、集会示威、捐献、抵制日货、派遣志愿人员等行动，开展援华运动。武汉会战期间，先后来中国帮助抗日的就有苏联组织的志愿航空队和医务人员、加拿大共产党和美国共产党派遣的白求恩大夫、印度的柯棣华等6位医务工作者等人。他们为中国人民的民族解放事业作出重要贡献，有的甚至献出宝贵生命，中国人民永远怀念和尊敬他们！

二、正面御敌

图 4-10 中国守军用高射机枪向侵犯武汉的日军飞机射击

日军在攻占南京以后，就开始研究进攻武汉。徐州会战一结束，其部队即逐次向武汉外围推进。与此同时，中国统帅部亦积极配备兵力、规划防线，准备保卫武汉作战。日军在向武汉发起地面攻击前，即依仗其空中优势，对武汉及其周边地区进行频繁空袭。中国空军与苏联空军志愿队与日军在武汉上空展开激战，敲响武汉会战前奏。

1938年2月18日，日军飞机38架侵犯武汉上空，中国空军在苏联空军帮助下，与敌激战，不到半小时，击落日机11架，取得武汉空战首次大捷。此次战斗，中国损失战机4架，中国空军第四大队大队长李丹桂、苏联空军志愿队大队长拉赫曼诺夫等5人英勇牺牲。4月29日，日军21架战斗机掩护18架重型轰炸机空袭武汉，中国空军和苏联空军志愿队在武昌和黄冈上空与敌鏖战，半小时内击落敌机21架，毙敌飞行员50名，生俘2名，中国损失飞机12架，伤亡飞行员5名。战斗中，中国飞行员陈怀民单机遭5架敌机围攻，在机身连中数弹严重受伤的情况下，临危不惧，掉头对准日机撞击，与敌同归于尽。这次空战是武汉抗战时期、也是整个抗战时期最激烈的一次空战。5月31日，日军36架战斗机掩护18架轰炸机轰炸武汉，中国空军飞机冲入敌机群，乱其队形，各个击破，击落敌机14

架，中国损失飞机4架，空军分队长张效贤、杨慎贤等4名飞行员英勇献身。8月3日，日军50架战斗机掩护18架轰炸机空袭武汉，被中国空军和苏联空军志愿队飞机在武昌南郊截住，展开激战，击落敌机17架，中国损失飞机6架。除这几次规模较大的空战之外，中国空军还在长沙、南昌、归德等地空战屡获胜绩，并且成功进行一次远征日本本土投撒传单的飞行。中、苏空军的出色表现，有力地打击了骄横不可一世的日军的嚣张气焰，赢得了国内外一致称誉。

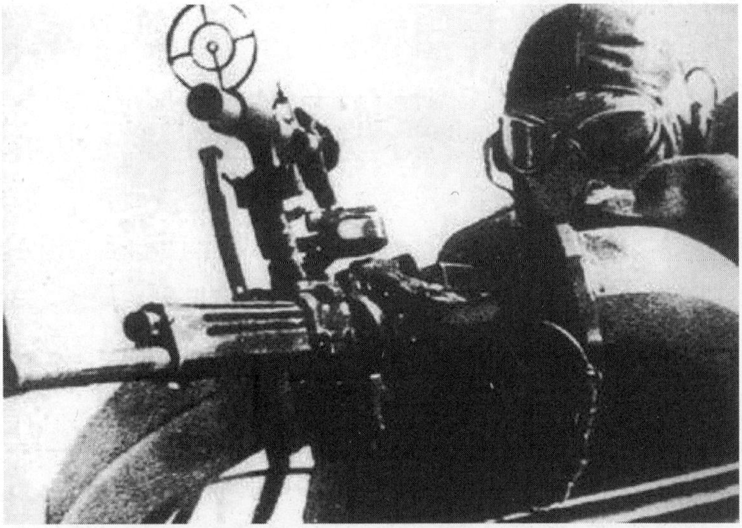

图4-11 向侵犯武汉的日军飞机射击的中国守军

6月1日，日本华中派遣军令第六师团从皖北南下，于13日侵占安庆，拉开武汉会战序幕。7月26日，太湖陷落，日军继续沿太（湖）宿（松）公路两侧分三路向安徽宿松、湖北黄梅进攻。8月2日，宿松失守，中国守军第十军一部退守黄梅独山镇。日军乘势越过皖鄂边界，进入黄梅。8月3日，黄梅县城陷落。中国守军第六十八军转至黄梅西侧丘陵地带后继续阻敌。时值长江洪水暴涨，守军引水将黄梅至广济间公路淹没，阻滞敌猛进势头。黄梅附近战斗历时月余，第六十八军、第八十四军分别在黄梅西南、西北山地与敌鏖战，予敌大量杀伤。中国守军也损失惨重，仅第六十五军就伤亡2600余人。

8月30日拂晓，日军第六师团沿黄（梅）广（济）大道推进，自黄梅西侧向广济发起攻击。这一区域河湖交错，地形起伏，中国守军第四兵团利用天然屏障，顽强阻击日军。驻守广济凤凰山、猫儿山一带的第六十八军，与日军木本联队激战数日后，组织大刀队在大风寨砍死日军300余人。日军在凤凰山阵地施放毒气，中国守军一营官兵全部中毒殉国。第一八六师一个团的官兵扼守县城附近卓马寨阵地，掩护主力转移，顽强奋战三昼夜，陷入重围，全团官兵壮烈牺牲。灵山寨黄岩一带某团官兵因未能及时撤退，与数倍之敌血战竟日，宁死不屈，全部被日军刺死。中国守军在广济与日军激战约30天，虽予敌重创，自身也损失惨重，仅第四兵团就伤亡1.47万人。9月18日，武穴城失守。

9月21日，日军进攻广济田家镇要塞。日军在以30余架飞机对田家镇北中国守军第二军第四师阵地轮番轰炸之后，以数千兵力在飞机大炮掩护下发起地面进攻，第一线阵地守军打退日军十余次进攻，伤亡过半。26日，日军一部在要塞北崔家山登陆，该地守军第二军第五十七师与敌肉搏十余次，损失惨重。28日，日军以78架飞机、100多门大炮轰炸田家镇要塞核心阵地，中国守军龙子育团拼死抵抗，团长龙子育牺牲，全团伤亡惨重。29日，田家镇陷落。

图4-12　武汉保卫战中的中国守军

随后，日军第六师团一路沿广（济）浠（水）公路，一路与海军陆战队协力沿江而进，继续向武汉大举进攻。中国守军第四兵团各部分别向蕲春、浠水、巴河各地转移，继续占领阵地，阻击日军。10月8日，日军志摩支队向蕲春县城及老鸦头、缺齿山进攻。10日，侵占蕲春。16日，中国守军第二十六军撤往阳逻、团风、黄冈，沿江布防，第五十五军撤至上巴河沿线。20日，团风不守。22日，日军一部在黄冈附近登陆，23日突破上巴河阵地，黄冈、阳逻失陷。另一路日军牛岛支队于10月17日进攻广济松阳桥、西河驿，与中国守军3个师激战，夜入七星桥。18日，进占西河驿。19日，日军佐野支队增援牛岛支队，合力攻破界岭阵地。21日，占浠水县城。22日渡巴河，23日入新洲。24日，黄陂陷落，日军进逼武汉。

日军在长江北岸推进的同时，也在长江南岸攻击作战。9月14日，日军第九师团和波田支队在40余艘舰艇和数十架飞机配合下，以猛烈火力进攻湖北阳新富池口镇。中国守军与敌激战十昼夜，后敌施放毒气，守军伤亡惨重。24日，富池口沦陷。随后，日军第九师团与中国守军第二十五军、第五十四军激战鄂东南排市、辛潭铺一线。10月1日，日军窜至瑞（昌）武（宁）公路与南浔铁路之间的万家岭地区，中国守军将敌团团包围，短兵相接，歼敌1万余人，最终使弹尽粮绝的日军第一〇六师团陷入灭顶之灾，除师团长松浦淳六郎率少数残兵败将侥幸逃脱外，几乎全军覆没。

图4-13　中国军队沿江防守

10月2日，排市陷落。6日，日军渡阳新富水，于11日侵占龙港。12日，侵占石尖山、石坑。17日，辛潭铺、三溪口失守。24日，阳新不守。同时，日军一路于10月17日进犯黄石石灰窑，后分三路进攻大冶。21日，大冶陷落。日军即沿鄂（城）武（昌）公路向西进攻。22日，鄂城失守。23日，巴铺失守。24日，葛店陷落，日军逼近武昌。

在长江沿岸战线进入湖北境内之际，日本华中派遣军于8月22日命令第二军向光山、商城一线挺进，企图沿淮河流域西窥信阳，沿平汉路南下和翻越大别山直抵武汉，实施对武汉的战略包围。28日，日军第十师团占六安，第十三师团占霍山。9月11日，第十三师团攻陷富金山后，向商城、麻城一线进犯。16日，日军第十六师团占商城。10月20日，第十六师占领沙窝阵地后，于24日和第十三师团相继越过大别山，进入麻城地区，直抵武汉东北面。

10月24日，武汉岌岌可危。就在这一天，国民党最高军事当局决定放弃武汉，令武汉各机关留守人员全部撤退，蒋介石亦于夜色中飞赴衡阳。25日晨，开始炸毁汉阳兵工厂、汉口机场、大智门车站、原日租界日领事馆以及各处桥梁。同日，日军山炮和飞机轰击岱家山、谌家矶一带，随后地面部队开始猛攻，中国守军第一八五师第五四五旅顽强抵抗。25日夜，日军占领岱家山，进入汉口市区。26日晨，日军波田支队在大堤口和武胜门外登陆，随即占领武昌；午后，第六师团佐野支队开进汉口市区。27日，日军一部从武昌渡江占领汉阳。至此，武汉三镇全部落入敌手。

图4-14 日军侵占武汉

武汉会战是抗日战争中中国投入兵力最多、战线最长、坚持最久、牺牲最大的一次战役，历时5个月，毙伤日军12万人，消耗其物力总值30亿日元以上，使中日战争进入战略相持阶段。

武汉失守以后，战局相对稳定。但由于湖北地处正面战场前沿，又相继进行了随(县)枣(阳)会战、1939年"冬季攻势"、枣(阳)宜(城)会战、反攻宜昌作战、

1943 年春大别山反“扫荡”战、鄂西会战、鄂北战役等大型战役、战斗。

武汉会战以后，长江上游沙市以西一段长江江防和鄂北、豫南、皖东大别山区，划归第五战区。1939 年 4 月，中国各战区发动“四月攻势”，积极袭扰牵制日军。第五战区从东、西两面向平汉铁路南段进攻，第三十一集团军主力移驻枣阳，使日军侧背受到威胁。为解除鄂北、豫南方向中国军队对武汉的威胁，日军华中派遣军向湖北西部随县、枣阳地区发动大规模进攻。5 月，随枣会战开始，日军分两线发起进攻。

第一线：5 月 1 日拂晓，驻钟祥、京山之日军第十六、第十三师团主力和骑兵第四旅，在飞机、坦克掩护下，自钟祥向中国守军第三十一集团军之第三十七、第一八〇师发起进攻。4 日，突破钟祥长寿店后，沿襄河东岸向枣阳突进。6 日，攻占长寿店。7 日，继续向北突进，攻陷张家集、双河阵地。8 日，中日军队在茅茨畈、新集展开激战。10 日，日军攻陷湖阳镇、新野，并向唐河及枣阳东北地区推进。随后，中国守军一部和江防军襄河东部队分别向日军后方进击，收复新野；第一二二师、第一八〇师分别向唐河、樊城以北方向撤退；第三十七师、第三十八师及第一三二师仍固守襄河东岸。

第二线：5 月 2 日，日军第三师团主力自应山向中国守军第十一集团军第八十四军及第十三军发起攻击，双方在塔儿湾、高城一带激战。4 日，日军施放毒气，中国守军伤亡惨重，塔儿湾、高城阵地失守。5 日，日军在飞机、坦克及炮兵火力支援下，与中国守军在高城河两岸及厉山至江家河一线展开血战。6 日，中国守军撤至天河口、高城一线。7 日，随县失陷。8 日，日军突破第八十四军第二线阵地，攻陷枣阳。

随后，为变守势为攻势，第五战区令第三十一集团军会同第一战区第二集团军从豫西南下，将大部分日军反包围于襄东平原地区；第三十三集团军主力向枣阳攻击，其余部队向钟祥日军攻击，牵制其后方。14 日，收复唐河县。16 日，收复桐柏，粉碎日军合围计划。19 日，中国军队经 4 天苦战，予南返日军以重创，收复枣阳。第十一集团军第三十九军奉令化整为零，进入山区分散游击。河东部队及江防军连日发动进攻，袭击日军后方，切断交通，完成任务后于 21 日撤回襄河西岸。22 日，向随县迫进，23 日收复随县。日军退回钟祥、应山等原驻地，恢复战前态势，会战宣告结束。此役毙伤日军 1.3 万余人，中国军队伤亡2万余人。

1939年9月1日,德军入侵波兰,欧洲大战爆发。苏联驻中国顾问团提出,为获英美支持,提高中国国际声誉,牵制日军北进攻击苏联的企图,中国军队应发动一次大规模对日攻势。10月,国民政府军事委员会召开第二次南岳会议,决定投入192个师约148万人,于12月发起"冬季攻势"。冬季攻势的主要目标是击溃日军第十一军,夺回武汉三镇。为此,以第五、第九两战区为主要攻势地区。

11月中旬,军委会向各战区下达作战任务。第五战区的任务是扫荡平汉线南段信阳、武汉间之敌,进取汉口,并向汉宜公路之敌攻击,截断襄(阳)花(园)、汉(口)宜(昌)两公路之交通。第九战区的任务是向粤汉北段正面之敌攻击,向武昌挺进,重点指向蒲圻、咸宁一带,同时攻击南昌及南浔铁路,进击瑞昌、九江之敌。第五战区共辖45个师,总兵力约30万人,战区司令长官李宗仁以30个师用于攻击。其中,张自忠受命指挥第二十九、第三十三集团军和预备兵团第八十四军,共13个师约9万人,攻击驻京(山)钟(祥)公路之日军甲种师团第十三师团,尔后进击汉口。这是第五战区攻势行动的主体,也是"冬季攻势"的重点。

12月12日,随着张自忠一声令下,右翼兵团数万大军一齐向当面之敌发起猛烈攻势。时在第三十八师工作的著名画家潘榭洁兹记述了当时的情景:我们师在罗家陡坡一带,迎着敌人的主力血战了八昼夜。弟兄们冒着风雪在战壕匍匐着,用冻僵了的手指扳着枪机,没有水喝,没有东西吃,啃着雪块和冻硬的黄土,伤亡已达到了可惊的数目,活着的也都疲弱得不能支撑了。但总司令命令:"不准退!"经过八昼夜血战,第三十八师终于攻克罗家陡坡北面的曾家大包。随后,又在王家台子一带杀伤日军1500多人。第九战区也攻克崇阳、靖安等地,并予当面之日军第十一军以沉重打击。

中国军队发动广泛作战的"冬季攻势",给日军以沉重打击。日军为解除威胁,确保武汉,于1940年4月中旬调集第三、第十三、第三十九师团,第六、第四十师团各一部和第十八旅团及特种部队,分别集结于钟祥、随县、信阳等地,采用机动奇袭、两翼包围、分进合击战术,企图将第五战区主力围歼于枣(阳)宜(城)地区。为阻止日军进犯,第五战区调集6个集团军计21个军56个师的兵力,以左、中、右三个兵团分路挺进敌后袭击日军,主力向两翼外线转移,相机与日军决战。枣宜会战分为以枣阳为中心作战和以宜城为中心作战两个阶段。

5月1日，枣宜会战开始。日军由信阳、随县、钟祥分五路进犯，其中一路由随县至枣阳，一路由随县至应山吴家店，一路由钟祥至襄阳双沟。3日，日军攻占长寿店、田家集。4日，向第十一集团军防区进攻。5日，随县高城、安居陷落。6日，由钟祥北进之日军进攻丰乐、张家集，第三十三集团军正面阻敌，第二十九集团军侧击张家集、汪家坝，第四十一军协同堵击。7日，日军窜至枣阳张家店和襄阳双沟，唐河之日军亦向枣阳方面转进，枣阳南路之日军已抵吴家店、随阳店。8日，枣阳陷落，中国守军第一七三师奋勇突围，师长钟毅殉国，官兵多壮烈牺牲。

此时，日军主力在襄阳东、唐河白河一线会合，对中国守军形成包围态势，然中国守军已转移外线，致敌扑空，并以第二军、第三十一集团军及第九十二军由北向南，第三十三、第二十九两集团军由南向北，以第九十四军出汉宜公路深入京山、皂市、应城、云梦等地攻击敌之后方联络，将敌约4个师团包围于襄东平原，予以痛击。11日，日军伤亡甚重，陆续东逃，中国守军跟踪追击，毙敌数千。16日，中国守军克复枣阳。第三十三集团军总司令张自忠亲率特务营至宜城南瓜店附近截击由北南窜日军，因敌反援，众寡悬殊，弹尽援绝，张自忠将军壮烈殉国。

图4-15 张自忠

5月底，会战进入第二阶段。5月31日，日军由宜城经襄阳欧家庙突过襄河西岸，向襄樊进犯。6月1日，襄阳陷落。2日，中国空军飞至宜城北明正店与襄阳欧家庙一带助战。3日，宜城、南漳陷落，中国守军克枣阳、襄阳，主力仍在南漳附近与敌鏖战。4日，日军放弃南漳，大举南窜，由钟祥旧口、荆门沙洋强渡襄河，与襄阳南下之敌会合，向中国江防军进击。第二集团军与第三十一集团军分途尾追南下之日军。5日，中国守军放弃沙洋。是日，陈诚到达宜昌，负责指挥宜昌战事。6日，荆门陷落。7日，江陵失守。9日，沙市陷落。10日，远安失守，宜都古老背、当阳等地相继陷落，宜昌遭敌围攻。12日，宜昌沦陷。13日，敌我在当阳、宜昌鸦雀岭一带激战。15日，中国守军向宜昌外围要地攻击。16日，在镇境山与敌争夺，双方伤亡均重。18日，中国守军已将当阳、荆门交通截断，并猛攻荆门，敌主力仍聚集于当阳等地固守。中国守军则采取外线作战，于江陵、当阳、钟祥、随县以迄信阳之线，对敌形成包围，会战遂告结束。是役中国守军伤亡 10.4 万人，日军伤亡 2.5 万人。

1941 年 9 月 18 日，长沙会战打响。22 日，国民政府军委会命令第六战区趁日军向湖南侵犯之机，乘虚收复宜昌，支援湖南作战。陈诚接令即进行策划，23 日制定反攻宜昌作战方案，作具体部署。28 日战斗打响。后来，陈诚在《策应长沙之荆宜攻势》中记述了当时的情形："自 9 月 28 日发动攻势之后，战斗情形如下：(一)第二十集团军方面：28 日，赵师并附洞庭支队进攻白螺矶，威胁岳(阳)临(湘)之敌。10 月 5 日晨，攻克五家台，进入白螺矶市区，毁敌机数架。第八军向沙宜间之敌攻击，破坏敌公路、车辆甚多。3 日，攻克砖桥。6 日、7 日，攻克鲁家店、毛家店。7 日、8 日，第七十三军一部冲入鸦鹊岭、安福寺，同时进攻枣儿岭。(二)江防军方面：30 日，开始攻击。10 月 1 日、2 日，第二军先后进攻滑石垸、谭家台子，并组织奋勇队攻击葛洲坝，将该地伪警察完全解决。3 日，攻克小溪塔、茶店子。6 日，进攻东山寺附近各据点。8 日晨，一部突入宜昌城内。嗣后遭敌投掷毒气，伤亡甚众，遂退出。(三)第二十六集团军方面：29 日开始攻击。10 月 2 日，第三十二军进攻马鞍山，并围攻凤凰观。5 日、6 日，进攻吴家大包、丰宝山、土门垭等据点。30 日，第七十五军攻克仙人岩，并进攻东烟墩堡、双莲寺等处，于 10 月 3 日进入鸦鹊岭东北之王家店，与当阳西进之敌激战。5 日，第三十九军进攻当阳西之茶店子，断敌之后路。(四)第三十三集团军方面：28 日，开始进攻。29 日，第五十九军进攻三陡坡、团山寺。10 月 1 日，袭击荆门南掇刀石机场，续向沙洋进攻。8 日，第七十七军以一部进攻胡家集、桐木岭，阻敌西犯。此次参加反攻之部队，多因敌凭据工事死守，牺牲重大。我因长沙方面之作战已圆满告一段落，策应之目的已达，于 11 日午后开始复原，以第一线部队向敌猛攻，掩护宜昌东侧部队向北转移，其余在敌后各部队仍继续活动，破坏敌之交通。于 12 日晚，先后恢复攻击前之态势。"是役历时半月，日军伤亡 3600 余人，中国守军亦付出相当代价。

1942 年 12 月初，日军在平汉线北段和陇海路东段频繁调动，扬言要"打通平汉线"，第五战区积极备战。12 月 18 日，日军第十一军司令官冢田攻中将乘坐的军用飞机在太湖田家滩附近筋竹冲被中国守军第一三八师高炮部队击落，机上9人全部丧生。19日，日军即分三路“扫荡”大别山，第六十八师团由蕲春经黄梅进犯太湖，第一一六师团一部由安庆西攻潜山，第三师团分由宋埠、浠水进攻罗田。前两路负责寻找冢田攻的尸体并牵制中国守军第四十八军，后一路则作为主攻，以期击溃中国守军第三十九军直取立煌。中旬，第五战区命令第二十一集团军进行反“扫荡”作战。23日，第三十九军暂第五十一师从黄安七里坪向麻城东山急进，准备攻打宋埠。当晚，日军7000余人在求孙埠袭击暂第五十一师先遣连后顺河西下，在老塘瓮、测龙潭截击暂第五十一师后续部队两个团。双方激战数小时，中国军队寡不敌众，全军覆灭。26日上午，日军在5架飞机配合下，分三路合围罗田县城。第五十六师和县自卫队顽强阻击，战至傍晚，县城沦陷。30日，第三十九军军部驻地滕家堡陷于敌手。第五战区反“扫荡”作战结束。

1943年初，日军在太平洋战场节节退守。日军为早日从中国战场抽兵投入太平洋战场，决定加紧中国战场作战，其进攻方向直指扼守入川通道、拱卫陪都重庆的鄂西地区。为此，华中日军第十一军集结第三、第十三、第三十师团及第三十四、第四十、第五十八、第六十八师团各一部，共10万兵力及100多架飞机，分左、中、右三路向鄂西进攻。左路由华容、石首、藕池口西进，右路由宜昌溯江而上，中路经枝江、宜都、长阳西进。针对日军作战部署，驻守鄂西的中国守军第六战区迅速部署兵力：以第二十九集团军固守安乡、公安一线，以第十集团军固守公安、枝江一线，以江防军固守宜都与石牌之间的阵地，以第二十六集团军第七十五军和第三十三集团军第七十七、第五十九军固守三游洞与转斗湾之间阵地。时兼任中国远征军总司令的第六战区司令长官陈诚从昆明回恩施，亲自指挥鄂西会战。

5月5日晨，各路日军在大批飞机配合下，分向第六战区各前沿阵地发起攻击，拉开鄂西会战序幕。自5日起，日军第三师团和第三十四、第四十师团各一部由华容、石首、藕池口向西南突进，中国守军江防军第七十三军正面迎敌，将日军阻止在湘北新安、大堰一带。日军第十三师团一部由弥陀寺向斑竹垱、新江口进击，中国守军第十集团军第八十七军奋力抵抗后被迫西移。日军第十三师团主力由枝江、洋溪强渡长江，被中国守军第十集团军第九十四军和江防军第八十六军阻于茶园寺、刘家场和暖水街附近。12日晨，日军第三师团由东港向中国守军第八十七军第十一师白洋堤、汪家嘴阵地进攻。傍晚，日军第十三师团在枝江镇、石牌之间与中国守军第九十四军第五十五师展开激战。夜8时，日军第三师团在飞机支援下突破白洋堤阵地，并乘势向西急进。与此同时，日军野沟支队从董市西南强渡至长江南岸，攻占洋溪。日军三路并进，守军被迫后撤。至13日晚，日军第三师团攻占孟溪寺、杉木铺，第十集团军右翼之第八十七军受到严重打击，尤以第一一八师伤亡最大。其余各师在日军猛攻下，全部撤至西斋、大堰垱以西地区。左翼第九十四军在日军第十三师团及野沟支队猛攻下节节败退，第五十五师与集团军失去联系，第十集团军处于南北交迫的危境之中。14日，日军第三师团一部占领公安。15日，在日军南北夹击下，第十集团军各部均西退至暖水街和刘家场、茶园寺以西。17日，日军第三师团包围松滋。18日拂晓，占领松滋。

日军在重创第十集团军后即转而向北进攻，企图从南北方向以钳形攻势捕歼第六战区江防军主力于石牌、清江之间。17日晚，日军第十一军命令：第三师团于19日在茶园寺附近集结，20日进入全福冲和渔洋关附近一线；野沟支队在枝江南方地区集结；独立混成第十七旅团于19日从公安附近出发，占领大堰垱西南方高地一带，佯装进攻常德，同时在军主力对宜昌西方地区作战时，担任后方掩护。第六战区则命令第十集团军在现地实施持久战，置重点于左翼，确保聂家河、仁和坪、子良坪一线；以江防军确保石牌要塞，右翼与第十集团军切取联络；第六十七师脱离第十集团军指挥，归还江防军第八十六军建制。19日凌晨，日军第十三师团及独立混成第十七旅团首先行动。第十三师团分两路从暖水街、刘家场向皮家冲、三溪口中国守军第四十三师及第一二一师阵地进攻，迅速突破第一线阵地，20日进至子良坪、仁和坪一线。第十七旅团由公安出发，在王家厂击退中国守军新二十三师警戒部队，主力佯攻常德，掩护其进攻部队展开和保障其南翼安全。21日晨，日军第三师团、第十三师团分由茶园寺、仁和坪、牯牛岭附近向正面中国守军暂第三十五师、第一二一师及第一一八师王家畈、曾家坪等处阵地进攻。22日晚，第三师团渡过渔洋河，占领聂家河、磨市。第十三师团进至渔洋河南岸，占领渔洋关。与此同时，野沟支队与伪第二十九师协同攻占宜都。第三十九师团从云池附近渡过长江，进至汪家棚地区。23日拂晓，日军第三十九师团、第三师团和第十三师团均集中全力，分由汪家棚、磨市、渔洋关附近地区向第十集团军及江防军展开全线攻击。中国守军虽经奋力阻击,终因力不从心,被迫逐次转移。24 日,日军第三十九师团进抵西流溪,第三师团攻占长阳,第十三师团攻占都镇湾。26 日、27 日,日军依然连续发起猛攻。江防军方面战况激烈,第一三九、第六十七、第五、第十八师阵地正面尤为惨烈,日军伤亡极大。由于日军炮火轰击和飞机轮番轰炸,中国守军阵地多被摧毁,也伤亡极大。27 日夜,江防军向三汊河、木桥溪、曹家畈、石牌一线撤退。日军控制下的船舶约 50 余艘从宜昌附近出发,经沙市、监利驶向武汉。28 日、29 日,中国守军均按命令撤向规定阵地,日军继续进攻。

31 日,第六战区发起全面反攻,第十集团军第八十七军向宜都聂家河、长阳磨市一线截击,第九十四军主力向都镇湾、磨市攻击,暂第三十五师和第一二一师攻占天柱山、两河口后分向鄢家沱、红花套和长阳城、津洋口反击,江防军则分别从高家堰、落步垱、大桥边、红花套反击。同时,中美空军以大编队机群投入反攻,夺取和掌握制空权。各路日军被迫全线东撤,中国守军乘胜追击,至 6 月 11 日,先后收复宜都、枝江、松滋、公安等地,恢复战前态势。至此,鄂西会战结束,是役毙伤日军 2.5 万人。

1945 年上半年,已经穷途末路的日军不甘心失败,仍作垂死挣扎。1 月 29 日,日军中国派遣军总司令官冈村宁次在南京召开军事会议,根据日本大本营提出的作战方针,调整中国派遣军部署,决定进行老河口、芷江战役,以便继续摧毁中国国民政府的作战能力,以完成在华中、华南对美作战的准备。同日,冈村宁次下达进攻老河口命令,令华北方面司令官尽快占领湖北老河口空军基地,并解除豫西中国军队对平汉路南段的威胁。华北方面司令官鹰森孝即令第十二军所属之第一一〇、一一五师团、坦克第三师团、骑兵第四旅团及步兵第十一旅团向豫西、鄂北发动进攻。3 月 22 日,日军由鲁山、叶县、舞阳及沙口地区分兵三路向南阳及老河口进犯。第一、第五战区按照军事委员会命令,除留一部兵力防守外,主力向湍河以西转移。27 日,日军攻占老河口、邓县。28 日,攻占内乡。30 日,南阳落入敌手。接着,淅川、西峡口、老河口等地纷纷失守。23 日,日军第三十九师团主力及独立步兵第五旅团、第十一旅团,由荆门北犯,攻占宜城、南漳。29 日、30 日,攻陷襄阳、樊城。另一路西犯谷城,策应老河口作战。从 4 月 2 日起,中国守军开始反攻。12 日,向光化、老河口日军实施反击,将其赶出该地。16

日、18日,收复襄阳、宜城及樊城,襄河以西恢复战前状态。

武汉沦陷以后,在武汉外围的英山、罗田和麻城、黄安北部的国民革命军第二十一集团军廖磊部,在通山、通城、崇阳的第三十集团军,在江汉地区的第一二八师王劲哉部,以及敌后国民党各区县政府领导的地方游击武装,也开展了一些抗日武装斗争。

湖北地区正面战场抗战,使湖北正面战场格局一直维持到抗战结束,不仅打乱了日本帝国主义的侵略计划,支援了世界反法西斯战争,还与东方乃至世界反法西斯战争连成一体,为夺取世界反法西斯战争的最后胜利作出了重大贡献。

三、敌后抗战

中国抗日战争是在中国共产党倡导的抗日民族统一战线旗帜下,以国共两党合作为基础,工农商学兵各界和各族人民、各民主党派、抗日团体、社会各阶层爱国人士和海外侨胞广泛参加的全民族抗战。一开始就分为正面和敌后两个战场。敌后抗战即在日伪占领区内发动和坚持的抗日战争。中共组织的恢复与重建是开展敌后抗战的前提与基础。

抗战全面爆发时,湖北境内在鄂豫皖边、鄂豫陕边、湘鄂赣边还保存有中共组织。他们在长期与中共中央失去联系的情况下,领导红军游击队坚持着极其艰苦的斗争。第二次国共合作、抗日民族统一战线形成以后,他们开始走出游击根据地,寻找上级党组织,要求尽快走上抗日战场。他们派出代表到延安向中央汇报,中央也派出得力干部分赴各地,恢复与重建中共组织,聚集抗日力量。

在周恩来、董必武等领导下,武汉外围地区中共组织逐步恢复与重建。1937年10月底,中共湖北省工作委员会成立,郭述申任书记。12月,省工委召开第一次扩大会议,决定成立中共湖北省临时委员会,郭述申任书记。临时省委成立后,即采取开办抗日干部培训班和党员培训班等形式,恢复和建立党的地方组织。汤池训练班、七里坪训练班的创办,奠定了鄂中、鄂东敌后抗日游击战争发动的基础,使其成为发展湖北敌后抗战的战略支点。

图 4-16 七里坪训练班旧址

图 4-17 陶铸主持汤池训练班时与夫人曾志留影

中共湖北省工委、临时省委在积极创办各种训练班的同时，还派党员领导干部深入工厂、学校，一面组织领导群众开展抗日救亡运动，一面在斗争中考察、培养和发展新党员，建立党的基层组织，使中共组织在湖北得到迅速发展。到 1938 年 4 月，临时省委已辖武昌、硚(口)(汉)阳、汉口 3 个区委，黄冈、鄂南、鄂中 3 个中心县委，鄂西、鄂北 2 个工委，沔阳、崇阳 2 个特别支部。此外，还在青年救国会总团部、青年救亡协会、抗战教育研究会、社会科学座谈会、孩子剧团、妇女战时工作团总团、乡村工作促进会等群众团体中建立党团组织。至此,全省已有党员1122名。

1938年6月,中共湖北省临时委员会召开第二次扩大会议,决定成立中共湖北省委员会,郭述申任书记。同时,决定成立中共鄂东特别委员会、中共鄂南特别委员会、中共鄂中特别委员会和中共鄂西、鄂北2个中心县委,向每一地区增派干部,推动党的工作进一步向农村发展。10月武汉沦陷前夕,中共湖北省委已辖3个特委、2个中心县委和汉口区委、黄陂特别支部等基层组织,共3330名党员。

中共湖北地方组织的迅速恢复和重建,为湖北抗日救亡运动和敌后抗日游击战争的开展,奠定了组织基础,准备了大批领导骨干。当日军向武汉逼近时,省委立即派出一批干部到武汉周围加强领导,开展工作。如杨学诚、陶铸到鄂中,方毅到鄂东,何功伟、刘青到鄂南,张执一到鄂北。他们到达以后,即迅速进行抗日游击战争准备,在鄂中、鄂东、鄂南等地点燃抗日武装斗争的星星之火。

就在这时,后来成为湖北敌后抗战主要领导者的李先念,由毛泽东亲自安排来到中原。李先念,1909年出生于湖北黄安(今红安)一个贫农家庭,上过3年私塾,当过木工。1926年投身革命,1927年加入中国共产党,曾领导家乡农民参加黄麻起义。1931年后任红四方面军团政治委员、师政治委员、军政治委员,为创建鄂豫皖和川陕革命根据地作出了贡献。1935年6月,率红四方面军先头部队攻克四川懋功,实现红一、四方面军胜利会师。1936年随红四方面军一部(后组成西路军)在甘肃渡黄河西进。1937年率西路军余部在极其困难的情况下转战到新疆,同年底到达延安。1938年12月到达中原以后,任中共豫鄂边区委员会军事部部长、军事委员会副主任。

1939年1月17日,李先念率新四军豫鄂独立游击大队160余人从河南竹沟南下,执行中共中央赋予的开创武汉外围敌后抗日根据地的战略任务。

5月中旬,根据中原局指示,李先念将新四军豫鄂独立游击大队与湖北抗日游击大队许金彪部、应山县中共组织领导的抗日武装等合编为新四军挺进团,由许金彪任团长、周志坚任政治委员。6月初,中共豫鄂边区委员会组织部长陈少敏从豫南竹沟南下,抵达鄂中安陆赵家棚与李先念会合,所率干部及武装人员

200 余人编入新四军挺进团。

图 4-18 李先念率队南下鄂豫边

6 月中旬，中共鄂中区委员会遵照中共中央中原局指示在京山养马畈召开党委扩大会议，李先念、陈少敏传达中共六届六中全会精神和中原局关于鄂中抗日武装整编与扩大等问题的指示。会议按照中原局决定，组建新的中共鄂中区委员会，由陈少敏任书记、李先念任军事部长。会议还决定将中共领导的豫南、鄂中抗日武装统一整编为新四军豫鄂独立游击支队，由李先念任司令员、陈少敏兼政治委员（不久由陶铸代理），下辖 5 个团队共 5000 余人。

新四军豫鄂独立游击支队一成立，就在李先念指挥下挥师四出，驰骋在鄂中、豫南敌后，积极打击日伪，发展与巩固自身力量。6 月，李先念率支队第一团队向东挺进，在孝感杨家河、沙子岗歼灭伪军胡翼武部 200 余人。第一团队与第三团队配合，进击应城魏家河伪军马筱甫部，毙伤伪军副团长以下 20 余人。7 月 23 日，争取安陆县青龙潭伪军周叔屏部 300 人反正，将其改编为第一团队第三大队。8 月 2 日，第一团队又在花园至安陆公路的憨山寺附近伏击日军车队。4 日，在安陆赵家棚地区粉碎 1000 余日伪军的报复“扫荡”。9 月初，第四团队与中共领导的汉阳县国民自卫队第五中队会合，攻入蔡甸镇，痛击伪和平救国军第九十二师熊光部，俘伪军 200 余人，缴枪 100 余支。中旬，再攻蔡甸，又歼伪军 200 余人。21 日，第一团队、第三团队配合应城县抗日游击队第一支队，向李又唐部发起进攻,缴步枪千余支,收编李部溃散部队1000余人。10月13日,第一团队、第二团队第二大队在京山新街与600余日伪军竟日激战,毙伤日伪军180余人,缴获大量军用物资。同月,第四团队在汉川汈汊湖舒家桥歼灭顽伪合流的土匪武装200余人,处决匪首岑鹏。此外,新四军游击第六大队和独立游击第五大队两个中队配合,于7月7日夜袭孝感杜涂垸伪中国人民自卫军独立第二十五师赵光荣部,俘伪旅长以下官兵200余人。

在此期间,国民党顽固派在鄂豫边区相继制造"夏家山惨案"、"竹沟惨案",表明边区的反共高潮已经开始。而边区自养马畈会议以后,豫南和鄂中地区中共所领导的抗日武装虽然实现统一,但豫南地区的独立游击支队第二团队、信南第三团队、第五团队更多还是受中共豫鄂边区委员会领导,而鄂中地区的第一团队、第三团队、第四团队和挺进团,则主要受中共鄂中区委员会领导,活动在鄂东地区的新四军游击第六大队和独立游击第五大队,原属中共豫鄂皖区委员会领导,自区党委被迫从安徽金寨县撤离后,实际上接受中共豫鄂边区委员会和鄂中区委员会双重领导,中共鄂东地委和罗礼陂孝中心县委也主要接受中共豫鄂边区委员会领导。这种不完全统一的党组织和抗日武装,难以应付日益严重的武装斗争形势和更广泛地开展敌后抗战。

11月中旬,鄂中、鄂东、豫南中共组织负责人在四望山举行会议,决定成立新的中共豫鄂边区委员会,统一领导原鄂豫皖、鄂豫边区、鄂中区党委所属的鄂中、鄂东、豫南等地党的工作,并将这3个地区的抗日武装力量统一整编为新四军豫鄂挺进纵队,以实现豫南、鄂中、鄂东地区党和军队的全面统一。12月中旬,新的中共豫鄂边区委员会在京山八字门组建完成,由郑位三、陈少敏、李先念、陶铸、任质斌、杨学诚、夏忠武、吴祖贻、刘子厚、程坦、葛启卜(1940年6月脱党)等委员组成。中原局委员郑位三任书记,陈少敏任副书记,李先念任军事部长,杨学诚任组织部长,夏忠武任宣传部长,陶铸任统战部长,吴祖贻任民运部长,葛启卜任秘书长。郑位三在皖西根据地染病未能到职,区党委书记由陈少敏代理。葛启卜也未到职,秘书长由新到达边区的原鄂西北区党委书记王翰担任。后来又陆续增补王翰、刘少卿、郑绍文、陈秀山、文敏生等为边区党委委员,顾大椿、刘慈恺为候补委员。

图 4-19　中央鄂豫边区委员会成立地——京山八字门

图 4-20　左起：朱理治、郑绍文、陈少敏、刘少卿、李先念

1940 年 1 月，中共豫鄂边区委员会完成对各地武装力量整编，组建新四军豫鄂挺进纵队。挺进纵队辖 5 个团队、3 个总队及随营军事学校，共 9000 余人。由李先念任司令员、朱理治任政治委员（3 月去延安，由任质斌代理）、刘少卿任参谋长、任质斌任政治部主任。同时，由边区党委和挺进纵队主要领导干部朱理治、李先念、陈少敏、任质斌、刘少卿等组成豫鄂边区军政委员会，统一领导全区党政军民工作。

图 4-21　新四军豫鄂挺进纵队在行军途中

新四军豫鄂挺进纵队的建立,实现了中共在豫南、鄂中、鄂东三个地区对所掌握武装力量的统一领导、统一编组、统一指挥。豫鄂挺进纵队建立后,即主动向鄂中地区日伪军发起攻击,粉碎日伪军“扫荡”,取得一个又一个胜利,开创武汉外围抗战新局面。1940 年 2 月初,第四团队在天(门)西赖兴场与 1000 余合围日军肉搏奋战,后胜利突围。中旬,第二、第四、第五团队南渡襄河,进攻汉阳侏儒山伪军汪步青部,毙伪营长以下官兵 100 余人,俘 20 余人。新四军兵临武汉西大门,华中日军大为震惊,宣布武汉戒严 3 天。3 月,第二团队在安陆赵家棚、吴家店一带击败 300 余日军“扫荡”后,又粉碎日军对京(山)安(陆)大山头、红和店、桑树店等地的“扫荡”。5 月,枣宜会战开始。为配合国民党军夹击日军,挺进纵队回师平汉路西,在随(县)枣(阳)、京(山)安(陆)一带广泛出击日军,袭击或攻克日军据点 20 多处,毙伤日伪军 500 余人,破坏公路 100 余公里。6 月 22 日,挺进纵队攻克鄂中交通枢纽京(山)北平坝镇,歼伪军丁巨川、谢占奎部,清除大山头与白兆山之间障碍,切断安陆县城日军与三阳店据点之间联系,对周围日军据点造成严重威胁。随后,日军三次出兵企图夺取平坝,均被击退,挺进纵队取得平坝三战三捷,巩固和扩大了以白兆山为中心的平汉路西根据地。8 月,第六团队第三营进军襄(河)西,在钟祥游击队等配合下,击溃伪军周良玉部。9 月初,又奔袭荆(门)南通敌反共武装左墨香部。至 1940 年底,豫鄂挺进纵队先后对日伪军作战200余次，毙日军610人、伪军1250人，争取伪军反正5000余人。

图4-22 新四军第五师诞生地——随县九口堰

1941年1月，国民党顽固派制造震惊中外的“皖南事变”，宣布取消新四军番号。1月20日，中共中央发布重建新四军军部命令，任命陈毅为代军长，刘少奇为政治委员，统一组编华中部队为7个师、1个独立旅。转战在武汉外围敌后战场的新四军豫鄂挺进纵队组编为新四军第五师，辖第十三、第十四、第十五旅和第一、第二游击纵队及边区党委警卫团共15300余人，由李先念任师长暂兼政治委员、任质斌任政治部主任（后代理政治委员）、刘少卿任参谋长、王翰任政治部副主任。4月5日，全师组建完毕，李先念率全体将士通电就职。10日，新四军第五师一律使用新番号。新四军第五师的建成，标志武汉外围敌后抗战走上新的阶段。新四军第五师在边区人民支持下，逐步成长为日益正规化的兵团，军事政治素质日益提高，不仅善于进行灵活的游击战，而且能进行较大规模的运动战，成为湖北地区坚持抗战、坚持抗日民族统一战线的坚强人民武装。

新四军第五师成立后，即在李先念率领下顽强坚持中原地区抗日游击战争。1941年2月上旬，日伪军5000余人“扫荡”襄西抗日根据地石碑地区，襄西抗日武装灵活跳出包围圈，在日军侧后袭击周家集日伪据点，歼灭日军1个小队、伪军1个中队，粉碎日伪军“扫荡”。5月11日，日伪军3000余人“扫荡”安陆抗日

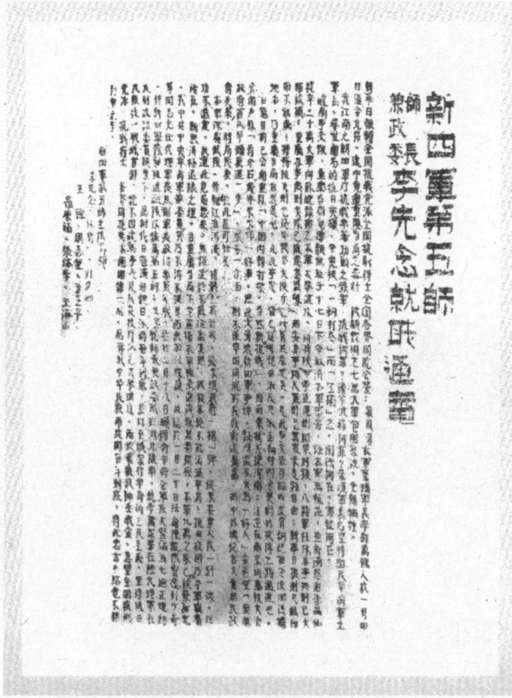

新四軍第五師
師長兼政委李先念就職通電

图 4-23　李先念就职通电

图 4-24　日军“扫荡”鄂豫边根据地纵火烧毁的民房

根据地，新四军第五师部队迅速转移至外线，在敌周围分散袭扰。下旬，第十三旅第三十七团在鄂中地方武装配合下，袭击云梦县城和平汉铁路上的花园车站，并掩护群众破坏安陆至云梦公路。第三十八团一部深入汉川、孝感地区，破坏日军后方交通，袭击日军在襄河上的运输船只。6月29日，第三十七团袭击安陆烟墩日军据点，毙日军小队长以下20余人，俘日军3名。7月10日，在应城、云梦两县地方武装配合下，袭击巡店日军据点，毙伤日军30余人。8月8日，第十三旅集中主力和汉孝陂手枪队，在师警卫部队1个连及当地群众配合下，夜袭孝感县城，全歼日军宣抚班，毙伤伪军40余人，生俘8人，烧毁汽车10余辆，并打开敌人盐仓货仓，掩护群众运出大批食盐、布匹。12日，日军约1个旅团兵力在飞机、汽艇配合下，对汉孝陂地区进行报复性"扫荡"，第五师部队与其周旋十余天，粉碎日军"扫荡"。7月、11月，日伪军3000余人两次"扫荡"鄂东(黄)陂(黄)安南地区，在该地区活动的第五师第十四旅第四十团在当地群众支持下，积极开展反"扫荡"作战，致使日伪军一日数惊而无奈撤退，取得反"扫荡"胜利。同年冬，新四军第五师集中一部兵力发起侏儒山战役，痛歼伪定国军第一师汪步青部。整个战役历时近两个月，共歼伪军5000余人，毙伤日军200余人，控制侏儒山及其附近地区，进一步扩大了鄂豫边区抗日根据地。侏儒山战役因此成为抗日战争时期敌后战场16大著名战役之一。

图4-25　新四军第五师在侏儒山战役中俘虏的伪军

图 4-26 新四军第五师第四十三团殉国烈士纪念碑

1942 年 5 月，日军开始进攻浙赣线。为牵制日军进攻，新四军第五师一部进军鄂南，创建以大幕山为中心的鄂南游击根据地，直接威胁粤汉铁路安全。日伪军趁机对鄂东、襄西以及京山、天门、汉川、云梦、应城等五师活动地区进行更为频繁的“扫荡”，仍均被五师部队粉碎。其中规模最大的是 12 月中旬对大、小悟山的“扫荡”。12 月 16 日，日军第三师团、第五十八师团第四十三联队和伪第十四军第十一师李太平部共 10000 余人，附炮 80 余门，分 14 路向大、小悟山抗日根据地进逼，并严密封锁平汉铁路和山口。新四军第五师领导机关和部队趁各路敌军尚在运动之际，于黄昏后分路向平汉路西和陂安南等地区突围，17 日拂晓胜利突出重围，转到外线作战。第三十七团和第四十五团 1 个营留在内线坚持战斗，始而节节抗击，继而分散游击，不断杀伤和袭扰敌人。接着，第三十七团一部跳出包围圈，袭入敌夏店据点。第五师第一、第二军分区地方武装也向平汉铁路、河汉公路上日伪军据点袭扰。敌在合围扑空、据点受袭的情况下，于 17 日晚退出大、小悟山地区。18 日，新四军第五师机关部队安然返回大、小悟山。此次作战，共毙伤日伪军 200 余人。

1942 年，新四军第五师在粉碎日伪频繁“扫荡”、“清乡”、“蚕食”的同时，还粉碎国民党顽固派发动的持续 8 个月的反共高潮，度过抗日战争最艰难的岁月，开创了部队、根据地齐发展的局面。第五师由 1.5 万余人发展到 2.35 万人，鄂豫边区根据地除坚持鄂中、豫南外，又先后发展鄂东、鄂皖边、鄂南和襄西，总人口达 473.5 万余人，逐步成为武汉外围抗战的中流砥柱。

1943 年，新四军第五师进入大发展时期，仍十分频繁地对日伪军作战。2 月，日军进犯襄南。驻守襄南的国民党军第一二八师被歼，其第二游击纵队投敌，襄南沦陷。为牵制日军、配合正面战场作战和实现战略包围武汉的战略目

图 4-27 郑位三(中)、李先念(右)、陈少敏(左)合影

标,第五师进军襄南。3 月,第五师第十五旅和第三军分区部队与日伪军连续作战,皆获胜利。6 月 7 日,又攻克襄南重镇熊口,解放潜江以西、以南广大地区。与此同时,第五师部队还俘虏、瓦解、收编伪军和游杂武装近 4000 人,在襄西新组第三十、第三十一、第三十二团。7 月,第五师部队共对日伪军作战 309 次,毙伤俘日伪军 2600 余人,其中主动袭击、伏击、破坏和攻克日伪军据点的作战就有 283 次。8 月,开辟洪湖抗日游击根据地。9 月,进抵江陵、枝江、当阳交界地区,开展敌后抗日游击战争。11 月上旬,日军发动常德战役。第五师为牵制日军,令第三军分区派部挺进洞庭湖滨,开辟石(首)公(安)华(容)根据地,从而完成对武汉的战略包围。此时,中共中央华中局派郑位三到鄂豫边区指导工作。12 月,第五师进军襄西,组建第三十三团,恢复襄西根据地。至年底,新四军第五师发展到近 4 万人枪,边区所辖地区扩大到 51 个县,拥有人口 1020 余万,发展成地跨鄂、豫、皖、湘、赣 5 省边界的战略区。

1944 年,新四军第五师又根据抗日战争发展进程和中共中央指示方针,展开局部攻势作战,取得新的成绩。自 1 月起,日伪军对边区发起分区"扫荡"作战,第五师部队奋起反击。3 月中旬,第三军分区主力配合县、区武装,向进占周老嘴的伪军进行反击。经 8 小时激战,歼伪暂编陆军第六师金亦吾部特务旅大部,击毙伪副旅长,收复周老嘴。4 月 25 日,第十三旅第三十七团 1 个营在胡家河口顽强阻击自花园、小河口向大悟山“扫荡”的日军，激战终日，毙伤日军近百人，迫使“扫荡”之敌撤回。5月23日，第一、第四军分区各1个主力团，在陂安南地方武装配合下，在黄安龙王山地区打击由麻城宋埠出扰的2000余日伪军，经一日战斗，毙伤日伪军90余名，俘日军顾问、伪军营长以下32名，乘胜收复李家集。6月，第三军分区部队多次出击，歼伪暂编第六师一部，攻克潜江龙湾、石首横堤等据点。第二军分区部队袭击云梦伍洛寺，歼灭伪军师部。鄂南地方武装夜袭武汉近郊青山机场，毙伤日伪军30余人，迫使日伪机场停建。8月，第三军分区部队在当地民兵配合下，围攻监利汪家桥新设日伪军据点，迫使日伪军100余人撤走。9月5日，又在沔阳管家棚地区进攻伪定国军残部，俘其副军长汪步青、参谋长张维藩以下20余人。12月，第二、第三军分区部队又攻克李店、同兴店等据点，袭击长堖垸据点。

1945年1月，王震、王首道等率八路军第三五九旅南下支队与新四军第五师会合，带来中共中央和毛泽东关于发展的指示，中共鄂豫边区委员会再次统一“以发展为主”的指导思想。随后，新四军第五师部队北上南下，积极向两翼发展，收复失地，迎来全民族抗战的最后胜利。2月，第三军分区即以石（首）公（安）华（容）为依托，开展创立以洞庭湖为中心的湘北、鄂西根据地的工作，歼灭盘踞该地区的伪军300余人，把根据地推进到华容桃花山、公安藕池口及石首调关、焦山河一带。3月，日军发动豫西、鄂北战役。第五师为牵制日军，配合正面战场作战，挺进豫西南，恢复白兆山、四望山抗日根据地。同时，配合八路军第三五九旅南下支队进军鄂南、挺进湘北，进行阳新三溪口、通山大田畈、崇阳背陈港等战斗。4月，第四十团和鄂南地方武装配合南下支队，在通山、崇阳地区拔除杨林铺、大汉湖、毛家铺等日伪据点，歼伪和平救国军第一师，俘其官兵600余人。5月，第四十团又在武昌保福寺、舒家窑全歼伪别动军1个大队。6月初，第四十一团配合鄂南地方武装，反击伪别动军对樊湖、梁子湖、鄂城黄沙铺等地进攻。中旬，第三军分区派主力一部南渡长江，挺进嘉（鱼）蒲（圻）临（湘）地区，形成对岳阳日军的威逼之势。下旬，八路军第三五九旅南下支队主力一部在通山山口铺，击溃从咸宁、通山、崇阳出动的合围之敌，歼灭日伪军200余人。

图 4-28 八路军三五九旅南下支队与新四军第五师会师现场

在整个抗日战争时期，新四军第五师在鄂豫皖湘赣边区人民大力支持下，先后抗击 15 万日军和 8 万多伪军，对日伪主要战斗 1262 次，毙伤俘日伪军和日伪投诚反正共 43772 人。第五师和地方武装发展到 5 万余人，民兵达 30 余万人，成为新四军 7 个师中人枪最多的一支部队，因而被中共中央华中局、新四军军部誉为"发展第一，独立工作第一"的部队。

四、边区建设

新四军第五师在中原地区创建的以湖北为主体的鄂豫边区抗日民主根据地，是全国 19 大抗日根据地之一。鄂豫边区的各项建设都具有显著特点。

首先是政权建设。1940 年 3 月中旬，豫鄂边区宪政促进总会成立，建立统一的政权组织雏形，揭开边区政权建设序幕。9 月，豫鄂边区军政联合办事处成立，促进并实现边区军政配合及行政机构、财政经济政策统一，使边区各县行政走上统一、计划、系统、正规轨道。1941 年 4 月，豫鄂边区行政公署成立，由许子威任主席，杨经曲、涂云庵任副主席，标志边区抗日统一战线政权加强和行政指挥统一，成为边区民主政治建设的新发展和政府工作的新起点。

图 4-29　鄂豫边区党政军负责人与民主人士合影

1942年3月,豫鄂边区第一次抗日人民代表大会召开,大会成立驻会代表团,陈少敏当选为主席,涂云庵为副主席。会议通过的《豫鄂边区施政纲领》,对贯彻执行抗日民族统一战线和实行抗战时期军事、政治、财经、文教各方面政策作出明确规定,使边区各项建设进入全新发展阶段。1943年,中共鄂豫边区委员会、行署提出"强化政权"口号,拟定以调整各级行政机构、加强干部管理、实行政府机关雷厉风行作风为主要内容的强化政权组织方案。1944年6月22日,根据中共鄂豫边区委员会5月召开的政权工作会议精神,鄂豫边区第一届临时参议会在大悟山开幕,选举郑位三为边区参议会议长,陈少敏、涂云庵为副议长。此后,边区不断完善政权体系,到1944年底,边区有16个县成立临时参议会,选举县政府委员、县长,制订各县施政计划和单行法规,审核并通过预决算案,建立对行政人员的监督机制。10月,中共中央军委同意划第五师活动地区为湘鄂豫皖军区,作为地域概念亦称鄂豫皖湘赣边区,鄂豫边区行署即改称鄂豫皖湘赣边区行署。

抗日战争胜利时,鄂豫皖湘赣边区已有8个中共地方委员会、行政专员公署、军分区,11个中心县委,66个县级政权。地跨东起皖西宿松、太湖及赣北彭泽、瑞昌,西达鄂西当阳、宜昌,南至湘北南县、湘阴及鄂南通城、通山,北抵豫中叶县、舞阳共9万多平方公里的广阔地区,解放人口1300多万,连同游击区共2000万人,无论是根据地面积还是抗日民主政权数量,均为华中各抗日民主根据地之首。

图 4-30 鄂豫边区民众投票选举乡民代表大会代表

其次是经济建设。由于战乱和连年天灾,特别是日伪顽横征暴敛和疯狂掠夺,鄂豫边区的生产遭到严重破坏,人民生活极度困苦。因此,自敌后抗日游击战争开始,边区的财政经济就一直异常困难。为此,边区民主政府采取一系列政策,最终使财政经济工作基本满足抗日战争需要。

图 4-31 新四军第五师指战员在大生产运动中开荒

边区政权建立之初，各地财政经济一般都是自筹自给。其主要办法和来源：一是开展募捐，通过个别动员或大会宣传启发民众，使其自愿捐出财物支援抗日；二是征收抗日月捐，依据富裕者多出、贫困者少出或免出的“合理负担”原则，按规定缴纳钱粮；三是征收“关税”（即出入境税）和坐商税。

1940年10月，边区召开财经工作会议，成立豫鄂边区财经委员会，建立预决算制度和收支报告制度，使边区财经工作由分散走向统一，迈上规范化道路。为保证财税来源，边区各级民主政府采取一系列措施：一是整理田赋税捐，废除原日伪政权的一切苛捐杂税；二是建立财政机构和统筹统支制度；三是发行流通券，活跃市场，稳定边区金融；四是征收救国公粮与积谷。为解除根据地经济困境和改善人民生活，边区各级民主政府也采取了一系列措施：一是实行减租减息，原则为“二五减租”，即按抗战前实收租减少25%，低息取利；二是禁止打骂和任意开除工人，增加工人工资，举办低利借贷，创办耕牛站，优待抗属和借粮救灾；三是解决河湖土地归属问题；四是兴修水利，进行农田基本建设和组织民众开荒植树；五是开展生产互助，建立各种类型的合作社和工厂；六是大量建立卷烟厂、织袜厂、毛巾厂、墨水厂等，力求自力更生，不依赖外来物资；七是建立全边区统一交通系统，统一经济供给；八是严禁各级党政军机关滥征夫役船差，以利与民生息，发展生产。为粉碎日伪经济掠夺，保障根据地军需民用，豫鄂边区行署和物资统制总局颁发一系列法规章程，实行物资统制，并制定《组织商会同业公会暂行办法》、《关税税则》等多项政策与其配套。这些政策法令的颁行，对加强对敌经济斗争、规范边区物资统制、团结商人、调动关税私缉人员积极性，都起到重要作用。同时，边区还鼓励一般物资进口和商品流通，以改善军民生活，保障物资供应。

由于采取以上一系列措施，鄂豫边区在困难环境中逐步开创出经济复苏、物价稳定、人民生活改善的良好局面。对此，中共中央中原局和刘少奇曾向华中其他抗日根据地表扬和推广鄂豫边区的经验，指出鄂豫边区“虽有三十余师国军的限制，他们还能发展，财政充裕，这是要学习的”。

其三是文化建设。鄂豫边区的文化建设，主要是新民主主义文化的传播，这种传播早在武汉沦陷以前就已开始，但取得卓有成效的结果却是在中共六届六中全会以后。

鄂豫边区的教育事业，包括国民教育和干部教育两个方面。国民教育主要是开办对群众进行抗日民主思想教育、传授科学文化知识的各种不同类型学校，全日制中小学和改良私塾是其主要部分。此外，从 1940 年冬起，各级民主政府和群众团体还积极开展“冬学运动”，让群众在冬学里接受识字教育，学习文化知识，倾听抗日救国道理。干部教育可以溯源到竹沟、汤池、七里坪等抗战初期的各种训练班。在根据地逐步创建的过程中，各地从上到下都举办过时间长短不一的训练班，对在职干部进行文化、理论和党的方针政策教育。随后，边区又创办鄂豫边区党校、抗大十分校、洪山公学、鄂豫边区高级行政干部学校等专门学校，抽调干部离职培训，同时抓紧对在职干部的理论、文化教育。

边区的新闻事业也十分繁荣。1939 年 7 月 7 日，中共鄂中区委员会创办机关报《七七报》。该报后来成为中共豫鄂边区委员会的机关报。1940 年 2 月，新四军豫鄂挺进纵队政治部创办专供部队指战员阅读的《挺进报》。同时，各地大量编辑出版油印、石印报刊，如信应的《先锋报》、《学习月刊》，京安的《抗日报》，应城的《民众报》，天汉的《前卫报》。到 1941 年、1942 年，边区又创办《老百姓》报、《挺进》杂志以及《支部工作》、《连队生活》等内部刊物。此外，不少中共地委、县委，部队旅团，甚至乡农救会都办有油印报纸，总数达几十种之多。

边区的出版事业也得到迅速发展。1940 年底建成的《七七报》印刷厂，在 1941 年 1 至 5 月即印刷各种书籍 5 万余册。同年冬，又建成《七七报》第二印刷厂和《挺进报》印刷厂。各报社和七七出版社除出版大批报刊之外，还出版《中国革命运动史》、《社会科学概论》、《八路军政治工作》、《步兵战术问答》和边区《烈士传》等书籍和大量课本、教材、宣传品，翻译出版马克思、恩格斯、列宁、斯大林和毛泽东、刘少奇著作，仅《新民主主义论》就一次出版 1.2 万册。发行工作也逐步完善。

边区还广泛开展文体活动。中共豫鄂边区委员会在边区成立十月剧团，新四军豫鄂挺进纵队在政治部建立文工队。他们自编、自导、自演，宣传抗日救国，针砭时弊，受到边区人民欢迎。从延安传来的和由边区作曲家创作的歌曲曾在各根据地广为流传。春节期间，边区农村各地还盛行各种民间文艺活动。京南、信南、应山的农救会、妇救会会员，都能自排自演抗日反汪的宣传剧。此外，逢年过节时，机关、部队开展的篮球、网球、乒乓球等体育活动和民间开展的传统武术活动，也吸引大量观众。在发动群众改选政权、动员新兵、团结友军、开展统战活动和瓦解日伪等方面，文艺宣传工作发挥了重大作用。

图 4-32 鄂豫边区军民欢度春节

在边区教育新闻出版文体事业发展的同时，边区医疗卫生事业也得到一定发展。敌后抗战发动之初，各抗日游击武装大多建有医务机构。1939 年 6 月，新四军豫鄂独立游击支队建军时，就将应城抗日游击队医院改为挺进支队野战医院，后发展成为新四军豫鄂挺进纵队医院。挺进纵队在司令部设立医政处，管理全纵队卫生工作，并逐步建立卫生工作制度。1941 年 4 月，新四军第五师成立后，师部设立卫生部和军医处，边区党委及边区行署、各旅团分别设立卫生科、医疗所、卫生队。新四军第五师各级医疗卫生队伍除医治军人疾病以外，还免费为附近贫苦民众看病，开展季节性多发病、常见病、传染病防治，指导各级地方政权开展防病治病工作。

其四是群众工作。边区民主政权建立以后的群众工作的首要任务是抗战动员，主要包括民众自卫、拥军优抗、发展民兵等内容。民众自卫主要是组织自卫队。自卫队平时"联村自卫"，遇有日伪顽骚扰，一村鸣锣吹号，各村迅速支援。每遇正规部队战斗，自卫队即配合作战或担任放哨、传递情报等任务，同时发动群众参加运输队、担架队，担任后勤供应和救护工作。各地自卫队建立之后，边区即成立抗日保安队，统一对各县自卫队进行训练与指挥。支前主要是拥军与优抗。拥军包括地方对部队的一切支援工作，但主要还是捐款劳军、妇救会员为部队缝衣制鞋补衣洗被、农救会员为部队带路等。优抗即优待抗属。各地均成立抗属联合会，具体办理优抗事宜。边区政府先后颁发《优待抗日军人家属条例》和《抗属联合会组织章程》，使边区优抗工作进一步制度化、法律化。民兵是自卫队中的基干队，在保卫党政机关、保卫秋收、剿匪除奸、协助主力部队打击敌顽等方面发挥重要作用。根据地内，每保均成立20人以上的主要由共产党员、优秀自卫队员组成的民兵队伍。乡有游击分队、区有游击中队、县有游击大队，成为地方军。他们在已实现地方化的主力部队的帮助训练下，战斗力不断提高，装备也大为改进，成为新四军第五师主力部队的重要兵源。

其五是法制建设。鄂豫边区的司法组织是随着边区政权统一而逐步统一的。政权建立之初，各县司法组织还不健全，行政机关甚至民众团体代替司法机关处理案件、任意逮捕人或不遵守法律判处的情况时有发生，特别是有的地方靠打仇货、捉汉奸罚款等办法筹集粮款，打击面过宽，造成一些重罚、错押、错杀案件。

为改变这种状况，1941年4月举行的边区第二次军政代表大会，通过沈少华等人关于成立各级司法委员会的提案。边区和一些县（如礼南县）即开始设立临时法院，并组成特种临时刑庭。各县抗日民主政府均成立司法科等组织。此后，边区政府又制定由司法机关侦查案件和逮捕审判罪犯、重证据不重口供、在法律面前人人平等等三项司法原则，同时建立审级制度、上诉制度、复核制度、公审陪审制度等一系列严格的司法制度，保证了司法实践的健康运作。1942年3月，豫鄂边区第一次抗日人民代表大会通过《豫鄂边区施政纲领》，颁布《各级司法委员会组织条例》和《区乡调解委员会组织条例》，明确规定在建立司法制度与健全司法机构的同时，在广大农村建立调解组织，制定调解制度。各县组织区乡调解委员会，按照迅速、简单、公平、合理的原则，依靠群众，运用调解和仲裁手段处理民事纠纷及轻微案件，从而避免矛盾激化，有效地减少了犯罪行为的发生。

在日伪顽夹击的严峻环境里，鄂豫边区除遭受日伪的政治、军事进攻和经济封锁之外，还面临敌特、奸细和国民党顽固派特务组织的骚扰破坏。因此，根据地创建伊始，边区就十分注意公安保卫工作。边区的公安机构是边区司法组织系统中的重要部门。1942年3月，边区行署成立公安总局，各专署设公安特派员，各县成立公安局，区、乡设立治安特派员。各级公安机关都建立自己的武装——手枪队或特务大队(公安队)、刑警队。1943年夏,边区公安总局在云梦召开各县公安局长会议,传达贯彻中共豫鄂边区党委和行署确定的不冤枉一个好人,不漏掉一个坏人,镇压与宽大相结合等公安工作五条原则。边区公安机关在完成侦察、审讯、执行等职能任务时,还依靠各级政府和人民群众同日伪顽的汉奸、特务作斗争。他们或利用各种社会关系分化、瓦解伪军,做国民党军队的统战工作,或打入敌特组织内部搜集传递情报,有时还配合地方武装袭扰日伪。

其六是整风运动。整风运动是中国共产党在敌后抗战最困难时期,在党内开展的一场反对主观主义、宗派主义、党八股以整顿党的作风的马克思主义教育运动。鄂豫边区和新四军第五师的全面整风运动,是在"战时整顿三风"的基础上,从1943年冬季开始进行的。1943年11月18日,中共鄂豫边区委员会发出《关于彻底开展整风运动的决定》,对整风的主要任务、方针、政策和步骤、方法作出明确规定。同时,成立总学习委员会和分学习委员会,具体领导整风运动。

鄂豫边区整风运动分三阶段进行。第一阶段从1943年12月至1944年1月,主要是进行阶级教育,从理论与实践的结合上区分两个阶级、两个政党、两个主义和两个战场的本质差别,进一步明确三民主义与蒋介石的主义、新民主主义与共产主义、无产阶级人生观与资产阶级人生观的区别,提高党员干部的阶级觉悟,坚定阶级立场,从而树立远大的斗争目标,增强夺取抗日胜利的信心。第二阶段从1944年2月至8月,主要是以加强党性锻炼为中心,认识宗派主义妨碍党内外统一团结的危害,明确民主集中制是全党必须服从的原则,增强党员干部党的观念,自觉尊重组织,执行决议,个人利益无条件服从党的利益,为共产主义奋斗终身。第三阶段从1944年8月至1945年初,主要是深入检查自己的世界观、人生观,交代自己的历史问题,实际上是审干阶段。由于中共豫鄂边区党委正确掌握政策,没有采取过急的手段和方法,审干工作进行得比较正常平稳,达到了预期效果。

鄂豫边区和第五师整风运动的健康发展,促进了马克思列宁主义在边区的传播,使边区中共组织在政治上、思想上、组织上更加统一。部队经过整风,军事素质、政治素质均显著提高,少数干部的军阀主义残余和宗派主义倾向得到克服纠正,部队内部关系和外部关系更趋良好。地方干部经过整风,进一步增强政策观念和群众观点，提高了执行党的各项方针政策的自觉性。群众则在党员带动下踊跃参军参战，积极发展生产。整风运动的成功，为边区和第五师加强无产阶级政党的思想建设积累了丰富的经验，对于边区和第五师夺取抗日战争最后胜利，乃至后来赢得解放战争全局胜利，都起到了重要作用。

五、后方营建

抗战时期，湖北全省面积18.636万平方公里，行政区划为1个省辖市（汉口）、8个行政督察区、70个县。鄂南为第一区，11县；鄂东为第二区，11县；鄂北平汉路与大洪山之间为第三区，10县；江汉平原腹地为第四区，9县；鄂北襄阳一带为第五区，7县；宜昌周围为第六区，8县；鄂西南为第七区，8县；鄂西北地区为第八区，6县。从政治和社会形态上，湖北可分为三大区域：即中共领导的鄂豫边区、国民党统治区和日伪占领的沦陷区。

湖北国统区又分后方国统区和敌后国统区两大部分。后方国统区或叫基本国统区，是非战区，没有受到日军的军事侵略破坏，民众基本上能正常生产生活。政治上，由于没有日伪政权的包围和干扰，国民政府政令统一，能完全行使职权。在这些地区，社会的政治、经济、文化及民众的生产生活，与战前基本没有发生质的变化。敌后国统区由于地处日伪包围之中，又没有国民党军队和政府可以依靠，时常被日伪侵占，县区政府治无定所，民众生活动荡不安，国民政府政令难以推行。

武汉沦陷以前，湖北国统区主要在平汉、粤汉铁路沿线以西地区。到1939年5月，已退缩到随县、钟祥、荆门、监利一线以西地区。据1940年初湖北国民政府统计，其时控制的范围计有宜昌、荆州、郧西、襄樊、恩施等地区的36县，面积占全省的56.82%。枣宜会战以后，国民党军队退守至宜昌至枣阳一线以西，国统区进一步缩小，主要集中在鄂西南第七区、鄂西北第八区和鄂北第五区，以及第六区宜昌以西各县和第四区石首、公安、松滋3县，共28县，面积约8.46万平方公里，占全省的45.4%。1943年鄂西会战后，日军又占领石首、公安、松滋3县部分地区，国统区减少至25县，面积为7.89万平方公里，占全省总面积的

42.35%。1940年鄂豫边区抗日民主根据地发展之前,凡沦陷区各县日军势力不能到达的区域,基本上都掌握在国民政府手中,属敌后国统区。此后,随着鄂豫边区的迅速发展壮大,敌后国统区也日益萎缩。

为适应战争需要,湖北省政府在全面抗战爆发以后就准备西迁,重建后方基地。1938年3月27日,省政府第288次会议正式提出省政府迁移问题,拟首先迁往宜昌。6月,武汉已兵临城下,宜昌亦岌岌可危,为求万全之策,省政府又提出迁移恩施计划。7月27日,省政府第303次会议在讨论考察宜昌、恩施的初步情况报告后,决定省政府立即迁移宜昌办公,后视战局发展决定是否迁移恩施。从8月6日开始,省政府各机关人员及眷属分三次乘船离汉前往宜昌,但除教育厅外,各厅主管人员仍留武汉,监督疏散人口、调动地方武装及组织民工运输军用物资和修筑工事。20日,省政府在宜昌开始办公。国民党湖北省党部亦迁至离宜昌城区15华里的小溪塔。25日,日军侵入武汉,省政府留汉人员奉命全部撤往宜昌。

武汉失守以后,宜昌形势危急,周边县城和主要集镇常遭日军飞机轰炸。10月27日,省政府第306次会议决定立即将省政府迁往恩施。11月初,省府机关职员和家眷陆续动身离开宜昌。中旬,所有机关人员和物品全部迁移完毕,到达恩施。省政府迁移鄂西之后,为适应抗战需要,即采取各种措施加强对鄂西社会的建设和改革,使鄂西后方社会经济得到较快发展,成为湖北最大的抗战基地。

第一,重新合署办公。1940年9月,陈诚主政湖北以后,即提出调整机构方案,明确规定省政府各机构及职位的设置、职掌、员额及文件处理程序,实行各主要厅处在省署合署办公,办公经费统一预算支出的管理办法。

第二,调整机构。1943年1月,省政府决定对"省县骈枝机构,均分别裁并",将战时逐渐增设的卫生、合作事业、驿运管理、人事等处撤销,其业务并入相关厅处,省政府只设财政、民政、建设、教育4厅和秘书、社会、会计、警务4处。1944年4月,国民政府再次修正公布《省政府组织法》,明定省政府下设民、财、建、教4厅和秘书、会计2处,不得增设其他直属机构。但是,湖北省政府同其他许多省一样,并未完全照章执行。抗战结束时,湖北省政府除设上述规定4厅2处以外,还设有卫生、人事、社会3处。

第三,扩大省政府主席职权。1943年9月,湖北省政府公布经行政院核定的《湖北省政府分层负责办事细则》，对省政府主席职权进行较大扩充，规定省政府主席责权有召集省政府委员会会议、代表省政府执行委员会之决议案、处理省政府日常及紧急事务等14项之多。

第四，成立湖北省临时参议会。1938年9月26日，国民政府公布《省临时参议会组织条例》和《市临时参议会组织条例》。不久，又公布《省临时参议会议事规则》，限令“各省临时参议会除特殊情形外，均限于(民国)二十八年一月一日前成立”。湖北省因地处战区，经报请国民政府批准，推迟于1939年9月18日成立。

第五，实行新县制。1939年9月19日，国民政府公布《县各级组织纲要》。10月19日，行政院发布《县各级组织纲要实施办法原则》，饬令各省从1940年3月1日起普遍实施新县制。湖北省政府首先选定恩施、江陵、襄阳、宜昌、郧县等5县为试点，从1940年5月起施行。后因战事影响，筹备不及，只恩施、郧县于1940年9月16日起施行，其余各县于1941年内分期推进。1941年10月，湖北省政府公布《湖北省县各级纲要实施计划》。1942年2月，又通过《修正湖北省县政府组织规程》和《湖北省县政府办事通则》，在全省范围内推行新县制。湖北省实施新县制的内容主要有下列几个方面：(一)重新划定各县等第。1941年，湖北省政府根据国民政府行政院颁布的《各省厘定县等办法》，结合实际情况，将武昌、黄冈等7县划为一等，沔阳、钟祥等21县划为二等，蒲圻、黄安等30县划为三等，巴东、通山等12县划为四等。(二)扩大县政府组织，加强县政府职权。从1941年起，全省各县政府废除原来的第一、第二、第三科，实行新的按职能设立机构，分民政、财政、教育、建设、军事、粮政、地政、社会等科和秘书、合作指导、警佐、会计等室，同时根据本县等第及实际情况有选择地设立机构。到抗战结束时，除国民政府完全不能行使职权的沔阳、监利等6县和大部分地区不能行使职权的武昌、江陵等19县设3科1室外，其余45县分别设置4科2室至8科2室。(三)裁减区署，建立乡公所。1941年10月，省政府规定各县原则上不设区署。到1943年11月，全省各县区署调整裁减工作基本完成，区署总数由268个裁减到64个。1939年11月，省政府开始建立乡公所试点。1941年10月，要求各县按新县制要求普遍建立乡(镇)公所，完善乡(镇)政权组织。到1944年8月，各县基本完成建立乡(镇)和重新编制保甲工作。全省共设立乡(镇)公所1440个。(四)普及教育。根据国民政府公布的《县各级组织纲要》规定，湖北省政府1940年下半年提出“计划教育”口号和每督察区有高中、每县有初中、每乡(镇)有中心学校、每保有国民学校的建设目标,开始调整增设各级学校,并对中等以上学校学生实行公费教育和升学就业统筹制度。到1945年底,这一目标基本实现。(五)整顿县财政。为弥补日益捉襟见肘的县财政,应付新县制推行中的各种开支,省政府对县财政制度进行改革,一方面整顿查收县有税源和税收,另一方面根据国民政府“土地呈报后正附溢额之全部”为县所有的原则,在全省进行土地呈报,以求通过获取土地税之溢额来增加县财政收入。通过几年努力,各县整顿财政措施均取得一定效果。

鄂西后方国统区各级政府结合新县制实施进行政权机构变革,同时组织后方民众进行政治、经济、军事、文化建设,为巩固后方基地,支持前方抗战,作出了一定贡献。

首先,强化县政府军事职能。从1939年初开始,鄂西后方各县开始设置兵役科,专门负责征兵工作。1940年初,为加强民众自卫武装,统一各项军事工作,后方各县组编县国民兵团,统一领导指挥地方武装,由县长兼任团长。1941年,后方各县普遍实施新县制,裁减国民兵团,在县政府中设立军事科,负责常备兵征募、地方武装指挥管理及抗战军人家属优抚等工作。1943年3月,省政府决定撤销军事科,组建警保科,负责军事行政工作。但只有部分县实行,后方大部分县仍然保留军事科建制。各县政府的军事职能主要体现在两个方面。一是加强防空和救护任务。1938年11月,鄂西南8县奉命设立防护团,作为防空、救护和抢修的组织领导机构。鄂北各县亦在其后不久相继设立。至1940年1月,各县国民兵团成立,防护团撤销,所承业务转归国民兵团办理。二是设立军运代办所。1940年后,随着鄂西后方部队增多,军粮征集和运输任务越来越繁重,后方各县先后奉命成立军运代办所,专事部队粮草的征收、购买和运输等工作。此外,许多上级军事机构附设于县政府的派出机关,也由县长兼任首长。一时间,各县县长几乎成了专职军事工作人员。据统计,1940年鄂西后方各县县长兼任的军事性质职务即有国民兵团团长、航空建设支会会长等12个之多。到1943年,县政府下辖的军事机关和军事职务也达到4个,即军事科、军法承审、军医和军事教练员。正是由于军事职能的加强,各县政府除对省政府负责外,还要直接对战区长官司令部、战区经济委员会等军事机构负责。

其次，加强经济建设。一是制定战时经济建设计划。二是出台一系列政策措施，保护后方经济和生产。如成立统制机构，对粮食、棉花和食盐等战略物资实行统制，以防资敌。三是推行合理负担，实行土地呈报，开展减租运动。1939年，省政府颁布《后方国统区加紧推进土地呈报实施办法》，并在恩施、建始两县试点，但不久即告缓办。1941年，省政府又批示鄂西后方各县重新进行土地呈报。到年底，恩施、利川、来凤、建始、宣恩5县呈报工作初告完成。1942年，减租地区扩大到第八区所属郧西、郧县、均县、竹山、竹溪全县各乡（镇）及第七区未行减租的7县各乡（镇），总计13县237乡（镇）3331保。到1943年，省政府计划将减租区域扩大到第四、第五、第六区的石首、松滋、枣阳、兴山等15县351乡（镇），后因鄂西会战爆发，只在第五区各县推行。抗战后期，由于军事政治局势发生较大变化，减租工作停止。

其三，支持前线抗战。一是成立支援前线抗战的领导机构。抗战爆发不久，省政府和后方各县即纷纷成立抗敌宣传委员会、抗敌后援委员会和抗敌动员委员会，支援正面战场。1938年10月，省政府发布《湖北省各县动员委员会组织通则》，要求各县普遍成立动委会，由县长兼任主任委员。各动委会在组织民众进行防空、救护、防敌反奸等方面都取得一定成效。二是大力开展征兵工作。后方各县政府都把征兵工作作为自己的主要任务之一，成立专门的机构负责其事。在各县政府努力下，后方国统区征兵工作取得较好成绩，鄂西后方各县成为湖北最大的兵员补充地。据初步统计，八年抗战，国民政府在湖北全省共征兵70万人，其中70%以上来自后方国统区的第五、第六、第七、第八等区。同时，鄂西后方还组织数以千万人次的劳力为部队运输粮草弹药、修筑工事、转运伤病员、架设桥梁和修筑道路。三是为抗战部队提供大量粮草和其他军需物资。据统计，1941年至1944年，湖北全省共征粮620万石，一半以上作为军粮拨交部队。这些军粮，除拨交给第十战区的由鄂东地区各县提供外，其余基本上由后方各县提供。此外，后方各县政府还组织民众向抗战部队提供大量马料及部队所需各种生活物资。四是组织民众积极捐献金钱物资，购买各种公债。据统计，鄂西各县募集捐款和购买公债一般都有数千万元。如来凤县即募集救国公债24690元、飞机捐5939元，其他各种献金2176万元。房县共发动各种捐献19次，总计共902万元。光化共捐献1140万元。利川仅航空建设会费就捐献802200元，一县一机捐款31万元，购买各种公债186万元。

湖北抗战后方基地的建设，加强了同鄂西后方的联系和对鄂西后方的控制，使鄂西后方成为湖北最大的抗战基地和保卫重庆及西南的重要屏障，大大增强了鄂西地区和湖北在全国抗战中的战略地位。此外，湖北抗战后方基地的建设，也对促进鄂西国统区和大西南国统区联合发挥了重要作用。省政府西迁恩施后，同重庆国民政府的联系大大便利和加强，关系也日益紧密，使湖北国统区的实力大为增强，对保卫鄂西国统区、发展生产、改良社会、支援全省和全国抗战，发挥了重要作用。

六、日伪统治

从1938年8月初日军侵入湖北开始到抗战结束的7年时间里，湖北71县市除鄂西南恩施、利川、咸丰、来凤、宣恩、鹤峰、建始、巴东、秭归、兴山和鄂西北房县、保康、均县、郧西、竹山、竹溪等16县外，其余55县市均遭日军不同程度侵占，形成面积广大的沦陷区。日军侵占湖北以后，推行“以华制华”侵略方针，在沦陷区建立省、市、县、区、乡、保各级伪政权组织，实行殖民统治。

县级伪政权是日军在湖北扶持建立的最主要也是最基本的政权形式。在1939年11月伪湖北省政府成立前，它们是日军在各地建立的相互独立的伪政权组织。伪湖北省政府成立以后，它们名义上隶属于伪省政府，实际上仍由各县日军警备队控制。湖北各县伪政权组织从开始建立到最后形成，经历了三个阶段。(一)维持会阶段。治安维持会是日军在侵占湖北各地以后首先建立起来的伪政权组织。日军每侵占一地，一般都要搜寻一批当地的地痞流氓、失意政客或旧官吏、知名士绅，拉拢或威胁他们出面组织伪维持会。伪维持会的职责是：为日军提供粮食、蔬菜、马料和其他日常生活物资；为日军强拉妇女，组织军营慰安所，供日军淫乐；征派人力，为日军提供劳役，从事军事运输、建筑碉堡工事、修筑公路桥梁等；负责召回逃亡外地的商民，恢复当地农工生产。(二)伪县政筹备处阶段。1939年夏，随着日伪对沦陷区殖民统治不断加强和伪维持会组织不断完备，各地成立伪县政筹备处。各筹备处处长均由日军指定。(三)伪县政府阶段。

各伪县政府均是在日军和警备队一手操纵下建立起来的傀儡政权。伪县长名义上由伪省政府委任，但必须先与驻汉日军特务部协商，通过特务部与驻该县日军沟通，取得驻县日军同意，才能任命。伪湖北省政府无权撤换县长。为完全控制各伪县政府，日军在各县设立嘱托。嘱托名义上是顾问性质，实则掌握伪县政府一切大权，是伪县政府的太上皇。

伪县政府下设机构同国民政府各县级政权基本相同。伪县政权建立之初，由于日伪殖民体系没有完全形成，不能对区乡基层政权组织实行严密控制，所以各县区乡政权各自为政，名称、机构设置和人员编制互不相同。1942 年 10 月汪伪国民政府公布《各县区署组织暂行规程》以后，各伪县政府以下依其不同情况"划分三至六区，组织区署"，区署以下设乡（镇）或联保、保、甲。保甲长的主要职责是负责户口编查、民众出入的检查报告、配合日伪军警对抗日力量搜查"清剿"。然而在沦陷区，除个别地区（如武汉三镇）外，大都有国共两党地下组织渗入其中，完全由日伪政权控制的并不太多，绝大部分都是日伪、国民党、新四军三方势力的混合体。这些地区的基层政权，绝大部分是两面或三面政权，名义上是日伪区、乡、保长，实际上是两方或三方代表，对日伪方面只是应付，死心塌地甘当日伪走狗的极少。

1939 年 11 月 5 日，伪湖北省政府在武昌成立。这是日军在华中地区建立的第一个省级傀儡政权。它直接听命于汉口日军特务部，在行政上没有上级机关。日军侵占武汉之前，日军华中派遣军特务部曾计划在武汉设立湘鄂赣伪政权，与北京的王克敏伪"中华民国临时政府"和南京的梁鸿志伪"中华民国维新政府"相并列，对中国分而治之。1939 年 4 月伪武汉特别市政府成立以后，日军即在伪武汉特别市政府参议府内设立"武汉政权树立准备委员会"，由参议府正、副议长何佩瑢、石星川兼任正、副主任，进行华中地区伪政权筹备。9 月 21 日汪精卫在上海发表声明成立伪中央政府，北京伪"中华民国临时政府"和南京伪"中华民国维新政府"也发表联合声明拥护汪精卫成立伪中央政府。日军汉口特务部不得不放弃建立跨省伪政府的计划，接受伪中央政府领导。

伪湖北省政府成立之初，辖鄂东、鄂北、鄂中 30 余县及豫、湘、赣 3 省与湖北相邻的信阳、岳阳、临湘、九江等县，共 40 余县。其后，随着日军占领区域扩大，伪湖北省政府辖地也有所扩展。到 1942 年 9 月第三次伪县政会议召开时，辖武昌市政处和湖北35县，代管湖南2县、河南1县、江西9县1市1特区，共计50个县级行政单位。

伪湖北省政府成立之初，实行省长制，汉奸何佩瑢任省长，下设秘书处和政务、财政、建设、教育4厅。1940年3月30日，汪精卫伪国民政府在南京成立。华北、华东各伪省政府先后归附，汉口日军特务部与扶持汪伪政权的日本特务机构"梅机关"协商后，将伪湖北省政府纳入汪伪国民政府。10月3日，伪湖北省政府和伪武汉特别市政府同时加入汪伪南京国民政府，伪武汉特别市政府改名为伪汉口特别市政府，武昌、汉阳划归伪省政府管辖。同日，汪伪政府改组伪湖北省政府，实行省政府委员制，何佩瑢为伪省政府主席，下设秘书厅、民政厅、财政厅、建设厅、教育厅和保安处、高等法院等机构。10月，伪湖北省政府将所辖区域分设4个行政督察区，作为伪省政府派出机关，负责督导所辖各县行政。但是，由于各伪县政府所有大权都被驻县日军警备队和驻县日军嘱托控制，督察专员办公处无事可督，徒有虚名。1943年2月，根据汪伪最高国防会议第二次会议决定，伪湖北省政府恢复省长制。省政府委员改任各厅长专职。同时，将秘书处与民政厅合并，改为政务厅。4月，成立经济和社会福利两局。6月，成立粮食局。至此，伪湖北省政府下有政务、财政、建设、教育4厅及警务处、宣传处、经济局、社会福利局、粮食局等处局。

1942年6月初何佩瑢死后，汉奸杨揆一在同叶蓬争斗中获胜，接任伪湖北省政府主席。杨揆一上任以后，即改组伪省政府。首先将汉口特别市改为省辖，接着建立伪武汉行营，进一步加强对伪军的控制。1942年8月，杨揆一同汉口日军特务部协商，将原武汉绥靖公署改为武汉行营，由杨揆一任参谋长(未设行营主任)，名义上统帅湖北各地伪军。湖北各地伪军也统一改为保安队番号，由伪省保安司令部管辖。但是，有关军队的人事权、指挥权仍照旧归日军控制，伪武汉行营和省保安司令部无权过问。此外，杨揆一还争取到日军同意武汉及湖北各地税收体系划归汪伪政权，伪南京中央储备银行储备券进入湖北流通。1945年3月，杨揆一调任伪南京国民政府军事参议院院长。叶蓬接任伪湖北省政府主席兼伪武汉绥靖公署主任。

日军控制伪湖北省政府的机构是汉口日军特务部，其控制方式主要有两种：一是直接控制伪省政府及所属厅、县机构及其人员的组成，确保由死心塌地为日本卖命的汉奸走狗掌权；二是在各级伪政府机关中设立由日本人担任的嘱托，掌握各机关实际权力。在伪政府各类武装团体中，也都有日军担任指挥官。在伪省政府所属各学校、医院、场局等机构，也都设有由日本人担任的教员、医生、技术员等职位，总揽大权。

在广大沦陷区，日伪采取各种措施，实行殖民奴化统治。首先，是建立伪军队、伪保安武装和伪警察武装。1939 年初，原国民党军旅长金龙章等收集散兵游勇投降日军，组成伪"中国人民自卫军"，总司令金龙章，总司令部设黄陂、孝感交界之砺石边，辖 8 个师、2 个独立团。1940 年 5 月，伪武汉绥靖公署成立，叶蓬任主任，统领湖北各地伪军。1942 年 8 月，伪武汉绥靖公署改为伪武汉行营，杨揆一任参谋长（未设行营主任），辖伪暂编第五、第六、第十二、第二十二、第二十九师及独立第十三旅、教导团等，活动范围主要在江汉平原。1944 年 8 月，伪武汉绥靖公署恢复，叶蓬任主任，辖伪第十三军、第十四军和第一师、第六师，以及伪豫鄂边剿匪司令部、直属特务团等，共 5 个师 2 个旅和 1 个直属队。到 1945 年 8 月日本投降时，伪武汉行营所辖伪军共 22900 余人。伪军主要是配合日军或单独对湖北境内抗日武装进行"扫荡"、"围剿"，是沦陷区对抗国民党地方抗日部队及中共领导的新四军的主要力量。抗战期间，凡是日军对湖北地方抗日武装的作战，几乎都有伪军参加，其数量一般都超过日军。但是，由于这些伪军绝大部分来自国民党军的残兵败将或地方的地痞流氓，没有经过严格军事训练，成分复杂，思想混乱，装备低劣，战斗力均不甚强大。

伪保安团队是各伪政权的地方武装。1938 年夏秋日军进攻湖北之初就已出现，是沦陷区最早的伪武装。在各县维持会相继改为伪县政筹备处和伪县政府后，其下都设有伪保安大队，有的还在各区设立中队。伪保安团队主要是保卫伪县政府，镇压和破坏境内国民党地方武装和共产党领导的游击队以及中共组织，配合日军对国统区和根据地"扫荡"。

伪警察是各地伪政权特别是伪县、乡政府的又一武装力量。各县在伪县政筹备处成立之后，就设立伪警察局，作为自己的地方武装。在各县伪政府成立后，除设立伪县警察局外，还在各乡（镇）设立伪警察分所，作为派出机构。伪警察的任务是协助日伪政府在沦陷区实施殖民统治，推行和强化保甲控制，监督辖区民众，镇压人民反抗，并配合日伪军队和保安团队开展对抗日力量的侦察和搜捕。为加强殖民统治，伪警察局在沦陷区发放居住证或“良民证”，沦陷区居民出门必须携带居住证或“良民证”，以备盘查。

其次，是进行奴化宣传，巩固殖民统治。日伪政权在其占领区内全力进行奴化宣传，宣扬所谓“中日亲善”、“东亚共荣”、“中日满提携合作”、“建立东亚新秩序”等殖民侵略理论，强化其殖民统治。沦陷之初，由于日伪组织刚刚建立，维持会长大多臭名昭著，沦陷区民众躲之唯恐不及，殖民宣传并不普及。随着日军占领时间延长、殖民统治确立和中国人民反抗增强，日伪政权对奴化宣传愈加重视。各县伪县政筹备处和伪县政府成立后，都设有社会科，或在内政科设立宣传股，专门负责奴化宣传。同时，成立专门机构和团体，进行奴化宣传活动。1939年10月，伪省、市政府共同指导成立“华中青年协会”。1942年2月1日，“东亚联盟中国总会”在南京成立后，次年1月在湖北成立分会，所辖各县亦成立分会，作为对青年进行奴化宣传教育的组织。1942年初，日军还指令伪湖北省政府、伪汉口特别市政府内设社会运动指导委员会，管理全省、全市社会运动即奴化宣传事宜。1943年1月26日，伪湖北省政府成立“湖北省新国民运动委员会分会”，并通令各县成立分会。到1943年6月，云梦、汉川、通山、江陵、黄冈等17个县成立分会。一些县还成立宣传队，进行奴化宣传活动。

与此同时，伪政权还创办许多报纸杂志，作为殖民奴化宣传的舆论工具和喉舌。据统计，当时在武汉地区，日伪创办的报刊就有《武汉报》、《江汉日报》、《武汉青年月刊》、《汉声月刊》等30多种。这些报刊在日伪授意下，竭力鼓吹中日同文同种，两国经济提携、和平反共，东亚共荣，攻击国民政府的抗战政策是受中共的欺骗和蛊惑，大造奴化舆论。各级伪政权还经常组织放映一些日本电影，举办时事讲座，举行万人签名活动，宣传日军在太平洋战场上的“伟大胜利”，以扩大奴化宣传。为阻止抗日思想和中国民族文化的传播，日伪政府对无线电广播、报刊、书籍、戏剧、电影实行严格审查制度，凡不利于日伪奴化思想宣传的一律予以禁止，同时对图书出版发行进行严厉控制。

其三，是强化保甲制度，加强殖民控制。日伪政权建立以后，即在其控制区内沿用战前国民政府的保甲体系作为其基层政权组织，并不断强化这一组织，利用其内部组织严密、相互联系密切、责任联保连坐的特点，加强对人民控制和对抗日力量“清剿”。从日军占领初期伪维持会成立开始到抗战结束日伪政权覆灭，日伪对占领区内的各种保甲组织基本未做变更。日伪政府强化保甲制度的重要手段：一是清查户口。各伪政权从成立之日起，就不断推行和强化户口清查，并将其作为强化保甲制度的重点。保甲规约和联保连坐是保甲制度中最核心的内容，也是各伪政权控制人民的最主要方法。1942 年 11 月，伪湖北省民政厅在第四次县政会议上指令各伪县长必须饬令各保甲制定规约，实行联保连坐。二是编组训练壮丁。壮丁队的任务主要是协助伪保警“清乡”、帮助日伪放哨查岗、维持地方治安。汪伪政府规定，各保甲长应将保甲内 18 至 40 岁的男子编成壮丁队，从事“御匪”、修建碉堡公路、协助军警作战等，由保甲长任队长和分队长。此后，又颁布《各县壮丁队组织规程》，对壮丁队的组织、训练、使用作出具体规定。

其四，是施行毒化政策，毒害中国人民。为麻痹沦陷区人民思想，削弱中国人民斗志，巩固殖民统治，同时聚敛钱财，日军授意各伪政权推行毒化政策。按照日军旨意，各伪政府颁布相关法律，名曰禁毒，实则推行毒品专买，使毒品吸食合法化。为扩大财政来源，各伪政府一方面不断放松对烟民吸食烟毒限制，一方面降低烟毒价格，积极组织烟土货源投放本地，公开鼓励吸食烟毒。日伪政府还通过强制手段，强迫人民种植鸦片。据调查，抗战时期“全省有黄陂、孝感等数十县，由日军特务部督饬伪政府，强迫人民改种鸦片”。日伪毒化政策实施，致使湖北沦陷区烟毒泛滥，各县烟馆林立，烟民遍地。仅武汉市区，1939 年即有土膏店 32 家，各种销售鸦片的商户 3400 余家，年销售鸦片 3 万两以上。1938 年 11 月至 1939 年 4 月约半年时间，伪政府涉烟收入即达 520996.28 元，占同期财政收入的 9%，仅次于盐税收入。

其五，是进行疯狂的殖民掠夺。日军在湖北以各种手段进行疯狂的殖民掠夺，使湖北社会经济遭受空前破坏，沦陷区社会生产力出现严重倒退。一是侵占大量农田。据统计，抗战期间日军在湖北共修建飞机场 20 余个，强占耕地 10 万亩以上。此外，日军修筑的其他交通军事设施如公路、碉堡、军营等，也都强占和破坏大片土地。二是强征大量民夫。1941 年修筑徐家棚飞机场，日军就在武昌强征民夫 2 万余人。1940 年 6 月至 1945 年 8 月，日军先后两次扩建荆门掇刀石飞机场，共抓来民夫 24000 多人。抗战期间，由于日军大量征调民夫，造成劳动力缺乏，全省耕地荒芜 800 万亩，其中 80%集中在沦陷区。三是掠夺大量物资。日军侵鄂 7 年，仅从天门一县就掠夺棉花 50 万担。应城沦陷后，原应城石膏股份有限公司积存的石膏42万余抬(约合50400吨),全部被日军运回日本。1938年至1945年,应城膏盐矿区共产石膏152621吨,全部被日军掠夺,膏盐税利亦被日军侵吞。日军对黄石大冶矿产资源采取掠夺式开采,1941年竟突破年产100万吨,1942年又增至145万吨。日军侵华时期在中国共掠走矿石4430万吨,其中从大冶就掠走500万吨,占其总量的10.8%。根据现有史料不完全统计,日军侵略造成湖北经济损失达1686546.1808万元(1937年7月价值,下同),其中直接损失1294041.5915万元(包括社会财产直接损失746747.1485万元、居民财产直接损失547294.443万元),间接损失392504.5893万元。这些损失中的相当一部分是日军直接从湖北掠走的物资。

最后,也是最令人不能容忍的,是大量残杀无辜平民。根据现有史料不完全统计,日军侵略共造成湖北人口伤亡1273711人(不包括军人),其中直接伤亡930447人,间接伤亡343264人。日军飞机对进行湖北长达8年之久的狂轰滥炸,一次炸死炸伤千人以上不下10次。日军在湖北制造数百起重大惨案,一次或在一地杀害平民万人以上达6次之多,一次或在一地杀害千人以上不下百次,一次或在一地杀害百人以上更难以计数。日军在湖北大量强奸伤害妇女、幼女,其中不少还在强奸后残杀,且多次发生集体强奸数百人的恶性事件。日本侵略军在湖北的暴行,将永远被钉在历史的耻辱柱上!

图4-33 日军在汉口的集体杀人场

图 4-34 在黄陂刘店乡日军杀人场挖出的死难者头骨

图 4-35 记载 1940 年 8 月日军在当阳玉泉寺枪杀 30 名僧俗民众事件的纪念碑

图 4-36 被日军强迫充当慰安妇的部分湖北妇女

七、抗战胜利

历史车轮驶入 1945 年，法西斯德、意、日末日来临。5 月 2 日，苏联红军攻克柏林；8 日，德国法西斯战败投降。第二次世界大战在欧洲结束。7 月 26 日，中、美、英三国发表波茨坦公告，促令日本投降。8 月 6 日和 9 日，美国先后在日本广岛和长崎投下一颗原子弹。8 月 8 日，苏联发表对日作战宣言。9 日，苏军进入中国东北，向日本关东军大举进攻。在极为有利的国际形势下，中国抗日战争进入全面反攻阶段。

此时，国民党军队主要集中在西南、西北地区，而日军在华北、华中和华南占领的大部分城镇、交通要道都处在共产党领导的敌后军民的包围之中，对日全面反攻的任务，也就主要由敌后抗日根据地的人民军队来完成。8 月 9 日，毛泽东代表中共中央发表《对日寇的最后一战》声明，指出“对日战争已处在最后阶段，最后地战胜日本侵略者及其一切走狗的时间已经到来”，号召“中国人民的一切抗日力量应举行全国规模的反攻，密切而有效地配合苏联及其他同盟国作战”。

10日，日本政府通过瑞典、瑞士两中立国向同盟国发出《日本请降照会》。随即，由谁对侵略中国的上百万日军和伪军受降，遂成为国共双方面临的一个极为紧迫、极为重大的问题。在整个抗日战争过程中，共产党领导的抗日武装一直在十分艰苦的条件下坚持敌后抗战，完全靠自己的努力和人民的拥护，得以独力解放广大国土和一亿以上人民，抗击着侵华日军的56%和伪军的95%，理所当然有权受降。因此，延安八路军总部总司令朱德于10日连续向各解放区发布命令："各解放区任何抗日武装部队均得依据波茨坦宣言规定，向其附近各城镇交通要道之敌人军队及其指挥机关送出通牒，限其于一定时间内向我附近部队缴出全部武装"，"如遇敌伪武装部队拒绝投降缴械，即应予以坚决消灭"。同时还发布命令："在鄂豫两省的日军，应至新四军大悟山地区，接受李先念将军之命令。"

长期坚持在武汉外围敌后抗日战场的新四军第五师，立即奉命向敌占区进军，迫使日伪军投降，为抗日战争的最后胜利而斗争。11日，李先念、任质斌、张树才以中国解放区鄂豫皖军区暨新四军第五师名义，对鄂豫两地日本驻军发出通牒："谨奉本军总司令朱命令：日本政府已于八月九日向盟国及本国无条件投降，本军认为此系日本军民免除无谓之牺牲，求获早日和平之最后机会，兹特通牒：（一）立即命令所属部队及党羽停止一切抵抗，并在原驻地点不得调动，听候处置。（二）须于二十四小时内派遣代表前来接受无条件投降处置。（三）自接到本通牒之时起，对于一切军器、交通工具、军用器材及所有物资，不得有任何损坏，并不得交于本军以外之任何方面。否则，本军概不负责。日本军接受无条件投降后，本军当按优待俘虏条例予以生命安全之保障，如违背上列任何一项条例，将视其敌对行为，本军当予以坚决消灭。"

然而，蒋介石却于11日发出"未灰亥令一号"电，"授予陆军总司令的新任务，办理全面受降事宜"，"警告各战区、辖区以内敌军不得向我指定之军事长官以外之任何人投降、缴械"。同时，国民党中央宣传部发言人也发表谈话，称朱德总司令在延安总部所发表的限令敌伪投降的命令，是一种"唐突和非法之行动"。这不能不引起毛泽东的愤慨。对于国民党政府垄断受降权的企图，中共断然采取"针锋相对，寸土必争"对策。毛泽东以第十八集团军总司令朱德的名义致电蒋介石："我们认为这个命令你是下错了，并且错得很厉害，使我们不得不向你表示，坚决地拒绝这个命令。因为你给我们的这个命令，不但不公道，而且违背中华民族的民族利益，仅仅有利于日本侵略者和背叛祖国的汉奸们。”

中共中央也作出《关于日本投降后共产党任务的决定》，指出“国民党积极准备向我解放区‘收复失地’，夺取抗日胜利的果实，这一争夺战，将是极猛烈的，并有可能发展为大规模的内战”。《决定》将中共的任务分为两个阶段：目前阶段，首先集中力量迫使日伪投降，占领一切可能与必须占领的大小城市和交通要道，扩大解放区，解决敌伪后，主力迅速集结整训，提高战斗力，准备制止内战；将来阶段，国民党可能发动大举进攻，中共应准备调动兵力，对付内战。《决定》指出：“国共谈判将以国际国内新动向为基础考虑其恢复”，但各地“对蒋介石发动内战的危险，应有必要的精神准备”；“对美国人民及政府中的民主分子必须表示好意”，但“斯科比危险的可能性尚未过去”。

13日，毛泽东在延安干部会议上作《抗日战争胜利后的时局和我们的方针》报告，提醒全党严重注意蒋介石挑起公开的全面内战的危险，严重注意美国帮助蒋介石打内战的危险，要求全党对蒋介石可能发动的全国内战切实做好相应准备，以“恰当应付各种复杂的局面”。同日，新华社播发毛泽东撰写的社论《蒋介石在挑动内战》。社论指出：朱德总司令的命令正是坚决地执行波茨坦公告第二项规定——“对日作战，直至其停止抵抗为止”，而蒋介石的所谓“命令”正是违反了他自己签字的波茨坦公告。国民党中央宣传部发言人的评论和蒋介石的“命令”，从头到尾都是在挑拨内战。

14日，朱德总司令向日军驻华派遣军总司令冈村宁次下达4条电令，令其转饬驻各解放区之日军，就地向该区抗日的人民军队司令员投降，并指定受降地点和指挥员如下：华北在阜平地区，由聂荣臻负责；华东在天长地区，由陈毅负责；豫鄂两省在大别山地区，由李先念负责；广东在东莞地区，由曾生负责。15日，又通过美、英、苏三国大使向三国政府递交说帖一件，表明人民武装有权受降，有权派遣代表参加同盟国受降及处理受降后工作的立场，并要求美国立即停止对国民党政府的租借援助。16日，再次致电蒋介石，提出“遵照战争通例，凡被解放区军队所包围的敌伪军由解放区军队接受其投降，你的军队则接受被你的军队所包围的敌伪军的投降”，以此避免内战。

新四军第五师师部根据延安总部命令和中共中央关于华中部队行动方向指示中关于“五师集中主力进占信阳、武汉之线”的规定，迅即向各军分区、旅颁布紧急命令:立即动员全部力量迅速占领被敌伪盘踞的大小城市、交通要道,限令伪军反正、投降,并按指定地区驻扎,否则即予以消灭。我军占领城市及交通要道后,应即组织群众和武装群众,建立革命秩序。

15日,日本政府由瑞士驻华大使馆转交正式投降照会。蒋介石即电冈村宁次:日本政府已宣布无条件投降;应即通令所属日军停止一切军事行动,并派代表至玉山(指江西玉山机场)接受中国陆军总司令何应钦将军之命令;军事行动停止后,日军可暂保有其武装及装备,保持其现有态势,并维持其所在地之秩序及交通,听候中国陆军总司令何应钦将军之命令;所有之飞机及船舰应停留现在地点,但长江内之舰船,应集中宜昌、沙市;不得破坏任何设备及物资。

于是,湖北地区便出现新四军第五师和国民党第六战区同时接受日军投降的局面,新四军第五师的受降工作只得冲破重重困难展开。8月中下旬,新四军第五师各部奉命展开受降工作。第十三旅第三十八团沿平汉路东侧南下,进抵孝感魏家店、花园后,迫使伪暂编陆军第十二师一部缴械投降,驻晏家河之日伪军拒不放下武器被全部消灭。第一军分区第四十二团和教导团,在攻克黄陂甘棠店、六指店后,随即围攻河口镇,向日伪军展开政治攻势,迫使驻该镇之伪黄安县大队投降,俘伪军官兵300余人。第五军分区第四十四团一营、教导团第一大队,全歼驻京山永隆河之拒降伪军张明道部,第四十四团还配合天京潜和天汉两个县总队,在天门吴家新场歼灭拒降日军1个中队和伪军2个大队,毙俘日军55人、伪军300余人。京(山)钟(祥)县大队攻克下洋港,歼灭伪军1个中队。第三军分区江南挺进支队围攻石首调关、焦山河、章华港等伪军据点,歼灭拒降之全部伪军。第四十五团围攻潜江县城,歼灭拒降日军一部,并在监(利)沔(阳)总队配合下全歼驻监利毛家口之伪军2个大队。监沔总队还将朱河伪军1个团悉数缴械,将胡场拒降之伪军1个营歼灭。襄西第三十三团歼灭拒降日军一部后,又在荆南姚家集、雷都庙等地向拒降之日伪军发起进攻,毙伤其40余人。汉(川)沔(阳)指挥部向盘踞在峰口的伪军发出通牒,迫使400余名伪军缴械。在鄂南的第五师部队配合县、区各民兵武装迫使马桥、陆溪口伪军200余人和贺胜桥伪军700余人、嘉鱼伪军80余人缴械投降。在十余天受降过程中,新四军第五师主力部队和地方武装共毙伤俘拒降日伪军3500余人,攻克大小城镇12个。

新四军第五师还对武汉日军的受降和接管工作进行周密部署。新四军第五师和中共鄂豫边区委员会决定成立由黄宇齐（邝林）任书记的武汉工作委员会，成立由杨经曲任主任、顾大椿任秘书长的武汉解放委员会，成立由杨经曲兼任总司令员、文建武任参谋长的武汉解放军司令部，派杨经曲以武汉先遣军司令名义进驻汉口洞庭街原俄国领事馆，负责接洽驻汉日伪军投降。同时，中共鄂豫边区委员会和边区行政公署抽调民主建国公学部分熟悉武汉情况的师生，组成先遣队进入武汉市区，进行宣传、组织和调查，为接管武汉做准备工作。但是，由于蒋介石明令所有日伪军“坚守原地”等待国民党军队受降，由于国民党军队通过海、陆、空各种运输工具先行控制武汉，新四军第五师对武汉日军受降接管未能实现。

8月10日，蒋介石向第六战区司令长官孙蔚如发出指令，令其留1个军监视宜昌、沙市方面的敌人，派4个军向武汉开进，解除日军武装，同时告之“应警告管辖区以内敌军不得向我已指定之军事长官以外任何人投降缴械”。11日，蒋介石电令伪湖北省政府主席、武汉绥靖公署主任兼湖北保安司令叶蓬为国民政府军暂编第七路军司令，任命伪第十四军军长邹平凡为国民政府军武汉守备指挥兼新编第二十一军军长，负责武汉地区治安。21日，国民政府军陆军总司令何应钦按蒋介石旨意颁布中国各战区受降主官分配表，指定孙蔚如为第六战区受降主官，负责接受武汉、沙市、宜昌地区日军第六方面军投降。26日，第六战区部队进驻宜昌。30日，第六战区司令长官前进指挥所在汉口设立。同日，孙蔚如任命第十集团军总司令王敬久为武汉市地区日军总受降官。第六战区部队纷纷向武汉运动：第六十六军宋瑞珂部从公安出发，经潜江、天门、汉川向汉口前进；第五十九军刘振三部由宜城出发，经随县、应山、孝感向武汉东前进；第七十七军何基沣部从钟祥出发，经京山、安陆、随县，向武汉北前进；第七十五军柳际明部从宜昌出发，经沙洋、应城、天门、汉川向武汉西前进。

9月2日，日本签订投降协定。9日，冈村宁次代表日本帝国政府及日军大本营，在南京向中国签字投降。南京签降仪式举行后，各战区和方面军开始陆续接受日军驻该地区部队缴械投降。13日，王敬久抵汉，开始办理受降事宜。17日，孙蔚如率第六战区长官司令部有关人员抵汉。18日，在汉口中山公园中山堂举行受降仪式，由孙蔚如主持。下午3时，郭忏、王东原、王敬久、周岩、侯镜如、宋瑞珂等步入受降礼堂受降席入座。受降仪式开始，日军第六方面军司令官冈部直三郎及参谋长中山真武走进受降堂，立正排列受降席前。冈部直三郎脱帽向孙蔚如行礼致敬。随后，冈部解除佩刀递上，以示冈部所率日军第六方面军共21.3万人全部缴械投降。接着，孙蔚如将《第六战区作战命甲第一号命令》交给冈部直三郎，冈部恭谨地在降书上用毛笔签名并加盖私章，表示“遵照实施”。

图4-37 汉口中山公园受降堂

此后，第六战区开始湖北地区受降。9月25日至30日，武汉地区日军79256人，分别向驻汉口第六十六军和驻武昌第九十二军投降。9月22日至10月2日，驻沔阳仙桃镇附近之日军独立步兵第五旅团4000余人，向第二十六集团军第七十五军投降。9月25日至10月6日，驻天门县城、岳口镇之日军第一三二师团1.4万余人，向第七十五军投降。9月28日至10月2日，驻孝感附近之日军第独立步兵第十一旅团7000余人，向第三十二集团军第五十九军投降。10月1日至5日，驻金口、新滩口之日军独立混成第八十八旅团8000人，向第九十二军投降。10月1日至6日，驻黄陂附近之日军独立混成第八十三旅团7000余人，向第七十五军投降。10月3日至11日，驻咸宁附近之日军独立步兵第十二旅团1.4万余人，向第九十二军投降。10月9日至13日，驻嘉鱼附近之日军独立混成第八十六旅团6000余人，向第六十六军投降。此外，武汉附近及其以西的日本海军部队，由第六战区司令长官部特派专员接收。该地区的日本空军部队由中国空军第四十基地司令沈延世及其指定人员接收。

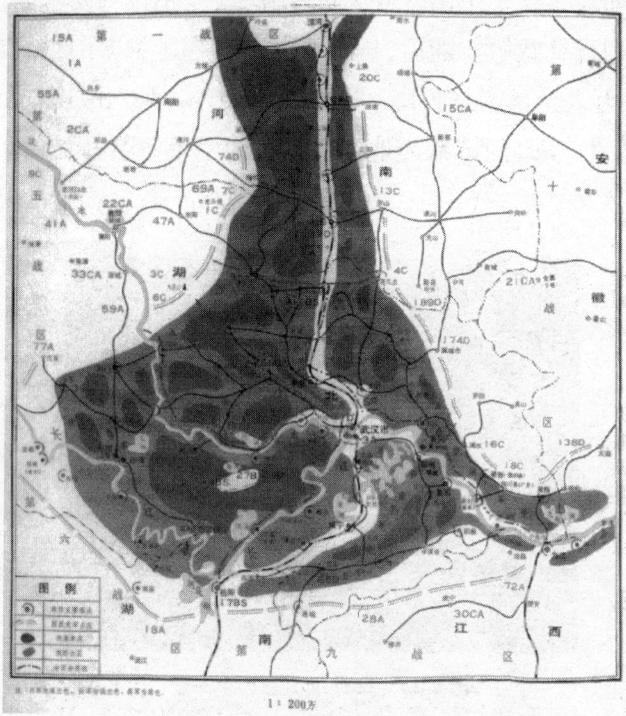

图 4-38　日本投降时鄂豫皖湘赣解放区形势图

湖北抗战，是中国人民抗日战争乃至世界反法西斯战争不可分割的重要组成部分，是湖北革命斗争历史乃至湖北现代历史辉煌灿烂的一页。湖北地区军民所进行的艰苦卓绝斗争，打乱了日本帝国主义的侵略计划，支援了世界反法西斯战争，有力地保卫了战略大后方，创建了新四军中人枪最多的新四军第五师、华中地区地域面积最大的鄂豫边区抗日民主根据地（后称鄂豫皖湘赣解放区），为中国人民抗日战争和世界反法西斯战争的胜利作出了重要贡献。

第五章　决　斗

一、针锋相对

抗战胜利后的中国是一个矛盾而又复杂的中国。中国向何处去？毛泽东在思考，蒋介石也在思考。民族战争的硝烟刚刚散去，内战的阴霾又笼罩大地。一直在保存实力、坐待胜利、准备内战的蒋介石，迫不及待想抢夺抗战胜利果实，战刀直指解放区。蒋介石企图凭借手中400多万军队和美国支持，发动全面内战。中国共产党努力争取和平，与国民党蒋介石集团展开针锋相对的斗争。在这场关乎中国命运前途的较量中，中原地区成为国共双方争夺的焦点。

"中原逐鹿，谁主神器。"1945年8月10日，日本乞降消息传出的当天，毛泽东就写下《关于日本投降后共产党任务的决定》，明确指出"苏联参战后，日本已宣布投降。国民党积极准备向我解放区收复失地，夺取抗日胜利的果实。这一争夺战，将是极猛烈的"，并有可能发展为大规模内战。同日，他指示直属中央军委指挥的新四军第五师李先念部："苏联参战，日本投降，内战迫近，你们所处地位，不可能夺取大城市，而应乘机扩大地区，夺取武装，夺取中小城市、交通要道，限令伪军反正、投降，并按指定地区驻扎，否则即予以消灭，立即投入准备对付内战这一新的严重斗争。"

对抗战胜利后所面临的复杂形势，李先念也忧心忡忡。他与郑位三、陈少敏等联名致电中共中央，向中央提出坚守中原、加强中原的战略性建议，深得中共中央和毛泽东赞许。12日，中央同意在鄂豫皖建立中央局，管理现在第五师活动范围之内党政军及河南区党委与河南军区工作，并决定派徐向前任中央局书记。因徐向前患病，指定郑位三为副书记，在徐向前到达之前代理书记。

13日，新华社发表毛泽东撰写的社论《蒋介石在挑动内战》。同日，毛泽东在延安干部会上的演讲中指出，蒋介石的方针已经定了，对于蒋介石发动内战的阴谋，共产党所采取的方针是明确的和一贯的，这就是坚决反对内战，不赞成内战，要阻止内战。正如毛泽东所判断的那样，蒋介石打内战的决心已定，但发动全面内战还有许多困难，于是玩弄起两面手法，在8月14日、20日、23日连续3次致电毛泽东，邀请毛泽东速到重庆"共定大计"。在接到蒋介石前两次电报后，毛泽东于8月23日主持召开中共中央政治局扩大会议，研究时局和重庆谈判问题，提出"和平、民主、团结"的新口号。28日，毛泽东和周恩来、王若飞从延安飞抵重庆。毛泽东赴重庆谈判期间，由刘少奇主持中央工作。临行前，毛泽东与刘少奇谈了一天一夜，告之密切关注东北和中原问题。

中原解放区，是扼制华中重镇武汉和平汉铁路南段的战略屏障，是堵截国民党军北运重兵进攻解放区的重要咽喉，是和平与内战、光明与黑暗、进步与反动两大势力争夺的前沿阵地。中共中央和刘少奇深知这一地区的特殊重要性，多次召开会议研究中原形势和任务。9月4日，刘少奇致电李先念等，明确指出"你们现在的中心任务是整编一二万主力军放在手中"。李先念等迅即作出积极反应。9月15日，第五师决定成立野战军，由文建武任司令员、任质斌兼任政治委员，下辖第十三、第十四、第十五旅，共1.6万余人。17日，第五师野战军在湖北应山吴家大店河滩举行反内战誓师大会。25日，经中共中央批准，鄂豫皖中央局在应山浆溪店开始执行职务。

10月10日，刘少奇就作战指导原则再次电示李先念等，告之"必须以超过敌人五六倍的兵力与之作战，然后才能包围敌之一路或一股，干净全部歼灭之"，"这就是毛主席的以多胜少的原则"。"今后你们环境相当困难，将更多的依靠你们在作战上的正确指导，才能打开你们的局面，并取得胜利。"10月11日，毛泽东从重庆回到延安，由于过分紧张工作而病倒，刘少奇继续主持中央工作。

10月下旬，根据刘少奇指示，李先念、郑位三、王震等率新四军第五师和八路军南下支队发起桐柏战役，以优势兵力，采取分割包围战术，先后攻克桐柏、枣阳、新野等县城，歼敌2000余人。对此，刘少奇给予充分肯定，称此次战役"在整个战略配合作用上是极大的”。随后,中共中央命令王树声、戴季英所率河南嵩岳军区部队和王定烈所率冀鲁豫军区第八团等从豫西南下,在桐柏地区与新四军第五师和王震、王首道等所率八路军第三五九旅南下支队会师,于1945年10月下旬在桐柏山地区组建八路军、新四军中原军区,由李先念任司令员、郑位三任政治委员,王震、王树声任副司令员,下辖江汉、鄂东、河南三个军区和第一、第二野战纵队。中原军区野战军和地方军共达6万余人,如同一把尖刀插在蒋家王朝心脏,成为威胁国民党统治的心腹之患。与此同时,经中共中央批准,鄂豫皖中央局充实领导力量,并随之改称为中共中央中原局。中原局由郑位三、李先念、王首道、陈少敏、王震5人为常委。任质斌、戴季英、刘子久、王树声为委员,郑位三代理书记,下设江汉、鄂东、河南3个区党委,分别由郑绍文、聂鸿钧、刘子久代理或兼任书记。中原行署也在同期成立,许子威任主席,杨经曲、涂云庵、刘子厚任副主席。中原军区成立后,坚决进行反对内战与争取和平的斗争,继而又展开反对国民党破坏停战协定与争取主力合法转移的斗争。

图5-1 左起:李先念、郑位三、王震、王树声

面对国民党军不断发动军事进攻和严密经济封锁而造成经济日益困难的状况,李先念等经反复研究,决定主动撤离桐柏山区,向平汉路东作战略转移,拟至苏皖地区与新四军主力会合。东进之北路部队于12月28日克复河南息县县城,1946年1月6日又克光山县城。1月8日,东进两路部队会合于光山、经扶以西地区。

1月10日,国共两党签订《停战协定》,同时下达《停战命令》,规定双方部队自1月13日午夜零点起就地停战。随即,中原局、中原军区所率主力部队集结于以宣化店为中心的罗山、光山、礼山一带,所属之河南、鄂东、江汉军区部队也同时原地待命。1月16日，李先念等率中原局、中原军区、中原行署机关移驻宣化店。然而，就在《停战协定》公布的第二天，奉蒋介石“迅速抢占有利地形，对共军严密封锁，分进合击，彻底消灭中原共军”密令的国民党军攻占息县县城。14日，又强占光山县城。15日，中原军区部队主动西撤时遭国民党军威胁，被迫还击，于定远店全歼企图进攻宣化店之第一五八师第五五五团夏钦三营。据不完全统计，1月13日至22日短短10天之内，国民党军向中原军区部队发动攻击77次，侵占周围村庄46处。中原军区部队被围困在东西不足100华里、南北约50华里的狭小地区，处于国民党军重兵包围之中。两军对垒，针锋相对，一方步步紧逼，一方寸土不让，中原战争如箭在弦。

由于国民党军进攻规模不断扩大，中原军区驻地逐渐缩小，且给养不足，外出运输部队又遭国民党军无理刁难阻挠，李先念多次提出严正抗议，要求军事调处执行部迅速派员调处。1月21日，由国民党代表、共产党代表、美国代表组成的军调部第九执行小组抵达汉口。23日，前往罗山县城，召集冲突双方代表谈判。中原军区副司令员兼参谋长王震代表中原军区参加谈判。国民党军队代表为第四十七军军长陈鼎勋、第六十六军军长宋瑞珂。谈判中，王震严正指出：一旦中原战事爆发，即全国内战的开始，停战协议将会变成一纸空文，挑起内战的罪责必将落到国民党当局头上。由于美方代表努力和王震在一些具体问题上采取灵活态度，最后由王震、陈鼎勋、宋瑞珂和第九执行小组三方代表共同签署《罗山协议》，要求国共双方军队停留于现在各自所在地区，中国共产党所领导之军队得在其所驻在地区之间，运输给养，国民党军绝不得阻挠干涉此种运输行动。

罗山谈判结束后，王震应第九执行小组邀约抵达汉口，通过与美方代表争取，获准在汉口、信阳、罗山等地设立中原军区联络机构，同时争取联合国善后救济总署湖北分署在宣化店设立办事机构。不久，王震接军调部中方代表叶剑英电报飞抵北平，向其汇报中原形势。1月26日，中原局致电中共中央并叶剑英：中原现状对我极为不利，数万人的给养已到无米为炊的程度。我们提议将这个问题个别谈判，早日将主力一部移到华北。27日，郑位三、李先念再电叶剑英、王震：平汉路西大部分地区至今仍未停战，国民党军限期2月底“肃清”我游击部队，要求停战执行小组前来解决路西停战问题。

1月29日，军调部第九执行小组前往礼山县吕王城，与中原军区司令员李先念会谈，达成一临时协议，即《吕王城协议》，重申履行《罗山协议》。然而，协议墨迹未干，国民党军即加紧在中原军区驻地周围修筑碉堡、蚕食鲸吞，紧缩包围圈，捕杀和扣压中原军区非武装运输人员，断其对外交通，实行更严密的经济封锁，同时派遣特务、造谣破坏、投毒暗杀，加快了其“先围而困之，再予以歼灭”的步伐。

为避免全面内战，确保中原部队安全，体现中共争取和平民主的诚意，中共中央决定以放弃中原解放区的重大让步，来换取中原部队合法转移到华东（安徽五河）和华北解放区。2月28日，刘少奇电示中原局：“关于你们的行动方针是力求合法北移，但估计国民党会故意为难，不让你们北移，因此你们应积极进行自动非法向皖东或华北行动的一切准备。但在非法行动前，必须得中央允许，不可贸然行动。恩来不久可到武汉，届时当可决定是否能合法北调。你们现在仍未脱离危险环境，国民党仍企图消灭你们，你们必须提高警惕，以必死之心，求必胜之路。”

图5-2　军事三人小组抵达汉口机场

3月5日，军事三人小组中共代表周恩来、国民党代表张治中和美方代表马歇尔一行从延安飞抵汉口，李先念、郑位三、王首道、王震到机场迎接。当天举行会谈，听取第九执行小组汇报。汉口谈判，国共双方再度确认《罗山协议》和《吕王城协议》有效，同意双方军队限制在原有区域内，停止一切敌对行动，同意在汉口设立中原军区办事处。但是，国民党当局仍拒绝中原部队和平转移与解决给养，并在谈判期间悍然向武汉郊区黄陂河口、塔耳岗和安陆县、应山县等中原解放区阵地发起进攻，企图抢占战略要地。于是，第九执行小组赶赴应山县调处。24日，第九执行小组从汉口乘飞机抵达应山。25日，举行会谈。中原军区代表严正指出国民党方面违背《停战协定》和《罗山协议》的有关规定，无理侵犯安(陆)应(山)地区，强烈要求国民党军立即撤出所占村镇，回到1月23日24时位置。26日，第九执行小组到张杨店、太平镇等地考察。经过激烈斗争，28日签订《应山协议》，明确要求4月1日前国共双方军队后撤至相当距离，中间地区双方都不得驻兵，其他各部暂维持现状。

图5-3　中原军区指战员以野菜、树皮充饥

就在中原部队被围困时，李先念派中原军区副司令员兼参谋长王震等去延安，向中共中央汇报部队情况并请示行动方针。刘少奇在听取汇报以后对王震说："全国会和平的，但你们那里打的可能是有的，要作充分准备。"毛泽东还让王震一定记住告诉李先念：蒋介石和国民党反动派对待我们共产党、八路军、新四军的原则是能消灭的则消灭之。现在不能消灭的则准备条件消灭之。我们要以其人之道，还治其人之身。中原军区部队要继续完成牵制国民党军队的战略任务，并要准备做重大的牺牲，即使是全军覆没，也要保证战略全局的胜利。3月中旬，中原军区已经完全断粮，从李先念司令员到普通指战员都勒紧裤带，靠野菜充饥，但仍咬紧牙关，坚守阵地。3月30日，奉中共中央委派，中共中央南方

局副书记董必武带着各解放区筹措的3亿元法币和二三十辆大卡车面粉，莅临宣化店，看望中原军区指战员。中共中央和毛泽东、刘少奇、周恩来等对中原军区部队的关怀，激发了广大指战员们不畏艰难困苦、不怕流血牺牲、誓同敌人决战到底的决心。

4月，蒋介石企图围歼中原军区部队的部署已基本就绪，而人民解放军其他战场还击的准备工作尚未完成。在这种情况下，继续推迟国民党军大举进攻中原的时间，成为中共和人民解放军的当务之急。为解中原军区部队之危，按照中共中央指示，周恩来出重庆，赴南京，奔武汉，同国民党当局进行了针锋相对的斗争。

4月28日，刘少奇致电周恩来："国方即有对我五师五六万余人之部队及工作人员加以围歼之部署，现已步步迫近，情况危急，请急向国方提出抗议，并向马歇尔提出要求，为了保持国内和平局面，不致引起全国性内战，请马歇尔设法保障五师之安全及给养之接济。并须向国美正式提出警告，同时在报纸上警告全国人民，如我五师五六万余人受到围攻，我不能不认为全国性的内战再次由国民党方面重新发动。其所引起的一切后果当由国民党负其全责。"29日，中共中央发表声明：中原内战是一个极端严重、足以牵动大局的问题，如果国民党当局竟纵容国民党内挑战分子掀起中原的血战，则中国共产党不能不认为中国全国范围内的内战，已由国民党方面再一次发动，其一切后果均须由国民党当局负其全责。

5月，国共之间实际已形成表面谈判实际准备大打的局面。国民党要谈是为了拖延时间，要美国人帮他把主力部队尽可能多地由西南运到东北、华北；中共要谈是为了阻止全面内战的爆发并通过谈判表达真诚地希望和平、要求民主的愿望，以争取广大群众，包括第三方面人士，最大限度地孤立国民党，揭露其反共、反人民、反民主的独裁统治，延缓全面内战的到来。5月2日，蒋介石由西安飞抵武汉，召见程潜、郭忏等人，密令向中原解放军进攻，计划在5月5日至5月9日间"一举歼灭中原共军"。周恩来获悉这一情报后，当即同军调部国民党代表徐永昌会谈，并致电美方代表马歇尔，严正指出：据极可靠情报，国民党政府已秘密下令"围歼"中原军区部队，这是反动派有计划的阴谋，企图在东北未能攻陷长春之前，突然发动全国性的大内战。"中原军区新四军、八路军计有六万人之众，如国民党反动派敢于进攻，破坏停战协定，以致全国糜烂，其全部责任当由国民党负之。”同时表示为制止进攻，澄清真相，愿与徐永昌及美方代表同往中原视察。3日，周恩来一行由重庆飞抵南京。周恩来一下飞机即发表讲话，希望“首先协议停止中原内战，以免牵动全局，发展成为全国内战”。当晚，在梅园新村举行中外记者招待会，在重申中共对东北问题态度的同时，再次驳斥国民党当局散布的“中原无战事”谎言。4日，中原军区发表声明，揭露国民党军“围歼”中原部队的计划蓄谋已久，近日作战给养准备已经完成，中原大战“已如箭在弦上，一触即发”。声明警告：中原内战爆发，必将成为全国内战的起点，国民党反动派不要玩火自焚。

图 5-4　周恩来赴宣化店视察途中涉水过河

5日，周恩来同徐永昌从南京飞抵汉口，与从北平到汉口的美方代表白鲁德会谈。周恩来提议三方代表先到中共部队指挥部巡视后再回汉口制订解决办法。6日，徐永昌托病留在武汉，改由武汉行辕副参谋长王天鸣作为代表一同前往宣化店。8日下午，在宣化店湖北会馆举行军事调停会议。周恩来在会上严肃指出：中原战争如果爆发，必将宣告和谈结束，成为全面内战的起点。会议达成初步协议，并成立军调部第九执行小组附属第三十二执行小组驻宣化店监督停火。当晚，中原军区在礼堂为三方代表及随行人员举行文艺晚会，周恩来再次呼吁制止中原内战。此后，周恩来主持召开中原军区高级干部会议，听取李先念等人汇报，传达中共中央关于中原解放区主力战略转移的决定，研究当时形势。周恩来说：同志们在宣化店坚持斗争，拖住了几十万蒋军。有你们在这里，蒋介石就吃不下饭，睡不着觉，你们支持了东北战场，也配合了华北战场。在这场斗争中，你们取得了很大的胜利，你们都立了大功。但是在目前这种对峙的态势下，你们不要依赖谈判，绝对不要幻想国民党发善心，他们是不会发善心的。你们必须依靠自己的力量。你们脑子必须复杂一点，一定要设法用枪杆子突围出去！9日上午，周恩来一行离开宣化店返汉。10日，周恩来、徐永昌和白鲁德在汉口杨森花园签订《汉口协议》。其主要内容：制止本地区小规模战斗及步哨冲突；立即停止违反原停战协定之部队移动；立即停止新堡垒及永久工事建造；中共中原军区运送1000名伤病员、100名眷属及60名医护人员至安阳；保证中共军队复员人员回程及到达后之安全。

图5-5　中原军区负责人与第三十二执行小组成员合影

6月，毛泽东身体基本恢复，主持中央工作。此时中原解放区已是大军压境，战云翻滚。经过精心部署的蒋介石，认为彻底消灭中原解放军的时机已经成熟，遂密令郑州绥署主任刘峙统一指挥第五绥靖区和武汉行营之第六绥靖区，按既定计划先速歼中原李先念部，并指令担任攻击的各部队务必于6月22日前秘密完成包围态势及攻击准备，于7月1日占领中原军区司令部宣化店，实施攻击。面对“黑云压城”的严峻局势，中共中央和毛泽东作出重大战略决策。6月19日，毛泽东以中央名义电告郑位三、李先念：“蒋决定大打，你处须随时注意敌情，准备突围。”中原局和中原军区根据中央指示，加紧战略转移准备。21日，中原局电告中央：“现在我区局势确已发展到必须迅速主动突围的地步。原定向南突围有长江之隔，向东突围则国民党在津浦线上有强大兵力，难于达到目的；由界首附近北渡黄河则由于不能徒涉的河川很多，危险极大；较安全的，只有由豫西南向鄂中、向西突围的两条路，但这两条路因最近顽军已占我信阳、随县地区，已失去其一，如顽军最近再将应山、安陆、云梦各要点占去，则成纵队的集体突围路线完全丧失。在此情况下，部队虽还可以旅团为单位突围，但由于此种分散突围路线也不很多，可能有半数部队突不出去，特别是如等顽军部署完毕，正式向我全面进攻时再突围，则我不仅在战略上也在战术上亦处于被动地位，那个局面很难设想。”因此，要求“中央能允许我们在本月底即开始实施主力突围的计划，即经鄂中分两个纵队，分别向陕南及武当山突围，然后转至陕甘宁边区。”23日，毛泽东以中共中央名义复电：“所见甚是，同意立即突围，愈快愈好。不要有任何顾虑，生存第一，胜利第一。今后行动，一切由你们自己决定，不要请示，以免延误时机。望团结奋斗，预祝你们胜利。”

6月26日，国民党军兵分四路围攻中原解放区，即整编第四十一师第一二二旅由信阳出动，整编第四十七师由光山、罗山出动，整编第四十八师第一七四旅由商城出动，整编第七十二师新编第十三旅、新编第十五旅由经扶、黄安方面出动，另以整编第十五、第六十六师在平汉路广水、信阳段加强封锁，实施堵击。国民党几十万大军一齐杀向中原军区司令部所在地宣化店，全面内战由此爆发！

二、中原突围

1946年6月26日，中原军区部队遵照中共中央和毛泽东批准的突围部署，在湖北宣化店打响反对国民党军发动内战的第一枪，分六路实施突围战役，拉开全国解放战争序幕。

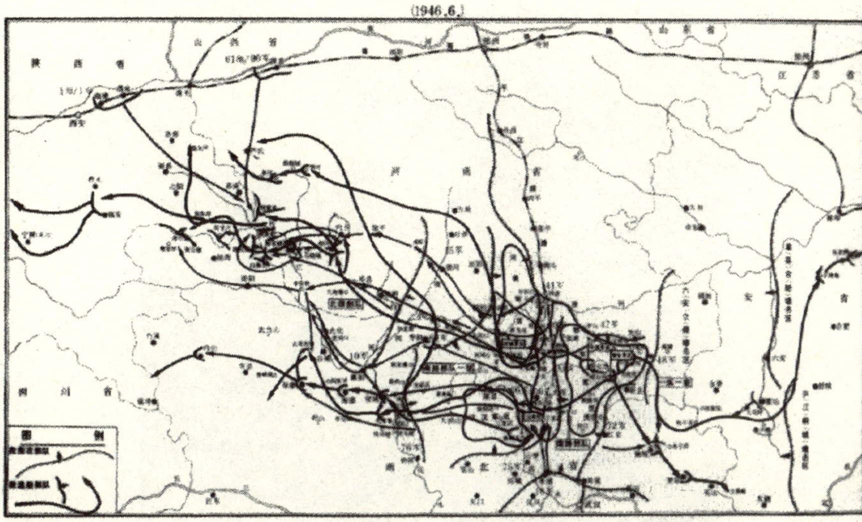

图 5-6 中原军区主力部队分路突围形势图

第一路由李先念、郑位三、王震等率中原军区第二纵队第十三旅、第十五旅第四十五团、第三五九旅、干部旅及军区机关，约 1.5 万余人，组成北路突围部队。

6 月 26 日，北路部队离开宣化店地区，进至信阳东南涩港、九里关地区秘密集结。29 日，到达平汉铁路东之周塘埂。第十三旅第三十七团突然向国民党军整编第十五师第一三五旅 1 个团发起猛烈攻击，夺取柳林车站，掩护中原局、中原军区领导机关和第三十八团、第三十九团、第四十五团顺利通过平汉铁路。同日晚，第三五九旅、干部旅从武胜关北面李家寨越过平汉路。北路部队胜利地冲破平汉封锁线，首战告捷。

北路部队突破平汉封锁线后，即长驱直入，神速前进。7 月 1 日，至应山以北之泉口店、吴家店、浆溪店地区。3 日，国民党军调集整编第四十一师、整编第三师第三旅向随县以北地区兼程前进，企图在空军配合下，一举歼灭北路部队于天河口、高城地区。可合围圈尚未形成，北路部队已进至枣阳县东北之鹿头镇地区。接着，国民党军又急令整编第四十一师、第十五师协同枣阳之整编第三师在苍苔地区夹击北路部队，并出动飞机配合作战，再次计划于 7 月 7 日前围歼北路部队于苍苔地区。北路部队忍饥抗暑，顶风冒雨，日夜兼程，以日行 90 公里急行军，先敌跨过苍苔镇，渡过唐、白河，越过豫西南平原，进入内乡、淅川一线。

图 5-7　突围部队突破敌人封锁线

7 月 7 日，李先念在突围路上发表谈话，揭露国民党军破坏停战协议、大举进攻中原解放区的事实，并代表中原军区全体指战员郑重声明："只要蒋介石实行去年 9 月间的协议，允许我军和平撤往华北解放区，并保护中原解放区人民的一切民主权利，则我方对于蒋介石背信弃义、灭绝人道的滔天罪行，仍可曲予原宥，以维护和平大局。否则，我六万官兵誓当不惜一切，死里求生，并坚信我全国解放区军民决不就此干休，其一切严重后果，惟由蒋介石本人负其全责。"

国民党军三次合围追堵北路部队计划落空后，蒋介石即对整编第十五师师长武庭麟以"行动迟缓，未能阻歼共军""勒令查办"，并严令刘峙务于 7 月 20 日前寻找有利战场，全歼共军。刘峙立即重新部署兵力，企图将北路部队围歼于丹江以东。为分散国民党军追堵兵力，7 月 11 日北路部队进至豫西南内乡以南师岗地区时，李先念、郑位三、王震等决定将北路部队分成两个纵队向西挺进。由李先念、郑位三等率第二纵队第十三旅及第十五旅第四十五团共 7000 余人为左纵队，经淅川地区向南化塘方向前进。由王震等率第三五九旅、干部旅共 8000 余人为右纵队，先期占领淅川城、荆紫关，掩护中原局、中原军区机关通过南化塘后，向陕南之山阳、柞水地区前进。

7月12日，左纵队从师岗地区西进时，第十三旅第三十七团将前来阻击之内乡四个保安团击溃。13日，第十三旅第三十八团将马蹬铺之敌包围，并袭击李官桥、孟家楼等地之敌，迅速抵达淅川地区。14日晚，李先念、郑位三率部于距淅川县城3华里之大石桥处抢渡丹江。在当地群众帮助下，左纵队全部于15日拂晓渡过丹江，抵达淅川以西梅家铺地区。与此同时，右纵队第三五九旅在柳家泉以西击溃国民党军整编第九十师第六十旅两个团后，由王震率旅直和第七一七团在大石桥与柳家泉娘娘洞之间抢渡丹江，绕道西进。突破丹江防线以后，李先念、郑位三、王震等收到毛泽东以中央军委名义发来的电报："整个突围战役是胜利的，敌人毫无所得。你们这一行动已调动程潜、刘峙、胡宗南三部力量，给反动派以极大震动与困难。故你们的行动关系全局甚大。"电报给突围途中的中原将士以极大鼓舞。

李先念、郑位三率部继续向西挺进。17日，抵达南化塘东北之玉皇顶附近。胡宗南部整编第一师第一旅已抢先占领玉皇顶及其西南黄家堡一线山梁，进行堵击。左纵队及中原军区机关被压在玉皇顶山下深沟，左右两翼皆有敌重兵据守，另有尾追之敌源源扑来。李先念等迅速作出强攻部署：以军区警卫团佯攻玉皇顶，吸引敌之火力，阻敌下山；第十三旅第三十七团从正面强攻玉皇顶西南黄家堡一线敌之主阵地；第三十八团、第三十九团在侧翼掩护；第四十五团断后。李先念以"生存第一，胜利第一"鼓舞全体指战员，强攻南化塘、玉皇顶，终于杀开一条血路，突出敌铁壁合围。19日拂晓，进至陕南商南东赵川，遭国民党军整编第三旅、第二十旅各一部阻击，经16小时搏杀，毙伤敌400余人。21日，在商南梁家坟与国民党军整编第九十师第六十一旅激战两小时，将敌击溃，部队继续北上。23日，到达商南白鲁础，与前来接应的陕南游击队取得联系。8月1日，进入商洛中心地域，越丹江，过西（安）荆（紫关）公路。2日，在丹凤留仙坪与陕南游击队会师。

7月17日，王震率第三五九旅亦进抵郧县南化塘、鲤鱼岭一线，遭国民党军整编第九十师第五十三旅、第六十一旅阻击，经鲤鱼岭激战突破敌军堵击。18日，右纵队会合后，继续向西急进。20日下午，进至山阳口头坪，与胡宗南部整编第一师第一旅第一团激战，第七一九团团长颜龙斌负重伤（后牺牲），政治委员蒋鸿钧、参谋长朱佐夫阵亡。随后，第三五九旅在长沟口与敌激战3昼夜，于25日冲破山阳至漫川关敌之封锁线，到达长岗岭、槐树庄一线。此时，干部旅奉命分散，一部编入第三五九旅继续西进，一部化装转移。28日，第三五九旅进抵商县黑山镇，后经商县甘岔沟口、翻鸡关岭至柞水红岩寺。31日，全旅会合于柞水凤凰嘴。8月2日，解放镇安县城，开辟游击阵地。至此，中原军区北路部队取得突围胜利。

图5-8 北路突围部队到达陕南与当地游击队会合

图5-9 三五九旅突围后回到延安，受到延安人民热烈欢迎

第二路由王树声、刘昌毅、刘子久等率第一纵队（欠第一旅）、第二纵队之第十五旅（欠第四十五团）共1.3万余人，组成南路突围部队。

6月24日，南路各部在各驻防地区秘密集结后，第一纵队第二旅由光山望城岗、余家大湾等地出发向泼陂河方向靠拢，第二旅在浒湾、大熊湾地区集结待命，第十五旅从定远店、南岳山驻地出发向西南汪洋店、阳平口方向挺进。25日，各部分别从泼陂河、浒湾、砖桥驻地出发，冒疾风暴雨向宣化店靠拢。26日晚，抵达宣化店以南地区，向吕王城、阳平口方向前进。28日下午，南路各部于礼山县城东之汪洋店附近会合。此时，国民党军已严密部署追堵兵力，企图在平汉路以东地区消灭南路部队。

图5-10　突围部队穿过敌人封锁线

29日，南路部队在阳平口遭国民党军整编第六十六师疯狂阻击，王树声等决定绕道王家店，越平汉路西进。当日黄昏，进抵王家店以东小河溪、何家大湾一线，又遭整编第六十六师第一八五旅和整编第七十五师第六旅顽强堵击。30日傍晚，冲越平汉路封锁线战斗开始。南路各部分路向王家店、卫家店等铁路沿线挺进。原驻路西赵家棚、桑树店一带之第十五旅第四十四团一个营和江汉军区第一旅第一团第三营，炸毁王家店至花园之间铁桥予以掩护。7月1日清晨，部队进抵王家店附近。时国民党军整编第十一师第十八旅由孝感赶来增援，并在飞机和装甲车配合下发起攻击。经一天激战，南路各部越过平汉路，突出重围,进入安陆、应山地区,打破国民党军苦心经营的平汉封锁线。

南路部队到达赵家棚后进行一天休整。7月3日进抵应山西南之寿山地区时接中原局电示:"敌人拟于厉山至天河口一线合击我军,如不能进入豫西地区,即西渡府河,继江汉军区之后抢渡襄河,进入武当山地区。"时逢倾盆大雨,府河恶浪滔滔,毫无徒涉可能。于是,南路各部经大帮店、马坪、淅河,绕至随县西北之安居地区。6日,中原局转中央军委电示:"你们的任务是活动于鄂西北、豫西南广大地区,一面保存自己,同时牵制大量敌人。"7日下午,南路各部渡过府河,向西南疾进。8日,至茅茨畈。

正当南路部队向襄河东岸挺进时,国民党军大军云集,企图围歼南路部队于襄河以东地区。10日,南路部队前卫到达襄河流水沟渡口,搜寻船只,作强渡准备。由于船少人多,水深流急,渡河速度十分缓慢。至11日晨,南路部队除第二旅第四团和另两个营渡过襄河外,大部仍集结于襄河东岸流水沟、雅口地区。此时,后面追敌整编第六十六师、整编第七十五师第六旅正向襄河东岸步步紧逼,第十六旅第四十七团亦从襄河西岸岛口赶来堵击,飞机低旋,封锁江面。王树声等果断决定:刘昌毅、张才千和王海山、陈先瑞分别指挥所部迅速抢渡;闵学胜率第三旅第八团和第六团两个营在流水沟地区构筑阵地,阻击尾追之敌,掩护主力过河。经过两昼夜浴血奋战,王树声等率第一纵队机关和部队7000余人于13日拂晓渡过襄河。大部队过河以后,担任阻击任务的2500余人再也无法过河。闵学胜果断调整战斗部署,毅然决定放弃渡河,向西北突围,转道北上伏牛山。此后半个多月,闵学胜率部孤军挺进,日日与敌鏖战,经宜城,过枣阳,越豫西平原,终于8月初在洛南五里川、双槐树、庾家河地区与河南军区司令员黄林所部会师。

王树声等率南路部队主力渡过襄河以后,在宜城西南之璞河垴、孔家湾一带击溃整编第七十五师第十六旅堵击,分兵两路向西挺进,一路经宜城西南之林家店、李家垱、刘猴集向南漳安家集、报信坡方向前进,一路经胡家岗、高观铺、雷家河向南漳武安镇方向前进。14日至15日,各部分别在武安镇、安家集、报信坡等地击溃整编第六十六师第十三旅第三十七团,在刘猴集痛击整编第七十五师第十六旅第四十六团,后向谷城石花街挺进。18日,由南漳北之茅坪进入谷城,经郭家峪、陈家湾、小沟口、卜家庙等地北渡南河,于20日抵达石花街西南地区。21日,在石花街与整编第六十六师第一八五旅展开激战,歼敌300余人,缴获军用物品一批。此后，南路部队再次兵分两路，向武当山地区挺进。第一纵队第二旅、第三旅和纵队机关为一路，经谷城紫金洞、才庙、官坊、沙河店向房县青峰镇进发；第二纵队第十五旅(缺一个团)为一路，经谷城九道河、五堵坡、沿均(川)房(县)交界处向武当山进军。25 日，王树声等抵达青峰镇后，根据中共中央、中央军委和中原局、中原军区一系列指示精神，决定部队停止西进，在武当山地区开展游击战争，创建根据地。至此，中原军区南路部队突围战斗胜利结束。

第三路为江汉军区部队，7000 余人，由罗厚福、文敏生等率领。6 月 25 日，江汉军区接中原局、中原军区关于突围的指示：除留少数武装坚持原地斗争外，大部向襄西挺进，进入武当山区，相机入川。中共江汉区党委、江汉军区迅速行动，派一支先遣部队赶至襄河边侦察敌情，搜集船只，迎接主力部队渡河；成立中共江汉中心县委，统一领导原鄂中各县中共组织和地方武装；抽调军区第一团一营和京山、应城等县地方武装，组成江汉支队，留在原地坚持斗争。

7 月 1 日，罗厚福、文敏生率部从桑树店、大山头、杨家河等地出发，向襄西挺进。先遣部队于 4 日先敌赶到襄河东岸，占领宜城东南之流水沟，控制渡口，搜集大水木船 100 余只。5 日，前卫部队第三团到达流水沟，在当群众援助下，顶风冒雨，夜渡襄河，迅速占领襄河西岸余家垴、郭海营、牛坊湾一线阵地，掩护后续部队过河。6 日下午，江汉军区部队全部渡过襄河。

渡过襄河以后，中共江汉区委在璞河垴召开会议，决定兵分两翼向武当山挺进。罗厚福、文敏生率第一、第二、第三团和军区机关为北翼，沿公路向宜城进发；刘子厚、李人林率军区警卫团和地方干部团为南翼，走小路前进。6 日下午，北翼前卫部队第三团攻克宜城，继续西进。8 日，占领南漳县城。与此同时，南翼部队经宜城之璞河垴、孔家湾、新集，击溃沿途国民党数路地方武装，于 9 日抵达南漳之安家集。7 月 12 日，北翼部队再占保康县城，向房县挺进。南翼部队经南漳之安家集、报信坡、薛家坪，先后攻克保康之马良坪、歇马河等地国民党地方武装，向房县进军。18 日，南北两翼部队齐聚房县，合力攻打房县县城，连攻 3 日未克，遂停止攻城，继续西进。22 日，攻克竹山县城，歼守敌 1 个营。此后，即根据中原局指示，一面开展创建根据地的工作，一方面对部队进行休整。24 日，李先念电示江汉军区部队进入四川，到城口、万源及通南巴地区发动游击战争。29 日，部队向竹溪、镇坪地区前进时，又接中原局“占领两竹(竹山、竹溪)后”

“全部入川”电示。30日，部队进抵镇坪县牛头店。至此，江汉军区部队胜利实现战略转移。

第四路为中原军区第一纵队第一旅，7000人，由皮定钧、徐子荣率领。6月24日，第一旅接中原局、中原军区指示：用一切办法拖住和迷惑国民党军，使其在3天内找不到中原军区主力行动方向，坚持到29日后越过平汉路，自行选择突围路线与方向。25日，第一旅召开会议部署突围，决定以白雀园为中心，以第一团、第二团部分兵力在余集至沙窝一线正面吸引敌人，坚决阻击和迟滞敌向西追击，待中原军区主力突破平汉路后，向东突围，穿越大别山，到苏皖解放区与华东兄弟部队会师。

26日，当中原局、中原军区领导机关和第一纵队、第二纵队主力按既定计划分南北两路向西突围时，担任掩护主力西进的第一旅遭到国民党军3个整编师5个旅围攻。上午，国民党军各路部队均以少量兵力作试探性进攻，遭第一旅阻击而动作迟缓。下午，国民党军各部从东、南、北三面发起全面进攻，企图将第一旅“围歼”于白雀园地区，亦遭顽强抵抗。第一旅第二团一部在沙窝地区与敌展开激战，第一团三营在余集阵地以强大火力大量杀伤敌人，将国民党军击退。入夜，第一旅奉命撤向白雀园西南地区。

27日，国民党第六绥靖区司令周岩重新部署围堵，使第一旅陷于国民党军包围之中。是日，第一旅主力利用雨雾天气隐蔽于白雀园西南十二里附近刘家山(冲)。28日，从刘家山(冲)出发向南，避开新第十三旅第三十九团在沙窝至余集一线堵击，在九龙山歼敌一个连后，急行军50余里，跳到新十三旅背后，夜宿经扶东南之田铺。29日凌晨，突然九十度大转弯，经张店直插正东黄土岗、福田河之间的潢(川)麻(城)公路，突破国民党军封锁线，使其合击计划落空。

30日，第一旅进入大别山腹地，抵达商城瓦西坪，遭突围后第一场恶仗。此时，第一旅正面有国民党军第三十四旅第一〇一团堵击，西南侧高地被金寨县保安团占领，西北侧高地有商城县保安团据守，已被包围夹击。狭路相逢勇者胜。皮定钧命令第一团团长王诚汉：“动作要快，要猛，要像撕布一样撕开一条口子！”政治委员徐子荣号召指战员：“抢过大牛山，向党的生日献礼！”第一团以前卫第三营担任攻击任务。战斗打响，广大指战员不顾疲劳、饥饿、伤痛，迅猛冲进密林，杀上山岗，其势锐不可当，国民党守军溃败而逃。旅直和第二、第三团在第一团掩护下，沿着撕开的血路直取大牛山。

7月3日，第一旅进抵金寨县吴家店。这里曾是红四方面军的根据地，群众基础好，又地处大别山腹地，皮定钧、徐子荣决定在此稍事休整后，迅速跳出大别山，回到苏皖解放区。7日，第一旅冒雨沿漫水河、黄林庙向东进发。10日，至霍山县。国民党第八绥靖区部署2个旅、8个团堵击，战斗在青风岭展开。国民党安徽省挺进纵队第二团据关扼守，第一旅第二团指战员攀悬崖，穿丛林，刀劈通道，登上青风岭右翼高峰，与敌激战两小时，拿下青风岭，歼敌200余人。突过青风岭，第一旅抵达大别山东陲门户磨子潭，与国民党军整编第四十八师第一七六旅第五二七团激战，后分三批抢渡磨子潭，使敌追堵计划再次落空。7月13日，第一旅先遣侦察队奇袭大别山东麓出口处毛坦厂，歼灭国民党民团20余人。至此，第一旅顺利穿越大别山，迈进皖中平原。

随后，第一旅如铁流倾泻，势不可挡。15日，巧取六(安)合(肥)公路上之官亭镇。16日，奇袭吴山庙，消灭国民党寿县保安队，俘其30余人。17日，在中共淮南区委联络员引导下，强行军经下塘集越淮南路，进入定远地区。19日，到达红心铺。20日，穿越津浦线，与前来接应的淮南军区嘉山支队胜利会师。至此，第一旅完成掩护及突围任务，创造了人民军队军史上的奇迹与经典。

第五路为中原军区鄂东独立第二旅，6000余人，由张体学、吴诚忠、熊作芳等率领。6月23日，李先念、王震向独二旅旅长吴诚忠、政治委员张体学布置突围任务，令独二旅配合一纵一旅掩护主力越过平汉线后自行突围，同时令张体学带一支精干部队秘密赶到宣化店接替警备任务，掩护中原局、中原军区首脑机关和军区警卫团撤离，上演一场“空城计”。24日，张体学、吴诚忠、熊作芳等在吕王城主持召开团以上干部会议，研究掩护和突围部署，决定各团分路突围的时间、路线及会合点。

25日，张体学率一支精干部队赶至宣化店。26日晨，中原军区主力部队按照既定计划，以“演习”为名，分南、北两路向西突围。张体学率独二旅第六团一营和警卫营1个排以“换防”为名，接替警卫军区首脑机关任务。与此同时，国民党军整编第七十二师新第十五旅从黄陂河口出发，向独二旅佛塔山阵地猛烈攻击。独二旅第四团与敌激战三天三夜，仍坚守阵地。

26日晚，为进一步迷惑敌人，中原军区司令部邀请军调部第三十二执行小组美蒋代表，到中原军区大礼堂观看文艺节目，张体学陪同李先念在宣化店街头散步，宣化店宁静如常。27 日，国民党各路大军逼近宣化店，李先念、郑位三等已率部撤离。28 日，第三十二执行小组美方代表突然提出要求会见李先念将军，张体学婉言推辞："李将军身体欠佳，改日再行会见。"

29 日，张体学率接替宣化店警卫任务的独二旅部队照常出操、唱歌，一如往常。至晚，当确知中原军区主力突破平汉铁路封锁线时，张体学在招待第三十二执行小组全体人员的宴会上郑重宣布：国民党军已向我发动进攻，李先念将军已率部突围！这一消息如晴天霹雳，美蒋代表目瞪口呆。随后，张体学率警卫部队迅即撤离宣化店，向东挺进。独二旅按原定计划分三路突围。第一路为旅部和第四团，从吕王城出发，经华家河、郭家河、檀树岗向麻城乘马岗方向突围；第二路为第五团和干部大队，从陂安南王家河出发，经蔡店、八里湾、宋埠、白果镇向罗田三里畈、滕家堡方向突围；第三路为第六团（欠一营），从四姑墩、郭家河出发向麻城以北方向突围。

30 日，第四团经高山岗、豆腐铺、京子沟到郭家河，夜宿箭厂河以南土门一带。第五团穿岐（亭）宋（埠）公路，过宋埠，渡举水河，经白果镇、三里畈、黄岗庙向滕家堡急进。第六团从四姑墩、郭家河出发，昼夜急行军，未遇国民党军大的阻击，在麻城福田河附近渡过举水河，向罗田方向挺进。7 月 1 日，独二旅旅直和第四团在麻城乘马岗遭国民党军整编第七十二师新十三旅堵击，后转移至林店以东高地待命。是日晚，张体学赶到林店。2 日，部队继续向东，在黄土岗以西一带，与国民党军第三十四旅 1 个营遭遇，毙敌 50 余人。同日晚，旅党委和第四团领导人员召开紧急会议，决定以营为单位分散行动。11 日，独二旅旅直及第四团在分散行动后又聚在一起，于罗田滕家堡与第五团会合。17 日，第五团全部、第六团和旅直大部、第四团三营在岳西、太湖边境冶溪河胜利会师。随后，第四团一营、二营和第六团、旅直一部也赶到冶溪河。至此，独二旅彻底粉碎国民党军"围歼"的黄粱美梦。

18 日，中共中央电示张体学等：停止东进，留在大别山区坚持游击战争。这一决定对刚刚突出重围的独二旅指战员来说，是一个极其严峻的考验。因为坚持大别山，就意味着再一次闯进国民党军包围圈与敌周旋。这不仅要有顾全大局的战略眼光，而且要有藐视困难和战胜强敌的勇气。独二旅广大指战员坚决服从中央决定，毫不犹豫表示留下。19日，中共中央复电张体学等：“你们各部在玉珠畈会合，甚慰。你们决定在太（湖）岳（西）边境休息、整理精简部队，布置鄂皖边境地区游击战争，均很正确。望紧紧依靠群众，必要时将部队以团、营、连分散，以能打民团及一连一营之顽军为标准，巧妙地对付敌人，注意部队纪律，到处帮助人民，在鄂皖边建立根据地。”根据中共中央指示精神，中原局决定以独二旅党委为基础组建中共鄂皖地区委员会，由张体学任书记，吴诚忠、熊作芳、何耀榜任副书记，领导鄂皖地区游击战争。中共鄂皖地委随即决定，除原部署留易鹏、黄宏伸在鄂皖边地区坚持游击战争外，熊作芳到皖西传达中央指示、开展游击战争，赵辛初、漆少川到黄冈开展（黄）冈麻（城）地区游击战争，第四、第五、第六团改称第四、第五、第六支队，各部务必于20日天明之前离开冶溪河。

此时，国民党军亦调兵遣将，重新部署，拟对独二旅实行大规模“围剿”。随后，独二旅在鄂皖边展开艰苦卓绝的反“围剿”战斗。21日，张体学、吴诚忠率旅直和第四、第五支队在岳西门坎岭九节沟地区，遭国民党军第三十四旅两个团三面围攻，与敌激战7小时，毙敌三四百人，取得反“围剿”的第一次胜利。战后，第五支队留岳西坚持斗争，旅直和第四支队继续向霍山方向转移。与此同时，第六支队在蕲春、浠水交界三角山地区击溃国民党军新十三旅一部后，向蕲春方向转移。27日，为摆脱尾追之敌，第六支队决定留一部在蕲（春）黄（梅）广（济）打游击，主力向潜山、岳西、桐城边境转移。28日，第四、第五支队向太湖、宿松方向转移，后与原新四军第二师路西独立营两个连和第七师沿江独立团三营七连会合，由鄂皖地委统一领导指挥。8月初，第四、第五支队到达太湖大竹岭，第六支队辗转回到蕲（春）北地区，国民党军7月底“围歼”计划再次宣告破产。

8月上旬，独二旅（欠第六支队）在太湖大竹岭召开连以上干部会议，决定兵分三路，分别由张体学、吴诚忠、熊作芳率领各自行动。第六支队也决定以营为单位分散活动，第一营到蕲（春）黄（梅）广（济）地区打游击，第二营到蕲（春）罗（田）英（山）地区打游击，第三营到（黄）冈麻（城）地区打游击，支队部随第一营行动。从此，独二旅便在鄂皖边地区孤军奋战，坚持斗争。

第六路为河南军区部队，2000余人，由黄林率领。6月下旬，河南军区奉命接应中原军区主力北路部队过平汉铁路。27日，黄林率所部及地方武装分头秘密向铁路边运动。28日，各部到达指定位置，迅速占领有利阵地，修筑简易工事，进行战斗准备。与此同时，河南行署专员张旺午率武装工作队在朱堂店、吴家大店、浆溪店等地，发动群众，备粮筹款，为北路部队准备给养。

29日晚，在北路部队突越平汉铁路时，河南军区部队及地方武装已控制西双河一带大庙畈、火烧寺、青石桥等交通要道。战斗打响后，黄林率部从路西配合作战，形成与北路部队夹击平汉路、东西呼应作战的态势，同时向北对国民党军整编第四十一师第一〇四旅、第一二一旅实行警戒。北路部队穿越平汉路后，地方武装仍继续坚守西双河一带，袭扰、迟滞尾追北路部队之敌。河南军区主力则按既定计划，向随县朱家店一带集结，准备开展豫鄂边游击战争。3日，中原局、中原军区电示河南军区由就地坚持改为战略转移，部队立即尾随北路军西进。4日，黄林在随县草店石家湾主持召开紧急会议，决定经桐柏、过泌阳、趋方城，从南召西南入伏牛山区，至秦岭与北路部队会合。

5日，河南军区部队从随（县）北出发，穿信（阳）桐（柏）公路，以强行军于当晚渡过淮河，抵桐柏花古店。后日夜兼程，突过泌阳尖山沟、马古田、王店。9日，攻打泌阳西北羊册镇，夺取国民党当局粮仓，在补充给养后开仓济贫。10日，经赊旗镇（今社旗县）东北向方城县拐河前进时，又“顺手牵羊”缴获国民党方城县政府一批物资。11日，在过南阳、方城、许昌公路后，伏击整编第四十一师第一二四旅辎重车队，缴获一批军用物资和钞票、金条。两次不失时机的主动出击，不仅基本解决部队经费给养困难，而且有效牵制国民党军主力一部。

河南军区主动积极的战斗行动，打乱了国民党军整个“追剿”计划。刘峙急忙调整兵力部署，令整编第四十一师主力一部寻踪追击河南军区部队，并组织南阳、内乡、山阳和陕西商南等县保安团进行堵击。13日，河南军区部队避开整编第四十一师，于南召板山店一带激战国民党县保安团，抢渡白河，进入伏牛山区。17日，行至伏牛山主峰摩天岭附近二郎庙时，国民党南召保安团挡住去路，广大指战员虽疲惫至极，仍刀出鞘，弹上膛，如猛虎下山扑向敌阵地，闯过生死关口。随后，河南军区部队一路疾进。21日，抵达栾川县西南黑烟镇。22日，于九条岭击溃国民党内乡保安团，毙伤敌百余人，进入桑坪镇。23日，从桑坪镇出发，向伏牛山纵深疾进，经河南卢氏、陕西商南瓦窑街，于26日抵达豫陕边两岔河。

在两岔河，河南军区决定兵分两路前进。司令员黄林、副司令员兼参谋长张水泉率军区直属队、警卫营和第七团三营为右翼，向西北方向行进；第七团团长胡玉堂、政治委员邵敏率第七团一营、二营和军区干部大队为左翼，过西（安）荆（紫关）公路，向中原军区北路部队靠拢。27日，左翼部队从武关附近穿过西荆公路，进入陕南。28日，在竹林关东北过丹江，入山阳境内。29日，跳出国民党军以整编第三师第二十旅第五十八团及山阳、商县保安团所构之包围圈，经卢氏官坡、五里川，抵达木桐沟与右翼部队会合。此时，中原军区北路部队已到达豫鄂陕边，遵照中共中央指示开始执行新的战略任务。河南军区部队于7月底进入商州、山阳地区，亦奉命在豫陕边停止前进。8月初与北路部队会合，投入新的战斗。

中原军区部队成功突围，令毛泽东欣慰不已。10月1日，他在为中共中央起草的党内指示《三个月总结》中写道："过去三个月内，我中原解放军以无比毅力克服艰难困苦，除一部分转入老解放区外，主力在陕南、鄂西两区，创造了两个游击根据地。此外，在鄂东和鄂中均有部队坚持游击战争。这些都极大地援助着老解放区作战，并对今后长期战争起更大的作用。"中原军区部队突围以后，即根据中央军委关于"建立临时根据地"的指示，北路部队创建鄂豫陕根据地，南路部队与江汉军区部队会合后创建鄂西北根据地。后来，鄂西北根据地还由张才千率1200人南渡长江，与先期渡江的李人林部会合，组成中国人民解放军江南游击纵队，在江南活动78天，转战鄂湘边17县，作战200余次，歼敌3000余人，牵制敌人4个旅的兵力。而奉命重新杀进包围圈的独二旅，则牵制着国民党军整编七十二师3个旅和整编四十八师一部，在鄂皖边地区与敌反复周旋，同时建立或加强中共皖西工委和罗（山）礼（山）经（扶）光（山）、蕲（春）黄（梅）广（济）、黄冈中心县委，分片坚持大别山游击战争，度过战斗极其艰苦、环境极端险恶的岁月，直到一年后与千里跃进大别山的刘邓大军会合。

三、第二战线

1945年8月日本投降后，驻恩施的湖北省政府即遵照国民政府行政院命令，紧急布置"还治"武昌，成立湖北省复员委员会。9月3日，省政府主席王东原令鄂东行署主任兼保安司令李石樵从黄州赶往武昌，组建湖北省政府临时办事处，并迅速接收汪伪湖北省政府一切财物。12日，汉口特别市市长徐会之抵汉，后接收汪伪汉口市政府一切财物。17日，王东原率省政府机关，随第六战区长官司令部、国民党湖北省党部抵汉。20日，撤销湖北省政府临时办事处，省政府各厅、处正式对外办公。

1946年4月，王东原调任湖南省政府主席，万耀煌接任湖北省政府主席。1948年4月，万耀煌调离，张笃伦接任省政府主席。年底，张笃伦以局势日紧、财政困难为由，准备大裁员。消息一出，民众哗然。中共武汉地下组织商请民盟出面发动群众，开展斗争。民盟两位委员即以建设厅同仁名义起草《告省政府全体职员通知书》，号召全体职员反对单方裁员。广大民盟盟员及政府员工积极响应，数百人汇集礼堂抗议，并推举代表质问张笃伦，张笃伦拒不露面，聚会人群愤怒捣毁礼堂，后到省实验小学集会，各校教职员工闻讯赶来支援，一时间聚集公教人员数千人。无奈之下，张笃伦只得当众宣布收回成命。此时，白崇禧正主持召开华中区粮食会议，催湖北省政府提前征实征借，并拨大批军粮以济军需。而湖北广大农村此时多为解放区或半解放区，征实征借均无法实施，省财政厅田粮处处长辞职，张笃伦也只好辞职。1949年2月，朱鼎卿接任湖北省政府主席，提出精简机构、实行战时体制等8项施政重点。由于人民解放战争摧枯拉朽，第四野战军在武汉外围大军压境，朱鼎卿的施政重点除省级机关裁减外，其余均未走出省府大院即告流产。5月16日，武汉解放，朱鼎卿率部南逃，国民政府在湖北的统治随之风雨飘摇。这一时期，湖北省政府主要办理以下事项。

第一，重新调整行政区划。"还治"武昌以后，王东原即将全省划分为8个行政区、72个县市和鄂西办事处，派员到各地收复汪伪政权财产，重建各级行政机构，实行国民党一党专政。自1945年9月25日到同年底，省政府任命英山、保康、枣阳等24县县长，同时利用国共和谈特别是1946年1月《停战协定》颁发，对原鄂豫边区抗日民主根据地进行蚕食。6月中原军区部队突围以后，国民党基本实行对湖北的全面统治。

第二，全面接收日军和汪伪在湖北财产。1945年9月20日，省政府发出《安民告示》，宣布"敌伪武汉各种事业，除军事范围外"，"将由本府主管各厅处负责接收"。到11月，省政府共接收139个单位，接收资产达110亿元以上。然而因为除省政府以外，第六战区长官司令部、国民党汉口特别市政府、国民政府有关部门以及原伪第十四军军长邹平凡等也具有接收权力，湖北的接收事务从一开始就成为抢夺战利品的一场混战。

1945 年 8 月，蒋介石唯恐新四军第五师接管武汉，即任命伪第十四军军长邹平凡为国民党军武汉守备总指挥兼新编第二十一军军长。8 月底，邹平凡接管汪伪武汉行营，原伪军一大批头领摇身一变成为国民党军司令、师长、旅长。同时，蒋介石还任命原伪“武汉绥靖公署主任”、伪“湖北省主席”叶蓬为国民党军新编第七路军司令，嘱其“切实负责维护地方治安”，抵抗新四军受降。随即，邹平凡与先期到达武汉的第六战区前进指挥所主任谢世炎取得联系，为其献计献策。接着，又迎接分批而来的国民党党、政、军、特头目进入武汉，向其奉送预先封闭的几十幢高级住房和新购的几十套上等家具。

8 月 25 日，第六战区长官司令部在恩施成立接管日方物资委员会（通称接委会），司令长官孙蔚如任主任委员。9 月 17 日，接委会随第六战区司令长官部抵汉，立即全面接收日伪军的全部装备、军事仓库和附属工厂，其中船舶 177 艘、军事仓库 100 余所、米杂粮 3988.965 万斤。随后，又接收武汉地区电讯、大冶矿区、武昌南湖农场等 59 个单位。

日伪投降以后，原在汉口附近活动的国民党汉口特别市党部主任袁雍，即以“中央军事委员会汉口军事特派员”、“国民政府行政院汉口行政特派员”、“中央党部党务特派员”等头衔，首先进入汉口市区，进行财产接收，从中渔利。9 月 12 日，新任汉口特别市市长徐会之抵汉。次日，即从汪伪汉口市长石星川处进行接收。20 日，又会同经济部特派员接收华中水电公司等企业。此外，国民政府行政院财政部也加入武汉接收。9 月 23 日，财政部特派员接收日伪中央储备银行湖北分行。26 日，接收金正银行。同日，财政部江海关总税务司接收江汉关。

第三，逮捕汉奸，强化军警，加强对地方控制。抗战胜利后，迫于广大民众要求严惩汉奸的呼声，国民党当局在武汉设立军、警、宪联合督察处，同时成立由特务系统和军、警、宪负责人以及法院组成的“肃奸小组”，负责惩治汉奸。省政府“还治”武昌后，即将叶蓬、杨揆一、石星川等 57 名汉奸逮捕收监。省政府、省保安司令部则加强省保安队和各县自卫团（队）力量，进行保甲整编，加强对地方的控制。同时，设立警备司令部，由郭忏兼任司令，强化军警统治。1946 年 4 月，国民政府军事委员会委员长武汉行营成立，由程潜任主任，辖第六、第七绥靖区和武汉警备司令部,以加强对中原解放区的战略控制。

第四,成立湖北省参议会。抗战胜利后,国民党政府在国内外舆论压力下,宣告“结束训政,实施宪政”。于是,在各省、县、市原临时参议会的基础上正式成立各级参议会。省参议会的参议员产生采取选举方式,由各县、市参议会以无记名投票选举。当选参议员由行政院聘任。省参议员名额各县、市均为1人,共72人。1946年4月,湖北省参议会召开第一次会议,何成濬当选议长,习文德当选副议长(1948年1月艾毓英接任)。1948年秋,国民党军在各战场相继土崩瓦解,何成濬恐惧不安,即将参议会之事托艾毓英代理,自己悄然离鄂跑到上海。1949年1月,蒋介石宣布“引退”,何成濬即去香港,后赴台湾。5月,武汉解放,湖北省参议会解散。

第五,废除伪币,进行抗战损失统计。1945年9月,国民政府财政部公布《伪中央储备银行钞票收换办法》,规定伪币中储券200元兑换法币1元。11月1日,湖北省政府据此颁发稳定金融布告,规定自当日起至1946年3月31日为兑换时间。当时,法币与伪币实际比价为一比二十五,国民政府的收换办法大大压低伪币兑换比值,使老百姓手中伪币大大贬值。结果,按照省政府规定期限,全省除几个主要城市收换一些伪币外,流通于广大农村的大量伪币均成废纸,老百姓所受损失无法估量。1946年,省政府还在全省开展抗战损失统计工作。

第六,配合国民党正规军围困“围剿”中原解放区。在国民党30万大军对中原解放区进行围困的同时,湖北省政府密切配合,命令鄂北、鄂中大部分县服从第五、第六绥靖区指挥。国民党地方政府还配合国民党军队在中原军区部队驻地周围日夜抢修碉堡等工事。到中原突围前夕,竟在以宣化店为中心的地区四周修起6000余座碉堡。同时,加紧对中原军区经济封锁,还派特务在中原军区部队驻地附近河流、水井投毒破坏。1946年6月,中原军区部队分路突围,武汉行营下令湖北省政府和救济分署紧急征用300辆大卡车,运兵追击中原部队。为防堵江汉军区部队西渡襄河,省政府主席万耀煌于7月1日电令襄阳第五行政督察专署堵截。7月3日,国民党宜城县政府奉襄阳第五行政督察专署电令,于当晚开始在襄河封锁沿岸渡口,拦截河中行船。

国民党政府违背人民的利益和愿望发动全面内战,不仅使其在军事上屡遭挫败,而且使其统治区政治、经济状况迅速恶化。1947年7月,国民党政府颁布

《国家总动员案》、《动员戡乱完成宪政实施纲要》。随后，又颁布《后方共党处理办法》、《特种刑事法庭组织条例》、《戒严法》等。国民党武汉政府也抛出《防止工潮办法》、《战时军事管制实施纲要》。武汉警备司令部颁布“确保治安防止奸宄分子捣乱”的“十杀令”，规定对于“阻挠政令，反抗政府者”、“破坏社会秩序，扰乱治安者”、“造谣惑众者”、“聚众暴动者”、“煽动罢工、怠工者”、“鼓动学潮者”、“抢劫掳掠者”、“操纵金融者”、“未奉军事长官命令而破坏物资交通、通讯者”、“泄露军机、刺探军情者”，一律处以死刑。国民党特务机构更是恣意妄为，动辄搜查、逮捕“嫌疑分子”。整个国统区为白色恐怖所笼罩，人民群众强烈不满。

在经济上，由于官僚资本急剧膨胀，整个国民经济严重萎缩。1946 年下半年，武汉就出现商店倒闭狂潮。10 月上旬至 12 月中旬，仅汉口就倒闭商店 162 家，武昌、汉阳、汉口一些工厂也纷纷停产破产，大批工人失业。广大市民和中下层小资产阶级的生活濒临绝境。而国民党政府为适应大规模战争需要，军费开支日益增长，造成巨额财政赤字。严重的经济危机致使通货膨胀，人民生活急剧下降。

国民党政府的高压、内战政策和官僚的贪污腐化及其对人民群众的横征暴敛，使整个社会矛盾重重，危机四伏。在中共各级组织领导下，国统区掀起“反内战、反压迫、要吃饭、要活命”运动高潮，配合人民解放军胜利进军，开辟了反对国民党统治的第二战线。

抗战胜利后，为恢复、重建和发展湖北中共组织，中共中央南方局于 1945 年 10 月派赵忍安、李声簧来武汉建立交通联络站，随后又派曾惇、刘实、陈克东等一批党员骨干来汉。与此同时，中共中央和地方各级党委城工部也在对武汉进行干部派遣和组织发展工作。刘邓大军在中原地区完成战略展开以后，中共中央中原局和中原军区在武汉外围相继建立鄂豫、皖西、江汉、桐柏等解放区，其城工部均以武汉为中心，大力进行城市干部派遣和组织发展工作，建立了适应于开展城市地下斗争的各种城市工作组和基层领导机构及秘密外围组织。至武汉解放前夕，周边解放区向武汉派遣的人员和在武汉发展的城市工作人员已达 2800 余名，从而形成与武汉地方党组织相平行的另一重要组织系统和方面军。来自不同渠道的中共党员像涓涓细流汇入大武汉，先后在铁路、水电、纺织、机械、军工、学校、工商、金融、政府机关等各部门找到合法社会职业，站稳脚跟，继而发动群众，不断掀起爱国民主运动风暴。1947年10月，中共中央上海局在武汉同时建立由曾惇任书记的中共湖北省工作委员会和由刘实任书记的中共武汉市工作委员会。1948年7月，在中共湖北省工委和武汉市工委的基础上，成立由曾惇、江浩然、张文澄、陈克东、刘实等组成的中共武汉市委员会。

湖北第二战线是从反对美军暴行开始的。1946年12月24日，北平发生美军强奸北京大学女大学生事件，激发全国反对美军暴行的爱国运动。1947年1月5日，武汉地区大中学生近5000人举行示威大游行，到美国驻汉领事馆递交《抗暴宣言》，成为这一时期湖北地区爱国运动的新起点。此后，湖北即在中共各级组织领导下，开展大规模的反饥饿、反内战、反迫害斗争。

反饥饿斗争大致分为三类。一是工人要求调整工资而举行罢工，影响较大的有黄石利华煤矿福东矿工人要求增加工资举行的大罢工，大冶电厂工人要求增加工资的静坐示威，第十一兵工厂(后改称第三十兵工厂)工人的怠工，宜昌永耀电气公司工人要求增加工资的怠工，武汉市洗染业工人举行的统一罢工，武汉碾坊业工人举行的反饥饿罢工。二是因资本家故意拖欠工资而举行的罢工，较有影响的有《武汉时报》排字股全体工人因不满资方拖欠薪资、克扣年赏而举行的罢工，黄石源华煤矿工人因资本家不发年饷而举行的罢工，南洋烟厂工人因资方长期不按时发薪而举行的罢工，申新纱厂资方借故克扣职工端午节加班费而举行的怠工。三是因资方不执行协议而举行的罢工，较有影响的有武汉市鞋业工人因资方答应增加工资后又拒不执行而举行的大罢工，汉口猪鬃业工人抗议资方出尔反尔迟迟不增加工资而举行的罢工。1948年，反饥饿斗争继续发展，达到225起，较有影响的有平汉铁路工人的要布斗争，江岸、徐家棚铁路工人拒收贬值金圆券、要求改发银元的斗争，南洋烟厂工人罢工，大冶源华煤矿工人罢工，国民党海军司令部下属海军工厂声援被服厂工人斗争而举行的罢工。

反内战斗争则直接针对军事进行。汉阳第十一兵工厂工人开展怠工斗争，把枪炮上不显眼的零件卸掉，让产品蒙混过关。武汉港码头工人消极怠工，抵制军运。武汉造船厂工人拒绝给国民党军队修船。汉阳船舶修造厂工人故意怠工，使“同心”、“同德”两艘军舰推迟半个多月下水。黄石电厂工人故意怠工，多次造成拉闸停电事故。江岸铁路工人制造机车故障，破坏敌人军运。嘉鱼码头工人拒绝承运国民党军队军粮。鄂南电力公司武昌下新河发电所工人拆除铁路岔道，致使铁路无法通车，扰乱国民党军运计划。

反饥饿、反内战斗争，遭到国民党政府的残酷镇压与迫害。国民党各级政府颁布一系列禁令，禁止工人罢工、停业、游行、请愿。国民党政府还在各工厂遍设稽查、宪兵、警察、青洪帮及国民党爪牙，随意逮捕、监禁和屠杀工人。于是，在中共各级组织领导下，又开展起各种形式的反迫害斗争。影响较大的有武汉大学声援南京人民而举行的游行示威和武汉被服厂的抗议活动。

1947年5月20日，南京发生国民党当局镇压爱国学生及市民的“五二〇”惨案。武汉各校师生闻讯后群情激愤，举行声势浩大的反饥饿、反内战、反迫害及声援南京人民的游行示威，冲击阻碍学生爱国行动的湖北省政府。5月底，华北学联发出于6月2日举行全国性总罢课和游行示威活动的号召，国民党最高当局密令各地6月1日开始进行全国性大逮捕。

6月1日凌晨3时，武汉警备司令部所属宪兵、警察、特务分乘8辆卡车冲进武汉大学，将十几名学生和教师押上卡车。学生们闻讯冲出宿舍，围住卡车解救学友师长。军警竟动用手枪、步枪、机关枪对付学生。顷刻间，珞珈山上硝烟弥漫，学士路畔弹雨横飞，陈如丰、黄鸣岗、王杰德3名学生当场中弹身亡，多名学生受伤，造成血腥的“六一”惨案。惨案发生后，中共武汉地下组织负责人立即赶到学校了解情况，提出对敌斗争6条意见。武汉大学中共地下组织核心小组成员与各进步社团及教师代表迅速组成“武汉大学六一惨案处理委员会”，向当局提出惩办凶手、释放被捕师生、公葬死难同学、抚恤死者家属等要求。武汉大学“六一惨案”的真相公之于世后，舆论一片哗然。武汉行营被迫接受武大师生要求，蒋介石勒令“撤职查办”武汉警备司令彭善。

1947年11月初，武汉被服总厂以“戡乱时期国库空虚”为名，扣发工人40万元奖金。6日，该厂厂长及管理员又无端辱骂工人，并鸣枪示威。工人们忍无可忍，当即罢工，结队请愿。7日，厂警枪杀游行示威工人2名、打伤30多名，造成“一一·七血案”。血案发生后，中共武汉市工委书记刘实即时领导该厂工人成立“一一·七血案”治丧委员会，动员全市工人支援武汉被服总厂工人的反迫害斗争。8日，全厂大罢工，挂出死者血衣、照片，发出《告全市父老姐妹书》。武汉工人和各界进步人士纷纷送来挽联、花圈致哀。南京、上海、长沙、郑州等地工人也发来电报、信函声援。在各方压力下，厂方被迫接受工人全部条件。1948年

8月1日在哈尔滨举行的全国第六次劳动大会，对武汉被服总厂工人斗争给予高度赞扬，称其是全国解放战争第二条战线的一个重大胜利。

1948年8月，汉口发生景明大楼美军淫舞案，30多名伴舞的中国妇女在舞池被美军强奸，激起武汉人民反对美帝国主义的新高潮。12月，桂系李宗仁集团为逼蒋介石下野，在湖北策划起一场主张国共讲和、"划江而治"的和平运动。这场改良主义运动，一开始就遭到蒋介石阻碍，也遭到中国共产党反对，很快偃旗息鼓。但是，它促使参加这一运动的李书城、张难先等社会贤达毅然抛弃"中间道路"而站到中国共产党一边，加深国民党内部矛盾而有利于解放战争进展，揭露桂系"划江而治"阴谋而教育人民将革命进行到底，仍然有一些积极效果。

四、千里跃进

就在1947年6月武汉大学进步师生为反饥饿、反内战、反迫害而血溅珞珈山的时候，全国解放战争形势发生有利于人民的重大变化。经过一年作战，人民解放军歼灭国民党正规军90多个旅，连同非正规军共110余万人，使国民党军总兵力由内战初的430万下降为370万，人民解放军则由100万发展到195万，而且机动兵力较国民党军多，装备也得到极大改善。中共中央和毛泽东科学分析全国革命形势和国共两党军事力量变化，及时指出人民解放战争"由战略防御转入战略进攻的时机已经成熟"，毅然决定"举行全国性的反攻，以主力打到外线去，将战争引向国民党统治区域"，并选择地处中原的大别山区作为战略进攻的主要突击方向。

按照这一战略构想，中共中央和中央军委作出"三军配合，两翼牵制"战略部署。即刘伯承、邓小平率晋冀鲁豫野战军主力千里跃进大别山，陈赓、谢富治率晋冀鲁豫野战军太岳兵团挺进豫西，陈毅、粟裕率华东野战军转战苏鲁豫皖地区。三路大军突出国民党军包围圈后，展开外线机动作战，在黄河以南、长江以北，西起汉水，东至海边的广大中原地区向国民党军队发起战略反攻。同时，以西北野战军出击榆林以吸引进攻陕北之敌北调，以华东野战军东线兵团展开胶东攻势而将进攻山东之敌牵向海边。

为便于统一领导和组织力量经略中原，中共中央决定组成新的中共中央中原局。以邓小平、刘伯承、李先念、张际春、郑位三、李雪峰、刘子久、陈少敏为常委，邓小平任书记，郑位三、李先念、李雪峰分别任第一、第二、第三副书记，李先念兼任晋冀鲁豫野战军副司令员。6 月 30 日夜，刘伯承、邓小平遵照中央军委关于"中央突破、南渡黄河，直趋大别山"的战略方针，率晋冀鲁豫野战军第一、第二、第三、第六纵队主力 12 万大军(通称"刘邓大军")，在冀鲁豫军区第一旅、第二旅接应下，从鲁西南强渡黄河，一举突破国民党军黄河防线，随即发起鲁西南战役，拉开战略进攻序幕。在刘邓大军跨越陇海路南征之际，中原突围后从鄂西北转战至豫皖苏的中原独立旅，也奉命加入刘邓大军千里跃进战略进攻序列，重返鄂豫边区。

7 月 23 日，中央军委和毛泽东电示刘伯承、邓小平等："为确保与扩大已经开始取得的主动权，大军在休整 10 天后，除扫清过路小敌及民团外，不打陇海，不打新黄河以东，亦不打平汉路，下决心不要后方，以半个月行程，直出大别山，占领大别山为中心的数十县，肃清民团，发动群众，建立根据地，吸引敌人向我进攻打运动战。"8 月初，蒋介石从山东调集 18 个旅对晋冀鲁豫野战军分进合击，企图逼迫野战军北退或者背水一战。刘伯承、邓小平决定提前结束休整，采取"攻其一点，吸其来援，啃其一边，各个击破"的作战方针，隐蔽南进。7 日黄昏，晋冀鲁豫野战军 4 个纵队兵分三路，直指大别山。第一纵队并指挥中原独立旅为西路，沿曹县、宁陵、柘城、项城之线以西南进，直插豫南；第三纵队为东路，沿成武、虞城、鹿邑、界首之线以东南进，直插皖西；中原局、野战军指挥部指挥第二、第六纵队为中路，沿单县、虞城、界首、临泉之线以西南进，直奔大别山中部。准备开辟新区的地方干部也随各纵队前进。为造成敌人错觉和出其不意，以保证野战军主力隐蔽实施跃进，刘伯承、邓小平还命令第十一纵队和冀鲁豫军区部队开展积极攻势，并在黄河渡口佯动，造成主力将要渡河北返的假象；华东野战军外线兵团 5 个纵队，寻机歼敌实施掩护；豫皖苏军区部队破击平汉路，断敌交通；随第一纵队南进的中原独立旅，参加破路和西越平汉路后直趋信阳以西，作出挺进桐柏山态势，迷惑武汉、信阳方面国民党军。中央军委、毛泽东十分赞同刘、邓决定，连电嘉勉。

11 日，陈毅、粟裕率华东野战军(通称陈粟大军)指挥部北渡黄河，晋冀鲁豫野战军第六纵队和特种兵纵队随即跟进，陈赓、谢富治兵团（通称陈谢兵团）也分别由太岳、太行区出发，向黄河北岸开进。晚，刘邓大军主力从河南民权至虞城间分三路开始跨越陇海铁路，向大别山疾进。13日，越过陇海路，闯过南进途中第一道障碍。随后，蒋介石迅速调集20旅兵力分路猛追，企图围歼刘邓大军于黄泛区。17日，刘邓大军通过黄泛区。18日，渡过沙河，到达河南省沈丘县贾寨。24日夜，渡过汝河。接着，部队长驱南征，从国民党数十万军队包围中杀开血路，于27日全部渡过淮河，进入大别山北麓潢川、固始地区，完成千里跃进计划。毛泽东对千里跃进大别山的胜利给予高度评价，认为这是推动革命的车轮，是走向胜利道路的历史转折点，是一个伟大的转变。

图5-11　南征途中的刘伯承和邓小平

刘邓大军进入大别山之后，迅速实施战略展开，以第一纵队、第二纵队和第六纵队第十六旅、中原独立旅坚持大别山北麓，开展地方工作，掩护第三纵队、第六纵队向鄂东作战略展开。同时，分别从4个纵队抽调干部、战士与随军地方工作干部一起，组成鄂豫、江汉、皖西、桐柏4个中共工作委员会，分区开展地方工作。按照刘、邓统一部署，第六纵队第十七、第十八旅自光山、经扶南下鄂东，实施战略展开。28日，第六纵队一部直逼经扶县城新集，守敌闻风丧胆，仓皇出逃，经扶解放。随后，由经扶挺进麻城，31日占领县城。9月1日，部队驻黄安（今红安）田铺垸。4日，第十七旅攻克黄安。第六纵队主力挺进鄂东后，兵分两路，所向披靡。第十七旅直趋黄陂，威逼武汉。第十八旅6日取罗田、英山后，又横扫浠水、蕲春、广济、黄梅等县。在此期间，坚持大别山区游击战争的中共罗（山）礼（山）经（扶）光（山）、蕲（春）黄（梅）广（济）、黄冈中心县委及其领导的地方游击队，积极与刘邓大军取得联系，为大军挺进提供情报，筹粮筹款，组织群众救护伤员，作出了卓有成效的贡献。

图 5-12 刘邓大军转战大别山

10月初，国民党军以集结于大别山北麓的7个整编师对刘邓大军主力进行合围，而南麓兵力空虚。刘、邓根据这一情况，决定主力再次兵分两路挺进鄂东和皖西，实施战略展开。3日，刘邓大军总部进驻黄安县七里坪。第一纵队、第二纵队沿途扫荡分散孤立之敌，于8日至10日先后在黄陂以东柳子巷、李家集歼灭国民党军整编第五十师新编第十七旅大部和整编第五十二师一部。随后，会同第六纵队主力在长江以北乘虚展开，连克团风、浠水县城、武穴等城镇，并与皖西部队一起控制长江北岸300余里地段，威震大江南北。

10月下旬，国民党军整编第四十师、第五十二师第八十二旅经浠水向广济跟进，企图攻击刘邓大军侧背。中原军区迅速集中分散的第一、第六纵队主力及中原独立旅，在敌必经之高山铺地区设伏。26日拂晓，战斗打响。中原独立旅按计划以小部兵力扮装地方游击队，与国民党军且战且退，诱敌进入高山铺埋伏圈。27日上午，埋伏于山上的主力向敌发起总攻。经数小时激战，共歼国民党军1个师部、3个旅部和5个整团计1.2万余人。高山铺大捷是刘邓大军进入大别山后取得的第一个重大胜利,不仅打击了国民党军和地方反动势力的嚣张气焰,而且大大鼓舞了广大群众的斗争意志,为在大别山站稳脚跟、创建根据地奠定了基础。至10月底,刘邓大军在大别山区共歼敌3万余人,占领县城23座,建立民主县政府33个,完成战略展开任务。

图5-13 刘邓大军实施战略展开

在此前后,晋冀鲁豫野战军副司令员李先念率第十二纵队8300余人,于8月5日从山西晋城出发,挥师东进,继而南下中原,沿途作战,先后解放河南通许、扶沟两座县城。11月2日,抵达光山县文殊寺,与刘邓大军主力会师。刘、邓首长看望经过中原突围的指战员们,并在营以上干部会上作重要讲话,指出没有一年前的中原突围,也不会有一年后的千里跃进大别山。同时,对第十二纵队下达进军江汉、重建江汉根据地,在外线实行战略展开的任务。12月6日,李先念与张才千率领的中原独立旅在黄安华家河会师,奉命组建新的江汉军区。

三路大军挺进中原,使这一地区由国民党军的后方成为人民解放军夺取全国胜利的重要战场,引起国民党统治集团极大震惊。为阻止人民解放军的凌厉攻势,国民党政府于11月下旬成立国防部九江指挥部,由国防部长白崇禧兼任主任,直接掌管鄂、豫、皖、湘、赣军政大权。白崇禧调集33个旅,以所谓政治、军事、经济"总体战"对大别山地区进行围攻。

图 5-14　刘伯承视察战场

12 月 11 日，刘伯承、邓小平决定采取内线与外线相配合的作战方针，实施战略再展开，在大别山立足生根，作出“敌向内，我向外；敌向外，我亦向外”部署。以第十、第十二纵队西越平汉路，分别向桐柏、江汉两地区展开；将野战军指挥部一分为二，并以野战军司令部后方指挥部、中原局率第一纵队北渡淮河，向淮西一线展开，扩大根据地，发展游击战争，担负外线作战任务；以野战军司令部前方指挥部率第二、第三、第六纵队留大别山坚持内线作战。邓小平与李先念、李达留大别山，刘伯承与张际春带部队到淮西。

留在大别山的部队在邓小平、李先念等领导下，坚决将敌牵到外线，以小部牵制大敌，以大部消灭小敌的方针，适时集中或分遣兵力，内外线密切配合，经一个多月作战，歼敌 11 万多人，收复太湖、英山、广济、潜山、岳西、黄梅、礼山等 10 余城，粉碎国民党军围攻。与此同时，第十、第十二纵队乘敌主力被吸引于大别山的有利时机，迅速向桐柏、江汉地区展开，横扫敌保甲系统和土顽武装，占领广大乡村，建立各级人民政权。至 12 月底，共歼敌 4000 余人，解放桐柏、枣阳、泌阳、唐河、新野、京山、钟祥、天门、潜江等城，直接威胁国民党军长江防线、大巴山防线，使其不得不急忙从大别山抽兵回援，从而有力地配合了主力在大别山的反围攻斗争。

图 5-15　大别山妇女为刘邓大军缝制军鞋

随着三路大军在中原地区胜利展开，湖北境内及邻省周边地区先后重建鄂豫、江汉、桐柏、陕南 4 个解放区。

图 5-16　鄂豫军区创办的鄂豫公学旧址

11月中旬，中共鄂豫区委员会、军区、行署在麻城福田河成立。段君毅任区党委书记兼军区政治委员，王树声任军区司令员，刘子厚任区党委副书记兼行署主任。鄂豫区辖5个地委、分区、专署，其中第三、第四、第五地委、分区、专署的辖区在湖北境内。第三地委包括礼山、黄安、黄陂、孝感等县的全部或大部分地区；第四地委包括麻城、黄冈、罗田、浠水等县的全部或大部分地区；第五地委包括英山、黄梅、广济、蕲春等县的全部或大部分地区。

图 5-17 江汉解放区党政军负责人合影

12月6日，中共江汉区委员会、军区、行署在黄安华家河成立。刘建勋任区党委书记兼军区政治委员，赵基梅任军区司令员(不久由张才千接任)，郑绍文任行署主任。江汉区辖4个地委、分区、专署，第一地委包括随县、襄阳、枣阳、宜城、应山、安陆等县的全部或大部分地区；第二地委包括孝感、云梦、安陆、应城、京山、钟祥、潜江、天门、汉川等县的全部或大部分地区；第三地委包括江陵、潜江、沔阳、监利、石首等县的全部或大部分地区；第四地委包括荆门、当阳、远安等县的全部或大部分地区。

图 5-18 中共桐柏区委、行署、军区成立地——应山浆溪店

11月底，晋冀鲁豫军区第十纵队渡过淮河，进入大别山，与刘邓大军主力会合。12月初，奉命进军桐柏，创建桐柏解放区。刘志坚任中共桐柏区委员会书记兼军区政治委员，王宏坤任军区司令员，许子威任行署主任。桐柏区辖4个地委、分区、专署，湖北光化、襄阳、枣阳、随县、应山等县全部或大部分地区属第一、第三地委管辖，谷城、南漳、保康、兴山等县大部或一部属第四地委管辖。

11月3日，晋冀鲁豫军区第四纵队第十二旅自豫西向鄂西北挺进，沿途解放山阳、镇安、郧西、郧县等10余座重要城镇，先后建立6个县级民主政权。1948年1月，中共豫陕鄂区第四地委、军分区、专署在郧西县土门镇成立，辖湖北郧西、郧县、均县和陕南山阳、山商、镇安等县。6月，中共中央中原局、中原军区决定将豫陕鄂区划分豫西和陕南两个解放区，指示第十二旅与西北民主联军第三十八军第十七师合组陕南军区，成立中共陕南区委员会和陕南行署，机关驻郧县县城。汪锋任区党委书记兼军区政治委员（后由张邦英接任），刘金轩任军区司令员，时逸之任行署主任。原豫陕鄂第四地委辖地划属陕南区。中原解放区的重建与巩固和发展，为人民解放军同国民党军进行大决战奠定了坚实的基础。

图5-19 设在郧县的中共陕南区委、行署、军区机关旧址

五、内外交困

1945年8月至1949年5月，湖北地区灾祸、战祸连绵，社会经济受到严重破坏。土地荒芜，广大民众食不果腹，衣不蔽体，流离失所，农村经济濒于破产；官僚资本的经济掠夺，政府官员中饱私囊、贪污受贿成风；金融紊乱，通货膨胀，物价飞涨，企业倒闭，工业生产水平大幅下降。整个国民经济处于崩溃绝境。

继1945年10月的桐柏战役以后，中原军区部队在湖北进行战略坚持，仍受到几十万国民党军队的封锁、围困与挑衅，战事依然不断。1946年6月26日，国民党30万大军大举进攻中原军区部队，悍然发动全面内战。随即，中原军区部队多路突围，主要战场仍多在湖北。1947年8月，刘邓大军千里跃进大别山后，进一步作战略展开，与国民党军进行顽强搏杀，开辟了鄂豫、江汉、桐柏、陕南等新解放区。1948年6月的襄樊战役，1949年4月的渡江作战，5月解放武汉和以后的荆门战役、鄂西北战役等，大都以湖北为主战场。湖北是人民解放战争的主要战场之一。

战争的直接后果是军费开支骤增。1946年国民政府的军费开支占总支出的59.9%，1947年仍占50.8%，到了1948年上半年就高达68.5%。庞大的军费开支，最终造成财政上的巨额赤字。1946年国民政府的财政赤字为46978亿元法币，1947年为293295亿法币，到1948年上半年高达434565亿元法币。为了弥补财政赤字，国民政府在对人民大众横征暴敛的同时，就是大量印发钞票和改革币制，变相掠财。截至1948年8月21日，国民政府发行的法币已达6636946亿元，比抗战前的1937年增发指数达47705.39，法币贬值400万倍，物价极度膨胀，以1948年8月和1937年6月相比，武汉地区的物价已涨424万倍，以致钞票的面值还不及它自身纸张和印刷费的价值。

战争的另一个结果是穷兵黩武和增租增赋。为打内战，国民政府大肆征兵，实行一甲一兵，一保编一排，一乡编一连，一县编一团，一专区编一师的征兵制度。在1948年仅湖北地区就征兵5万余人，到1949年初达到11.5万人，致使广大农村劳动力严重缺乏。在1945年10月1日至1946年9月30日年度内，国民政府下达湖北配购军粮数为90568.8万斤。1948年度，国民政府又实行“征一、借一、捐一”的原则，对湖北征购、征借粮食各190万石（每石120斤），共4.56亿斤，勘乱特捐粮190万石(2.28亿斤)。湖北省政府规定，军粮购价为每斤50元，只有当时市价每斤200元的四分之一。除此之外，各地驻军还要按此价任意向当地农民强行购买粮食。沉重的赋税和军粮负担，外加连年的灾荒，致使广大农民流离失所，广大农村田地荒芜，农村经济破产。

与此同时，湖北地区灾害不断，荒芜农田已达1324.9万亩，受灾民众948.5万，几占湖北总人口的一半。1946年4月和1947年5月，郧西、宜都、五峰、房县、襄阳、枣阳、竹溪、郧县、黄冈、保康、竹山、长阳等地先后发生雹灾，受灾农田14.2万亩，受灾人口13.4万。1946年7月至9月，江陵、松滋、公安、石首、云梦、蕲春、京山、秭归、汉川、宜昌、通山、英山、汉阳、巴东、礼山、竹山、宜都等县遭受水灾，受灾农田135.8万亩，受灾人口54.2万。1947年四五月间，湖北全省共有31个县遭受旱灾，受灾农田425.8万亩，受灾人口497.2万。1948年夏，湖北遭受百年未遇水灾，43个县市受害，受灾农田985.1万亩，受灾人口478.8万。一时间，咸宁境内水天同色，汪洋一片；黄梅滨湖区，田禾尽葬鱼腹；黄陂滨湖，大麦小麦颗粒无收。农业生产遭到严重破坏，农产品产量急速下降，广大民众生活在水深火热之中。

武汉是仅次于上海的第二大商埠，是华中的工业、商业、金融、贸易中心，在国民党统治下却成为官僚资本巧取豪夺的宝地。抗战胜利后，湖北境内官僚资本通过接收日伪产业物资，资本空前膨胀。在金融方面，官僚资本吸收日伪在武汉的所有金融机构，其中日本银行3家、汪伪银行20家、德国银行1家。其总资产无法统计，仅中江实业银行等19家汪伪银行的资本总额就为1.15亿多军用票。接收时被封存的伪中储券，伪中央储备银行汉口支行有778.7亿元，伪中江实业银行有129.4亿元。此外，各银行收购的物资计有13个仓库，共值上千亿元以上。

在工商业方面，官僚资本不仅接收日伪庞大的资产，而且强行将一些民营资产、民有房屋如上海大戏院、光明电影院、黄金大戏院、金龙云记面粉厂、达昌机器染厂、汉口义兴铁厂、太平洋肥皂厂、震昌机器铁工厂、汉阳电气公司等，均作敌产收入囊中。国民政府也将接收的资本转换为垄断资本，如第十一兵工厂、第二十六兵工厂、武汉总被服厂均是在接收日军兵工厂的基础上加以扩建而成,武昌机械厂即接收日伪酒井铁厂、东亚株式会社、岩崎洋行机厂、中山钢铁厂等8家企业资本而建,华中钢铁公司是在日本制铁株式会社(汉冶萍公司)基础上建立,武汉区铁路管理局是在接收平汉、粤汉铁路系统的基础上成立。湖北民生茶叶公司、湖北应城石膏公司、湖北民生贸易公司等"国字号"企业,则以统购统销政策控制湖北的主要民用资源。

以四大家族为代表的官僚资本,借接收日伪财产之机逐渐垄断湖北的金融、资源和重要工商企业,致使一大批民族工商业企业破产。1946年8月,汉口各种民营商店近2万家,到10月只剩下1.7万家,失业人口急增。民营企业的命运也是一样。如染织纱厂在1946年10月初武汉还有300余家,到月底就停产倒闭200家。年底,武汉大小棉纺织厂关闭75%,大小烟厂关闭90%,到1947年9月,武汉市工厂只有459家,还不及战前1936年516家的规模。散布于广大乡村的大量手工业者,也大都破产。如鄂城在战前从事手工业者有478户、1122人,到1949年5月武汉解放时,只有248户、529人。如此造成大量工人失业,社会矛盾进一步激化。

战后接收日军和汪伪在湖北财产,从一开始就成为抢夺战利品的一场混战。由于权力没有约束,国民党各级官僚到达光复区后,便各谋私利,徇私舞弊,滥用权力,疯狂抢、占、偷、漏。"抢"即在接收之初公开抢占日伪房产和金银珠宝等财产。"占"即以单位名义占有,再化公为私。"偷"即监守自盗。"漏"即示意日伪官员故意在移交清册中漏列若干财产,使其落入接收人员私囊。伪第十四军军长邹平凡因送给接收大员500根金条而成为新编第二十一军军长,得以在接收中大肆渔利。第六战区副司令郭忏收受日伪贿赂价值500亿元以上的现金和物资,物资大部变卖,其余运往南京打点各路官长。"中央通讯社"武汉分社社长徐怨予因与中统特务挂钩,即在接收中乘机窃掠商品30多吨、价值三四十亿元,同时窃掠投敌的军阀方本仁和伪汉口市市长石星川的大批财物。接收中的贪污受贿、抢劫偷盗,致使民怨载道,举国愤怒。正如《武汉日报》一篇文章所言:"由中央到地方,接收的贪污、汉奸的包庇,把光复后应该光明的局面,搅得一团糟,真太伤了善良的小民的心!"

战后的美国支持国民党发动内战,从而从国民政府攫取更多的特权。1945

年11月,《中美友好通商航海条约》签订,使美国人在中国获得国民待遇,美国获得最惠国待遇。1947年10月,《中美参加国际关税与贸易一般协定》签订,使美国110种商品在中国免收进口税。美元与法币的兑换,既加深了中国的金融危机,又让美国盗取了中国的巨额财富。战前美元与法币的比率为1∶3.41,战后物价上涨2600倍,美元与法币的比率为1∶8000以上,但国民政府却确定为1∶2020。这一结果使美元在华投资剧增,由1936年占世界各国在华投资总额的8%,上升到1948年占80%,美货充斥中国市场,影响和破坏了中国民族工商业的发展。如棉花,湖北省政府按国家规定,减低进口税率,由70%降到40%,使美国棉花和棉制品大量销到湖北,导致湖北棉田面积、棉花产量逐年减少。1947年,湖北棉田面积为701.8万亩,产棉211.7万担。到1948年,棉田面积只有624.1万亩,产棉186.6万担,分别比上一年减少11%和13%。

为挽救财政经济危机,国民政府还实行币制改革,变相掠财。1948年8月20日,国民政府公布《财政经济紧急处分令》及《金圆券发行办法》、《人民所有金银外币处理办法》,宣布废止法币,发行金圆券,限期以金圆券1圆比法币300万圆的比价收兑法币,黄金、白银、银币和外币禁止流通、买卖或持有,限期向中央银行兑换金圆券,规定黄金1两兑金圆券200圆,白银1两兑3圆,银圆1枚兑2圆。结果是用一纸金圆券,就强行从人民手中兑换大量金银和外币。从1948年8月21日到10月底,仅中央银行汉口分行就在武汉收兑黄金73614两、白银551882两、银圆5206915枚。11月12日,国民政府又公布《修正人民所有金银外币处理办法》,准许人民持有金银外币,但金银外币兑换率一律提高5倍,规定人民用金圆券兑换黄金白银时,必须同时向银行储存与兑换金银同值之金圆券。这实际上就是用2000圆金圆券兑换1两黄金,30圆金圆券兑换1两白银,20圆金圆券兑换1枚银圆。结果全国各地出现挤兑风潮,到12月23日,国民政府又宣布停止收兑。出尔反尔,翻手为云,覆手为雨!武汉在这短短几天内共兑出黄金6116.95两、银圆1064787枚,收回金圆券(包括存款)34529672圆。这一进一出,使广大民众大遭盘剥。

到1949年夏,国民党政府已是内外交困,军事上一败涂地,政治上空前孤立,经济上全面崩溃,其专制统治已经走到尽头。

六、湖北解放

辽沈、淮海、平津三大战役,犹如三把巨斧劈向国民党军,使中国政治形势发生历史性变化。蒋介石把持的国民政府正如一艘破船,在人民战争的海洋中慢慢沉没。

1949 年 1 月 1 日,毛泽东发表《将革命进行到底》的新年献词,指出必须“用革命的方法,坚决彻底干净全部地消灭一切反动势力,不动摇地坚持打倒帝国主义,打倒封建主义,打倒官僚资本主义,在全国范围内推翻国民党的反动统治,在全国范围内建立无产阶级领导的以工农联盟为主体的人民民主专政的共和国”。在彻底推翻蒋家王朝、解放全中国的胜利进军中,湖北迎来解放的曙光。

湖北解放从鄂西北开始。1947 年 8 月,晋冀鲁豫野战军第四纵队第十二旅及西北民主联军第三十八军第十七师,分别由河南济源县小教口、山西平陆县茅津渡渡过黄河,挺进豫陕鄂地区。9 月 28 日,两支部队在陕西商洛龙驹寨会师。11 月 3 日,第十七师诱敌东进作掩护,第十二旅兵分三路从五里川向东南疾进,于 10 日渡过丹江。12 日,解放郧西重镇上津。16 日,解放郧西县城。30 日,第十二旅第三十四团、第三十六团解放郧县县城。1948 年 3 月 21 日,均县解放。1949 年初,为牵制敌人,配合三大战役正面作战,中共陕南区委决定发动房(县)竹(竹山、竹溪)战役。1 月 6 日,陕南军区部队从郧县向房县挺进。9 日,发起进攻。10 日,解放房县县城。20 日,第十七师第五十团解放竹山县城。5 月 1 日,奉中原军区命令,以陕南军区为基础成立中国人民解放军第十九军。23 日,第十九军开始西进,配合第一野战军策应关中地区。30 日,第五十七师解放竹溪。至此,鄂西北地区全部解放。

1948 年 4 月 15 日,江汉军区江汉独立旅发起宋河战斗,歼灭国民党军新编第十七旅,京山县境内国民党军大部溃退。6 月 17 日,江汉独立旅再次攻克京山县城,国民党军第五十二师和县政人员弃城溃逃,京山全境解放。21 日,京(山)钟(祥)县地方武装收复钟祥县城。23 日,天(门)京(山)潜(江)中心县指挥部挺进钟祥。25 日,在塘港、陈王集向国民党钟祥县武装发起猛烈攻击,钟祥大部解放。荆门战役后，钟祥襄河以西地区随之解放，钟祥全境解放。

1948年6月下旬，中原野战军决定以第六纵队3个旅、桐柏军区5个团、陕南军区第十二旅第三十四团和第三十五团、郧白和郧均独立团共15个团2万余人，在江汉军区配合下发起襄樊战役。6月25日，陕南军区参战部队奉命东进，攻打谷城县石花街。7月2日，中原野战军第六纵队向老河口发起攻击，致守敌第四八七团望风而逃，从而解放老河口、南漳，直逼襄阳、樊城。同日，陕南军区第十二旅由均县草店隐蔽急进，于3日拂晓突袭谷城，歼守敌第一六三旅大部，俘第一六三旅少将副旅长闫官禄以下官兵1800余人，解放谷城。4日，桐柏军区第二十八旅进至樊城以东张家湾一带，第六纵队沿汉水南岸抵达襄阳城郊。5日，第六纵队、桐柏军区第二十八旅和第一军分区第八八团、襄阳独立团合围樊城。15日晚，第六纵队向襄阳城发起总攻，守敌第一〇四旅和第一六三旅第四八六团、第一六四旅第四九二团、襄阳保安旅、整编第二十三旅教导队等纷纷溃退，城内守敌大部被歼，敌第十五绥靖区中将司令官、国民党特务头子康泽被俘，襄阳城解放。16日，第二十八旅向樊城发起猛攻，守敌第一六四旅第四九〇团、第四九一团仓皇撤退，樊城解放。襄樊战役历时14天，歼敌2.1万人，取得开辟桐柏解放区以来的最大胜利。1949年1月21日，江汉军区独一旅进攻宜城，守敌望风披靡，向西逃窜，宜城解放。此前，桐柏军区第一军分区、第三军分区和中原独立旅等部已于1947年12月解放枣阳。

图5-20　襄樊战役动员大会会场

图 5-21　襄阳解放后，军民喜运战利品

1948 年 6 月，江汉军区部队收复随县县城，接着解放厉山镇，随县全境解放。1949 年 3 月 30 日，江汉军区第一军分区第三十九团进攻应山县城，全歼国民党应山县地方武装，生俘国民党河南省保安第四旅第八团残部 30 余人。4 月 3 日，第一军分区第三十七、第三十九团进攻广水镇，国民党军第一兵团二十九军一部及地方武装 3000 余人闻讯逃窜，应山全境解放。

1948 年 9 月 24 日，江汉军区第二军分区独立第四团、第五团进攻天门县城。25 日，天门县城解放，国民党天门县政府流亡应城。1949 年 1 月 20 日，江汉军区决定集中独一旅和独二旅 6 个团、第二军分区第二和第六团、第三军分区第十和第十二团、第四军分区第十三和十五团等，发起荆门战役。2 月 3 日，各部按预定部署陆续进至荆门城周围地区，迅速扫清外围据点守敌。4 日，战役总攻开始。独一旅第二团首攻东宝山，占领东宝山主峰，夺取全城制高点，各路部队迅速进入市区，经过子陵铺、县城、大烟墩集、团林铺等地战斗，歼敌第七十九军军直（缺炮兵营）、第九十八师、第一九四师大部、第一九九师第五九七团和第二九八师、第六十师各一部及 6 个保安大队，计 8980 人，伤敌 1364 人，俘敌七十九军军长方靖以下官兵 7616 人，缴获大批军用物资，解放荆门、当阳大片地区。7 月，渡江南下的第四野战军沿汉宜路解放沙洋、长湖、后港、拾回桥等地，荆门全境解放。

1949 年 3 月上旬，中国人民解放军第二野战军先头部队挺进大别山，与坚持大别山的鄂豫军区部队会师。11 日，鄂豫军区独立师进攻麻城县城，国民党军第四十八师第一七六旅第五二三团及县绥靖团弃城溃逃。18 日，鄂豫军区独立师第七团占领罗田县城，罗田解放。19 日，鄂豫第五军分区第十三、第十四团进攻英山县城。20 日，英山解放。25 日，第二野战军第四兵团第十三军进抵麻城，麻城解放。4 月 5 日，第四野战军第四十三军第一二七师先头部队进入黄安境内，同黄安县地方武装会合，国民党军弃城而逃，黄安解放。7 日，第二野战军第四兵团第十三军第三十七师第一〇九团解放黄梅县城。8 日，第四兵团第十四军解放浠水县城。9 日，鄂豫第五军分区第十三、第十四团兵分两路进攻广济县城，国民党军闻讯逃窜，广济解放。5 月 14 日，第四十三军第一二九师以 1 团兵力进攻蕲春县城，全歼守敌 500 余人，蕲春解放。同日，第十二兵团第四十三军第一五六师第四六六团在黄冈地方武装配合下，攻克团风镇，解放堵城、黄州。至此，鄂东地区全境解放。

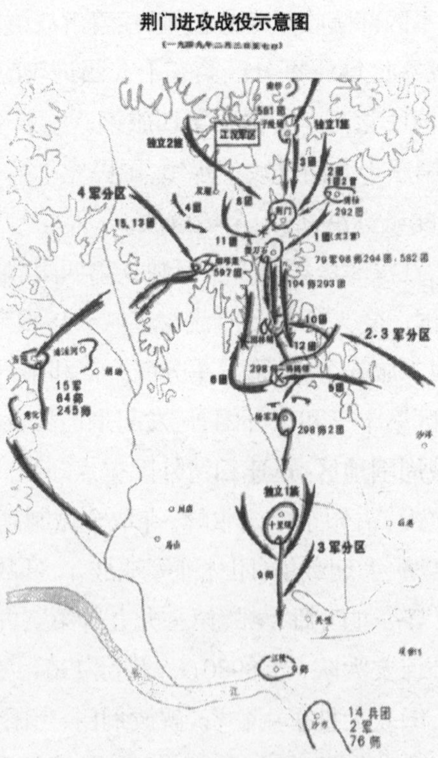

图 5-22　荆门战役示意图

1949年3月中旬，江汉军区独一旅、独二旅奉命东渡汉水，进至汉川、应城、云梦、安陆等地。14日，国民党驻应城守军弃城东窜。23日，应城解放。26日，天汉县地方武装配合江汉军区第二、第三军分区部队，摧毁国民党湖北省保安第一旅旅部，击溃该旅第二团，毙伤俘敌156人，解放汉川县城。30日，独一旅第三团在安应县地方武装配合下，在孝感王家店包围窜逃至此的国民党安陆县政府、绥靖团和11个乡公所武装，歼敌500余人，安陆解放。4月5日，驻守孝感县城的国民党军两个绥靖团和县保安团如惊弓之鸟，仓皇弃城南逃。6日，云(梦)孝(感)县独立营开进孝感城。同日，第四野战军第十二兵团由河南罗山、信阳分两路挺进礼山县宣化店和三里城，礼山解放。9日，独一旅进攻云梦，国民党军溃逃，县城解放。4月底，人民解放军南下大军以摧枯拉朽之势向南挺进，孝感守敌闻风丧胆，狼狈逃窜。29日，孝感县城解放。

图5-23 人民解放军横渡长江，向武汉外围逼进

1949年4月中旬，江汉军区襄南军分区两个团及监(利)沔(阳)、江(陵)监(利)石(首)地方武装，向驻守监利县城、堤头、汪家桥、余家埠、新沟嘴、周老嘴等地国民党军发起攻击。22日，攻克监利县城。24日，连克陈沱子口、周老嘴、龚家湾，使洪湖沿岸新老解放区连成一片。5月14日，向监利县境内国民党军发起总攻，国民党军仓皇逃窜，监利解放。6月，驻守荆沙的国民党军江防司令周上璠率部起义。7月15日，第四野战军第四十九军第一四六师向荆州城发起攻击，摧毁荆州城西门外龙山寺、红土地、鸡窝山、西关等据点，攻占江陵县城，江陵解放。荆州军分区武装扫清北门附近据点。是晚，解放荆州古城。同日，第四十

九军第一四七师第四三九团、第四三三团进攻沙市，解放沙市。18日，解放公安县城。21日，沔阳军分区独立团将驻守调弦口的石首、监利两县保安团大部歼灭。28日，解放石首县城。27日，解放松滋县城。8月2日，追剿国民党军保七旅，将其击溃，松滋全境解放。

1949年5月13日，驻守黄石的国民党军第一二六军第三〇五师第九一五团起义，控制石灰窑外围及沿长江南岸约30华里江防。14日，起义部队与中国人民解放军第十五兵团第四十三军取得联系，奉命将控制在黄石港花马湖内的船只全部开往江北，迎接解放军渡江。随后，第四十三军第一二六、第一二七、第一二八、第一二九师先后顺利过江。15日，第一二八师第三八二团在起义部队配合下，解放黄石港、石灰窑、铁山和大冶。17日，解放阳新。

图5-24 人民解放军开进汉口市区

1949年4月21日，人民解放军百万雄师突破长江天险。随即，第四野战军先遣兵团与江汉军区部队配合，开始扫清武汉外围国民党军据点，从东、北、西三面向武汉逼近。此时，国民党华中军政长官白崇禧已作放弃武汉、退守湖南、经营广西打算。第四野战军遂决定继续施压，力争不战而屈人之兵，兵不血刃完整接管武汉，故有意网开一面，让其南撤。5月15日，第四十军第一五三师西进葛店，旌指武昌。同日，国民党军第十九兵团司令张轸率部2万余人在金口起义，江北第四十军第一一八师攻占汉口郊外标子湾、刘家庙一线并向黄陂滠口方向推进，江汉军区独立第一旅占领蔡甸。下午4时，白崇禧仓皇南逃。当晚，国民党军武汉守备司令、第五十八军军长鲁道源也率部南逃。中共武汉市委和解放区各级城工部所属人员纷纷行动起来，张贴通告，维持治安，赶印“武汉解放”号外，投入迎接解放的战斗。16日上午，中共武汉市委和武汉市民临时救济委员会分别派出工人、学生、商民代表前往岱家山，迎接解放军。下午，第一一八师浩浩荡荡开进汉口市区，江汉关钟楼上的红旗高高飘扬。17日，江汉军区独一旅从蔡甸进入汉阳县城。下午，第四十军第一五三师从葛店进入武昌市区。至此，武汉三镇全部解放。

图 5-25　武汉各界欢庆解放

早在三大战役结束、人民解放军先遣兵团挺进湖北的时候，中共武汉市委就针对华中“剿总”政务委员会、湖北省政府等单位制定的应变处理办法，开展反搬迁、反破坏、保护城市的斗争，争取完整接管武汉。一是开展策反工作。中共武汉市委和江汉军区城工部将湖北省政府、汉口特别市政府、武昌市政府和省会警察局、汉口警察局作为策反工作重点，均取得不同程度成效。二是组织群众反迁护产。中共武汉市委在各工厂、企业、机关、学校组织应变委员会、安全委员会、互助会等组织，进行反迁移、反破坏的斗争。民盟湖北省支部、民革湖北省支部及民建、农工民主党在武汉地区的组织也与中共一道投入斗争。这场斗争同时在全省范围展开，为湖北全境解放作出了贡献。

图 5-26　中共武汉市委设在汉口的地下指挥部旧址

图 5-27　武汉电信局工人在门前值勤

1949年5月16日，第四野战军第十一兵团第四十军进抵咸宁县城关，解放咸宁。17日，第五十八军第一七二师进抵通山县城，与第四十军第一二〇师第三五六团共同解放通山。23日，驻守崇阳县城的国民党崇阳自卫团660余人撤出城外，向第一二〇师第三五八团缴械投降，崇阳解放。24日，第三五八团挺进通城县城，解放通城。25日，第四十军第一一九师前卫部队独立第四团进入蒲圻县城，蒲圻解放。同日，江汉军区第三军分区部队进抵嘉鱼县城，嘉鱼解放。至此，鄂南全境解放。与此同时，驻新堤的国民党沔阳县县长于5月18日率众起义，襄南军分区第四团进驻新堤，沔阳解放。

为了彻底摧毁国民党军长江中游防线和“西南联防计划”，打通西南通道，中共中央军委决定以第四野战军第十三兵团第三十八军、第四十七军、第四十九军，并配属第十四兵团第三十九军和湖北军区独一师、独二师等共18师56团约25万余人，发起宜(昌)沙(市)战役。1949年6月底，各参战部队先后到达南漳、宜城、荆门、钟祥一带集结，待命出击。7月9日，战役打响。11日，湖北军区独一师进抵当阳干溪、峡口一带。13日，解放远安、当阳县城。16日，第四十七军、湖北军区独一师分别从宜昌镇镜山、北门、东门、铁路坝、北山坡、杨岔路进入城区，宜昌解放。同日，第三十八军第一一三师解放宜都县城。17日，解放枝江县城。18日，第一五一师解放长阳县城。19日，宜沙战役结束，襄西地区全境解放。

图5-28 中华人民共和国开国大典

1949年10月下旬，第四野战军第四十七军、第五十军、第四十二军之第一二二师和第一五五师、湖北军区独立第一师和第二师，在第二野战军第十一军配合下，发起鄂西南战役。11月3日，湖北军区独立第一师一部渡过长江，解放巴东县城。5日，独立第一师第三团进入建始县城，守敌一部投降，一部溃逃，建始解放。6日，独立第二师从建始兵发恩施，追歼残敌。是晚，恩施解放。8日，第二野战军第十一军先头部队进入来凤。9日，第十一军第三十一师解放来凤县城。10日，独立第二师继续南追残敌。中午，进抵宣恩，守敌仓皇出逃，宣恩解放。11日，第十一军第九十二团解放咸丰县城。13日，独立第二师西进利川。14日，轻取利川县城。17日，五峰守敌弃城而逃，五峰解放。18日，解放鹤峰县城。28日，解放鹤峰全境。至此，湖北全境解放。

武汉解放后的第三天即1949年5月20日，中共湖北省委员会、省人民政府、湖北军区在孝感花园镇宣告成立，由李先念任省委书记、省人民政府主席、湖北军区司令员兼政治委员，李先念、王宏坤、王树声、刘建勋、刘子厚、郑绍文为省委常委。至此，鄂豫区、江汉区党政军领导机构完成历史使命。全省行政区划进行调整，设黄冈、孝感、荆州、沔阳、大冶、襄阳、宜昌、恩施等8个地区和沙市、宜昌2个直辖市。6月上旬，省党政军机关相继迁入武汉办公。10月1日，中华人民共和国成立。2日，武汉及沙市、宜昌、樊城、黄石等城市举行盛大庆祝集会游行。湖北历史进入人民当家作主的新时代！

图5-29　武汉人民举行盛大集会，庆祝中华人民共和国成立

主要参考文献

1.湖北省社会科学院历史研究所著《湖北简史》,湖北教育出版社 1994 年版。

2.田子渝、黄华文著《湖北通史》(民国卷),华中师范大学出版社 1999 年版。

3.陈昆满主编《湖北近代革命史》,湖北人民出版社 2006 年版。

4.李良明、田子渝、曾成贵主编《湖北新民主革命史》,华中师范大学出版社 2008 年版。

5.中共湖北省委党史研究室著《中国共产党湖北历史(1919.5—1949.10)》,湖北人民出版社 1999 年版。

6.中共湖北省委党史资料征集编研委员会著《中国共产党湖北历史大事记(1919.5—1949.10)》,湖北人民出版社 1992 年版。

7.中共湖北省委党史研究室著《中国共产党在湖北 80 年》,中央文献出版社 2001 年版。

8.鄂豫边区革命史编辑部著《新四军第五师抗日战争史稿》,湖北人民出版社 1989 年版。

9.鄂豫边区革命史编辑部著《鄂豫边区抗日民主根据地史稿》,湖北人民出版社 1995 年版。

10.马洪武主编《华中抗日根据地史》,当代中国出版社 2003 年版。

11.徐旭阳著《湖北国统区和沦陷区社会研究》,社会科学文献出版社 2007 年版。

12.吴绪成、姚甲科主编《侵华日军在湖北暴行史料》,中国档案出版社 2005 年版。

13.鄂豫边区革命史编辑部著《中原突围史》,军事科学出版社 1996 年版。

14.张广立、田子渝著《湖北解放战争史》,华中师范大学出版社 1991 年版。

后 记

两年多前，刘玉堂同志打来电话，说省炎黄文化研究会计划编一套《荆楚文化丛书》，要我写其中一本——《荆楚现代史话》。当时我还在职，职务课题任务很重，精力十分疲惫，但玉堂同志盛情难却，又想不久就要退休，时间当可以自由支配，便欣然应允了。

不料，在我办理退休手续之日，正是我主持的“抗日战争时期湖北人口伤亡和财产损失”课题调研结项之时。这一课题是国家社科基金特别委托项目“抗日战争时期中国人口伤亡和财产损失”课题调研的组成部分，全省数千人参与调研，历时4年，形成1000多万字成果，需要审查编纂出版，任务相当繁重。我所在单位省委党史研究室的领导同志希望我继续做完，出于责任感，也出于良心，我都不能推辞。我和课题组的几位同志一起，整整一年才完成课题调研成果的审查编纂任务。这便是“中国抗战损失课题调研成果丛书”湖北卷《湖北省抗战时期人口伤亡和财产损失》（50多万字）、《荆天血案——日军侵鄂罪行录》（120多万字）和“湖北抗战损失课题调研成果丛书”18卷（近千万字）。

这样，《荆楚现代史话》便耽误了。眼看交稿时间将到，我只抽暇拟定纲目送丛书编辑组审定后写了几节，所以不得不请求玉堂同志宽限。玉堂同志和丛书编辑组的同志们高抬贵手，同意我推迟交稿。但即使按推迟的时间，凭我一人之力也无法完成。于是，我找到张肇俊同志。

肇俊同志长期从事新四军第五师战史、鄂豫边区革命史和中原突围史研究，对湖北抗日战争和解放战争时期的历史很熟悉，而且年富力强。我便请他帮我写第四、五两章。他虽然很忙，仍慨然允诺，令我感动不已。肇俊同志很快拿出12万字的初稿。我提出修改意见后，他又很快拿出10万字的修改稿。我在统稿的时候，从篇幅平衡和文体统一的角度进行处理，然后送他校正，形成这两章现在的8万多字。对于肇俊同志的雪中送炭，我要特别地感谢！

另外要感谢的，是我的老伴青娥！我打字慢，为了赶时间，便用手写。她本来不会打字，却硬是边学边打，在承担繁忙家务的同时，为我打出了10多万字的初稿。我还要感谢我的儿子方来、儿媳文雅！他们也从各方面给我以大力支持帮助。

可以说，没有玉堂同志及丛书编辑组同志们的体谅宽限，没有肇俊同志的鼎力相助，没有我家人的全力支持，我是无法按要求完成本书写作的。所以，我由衷地感谢他们！

还要说明一点的，就是为什么直到今天才写这篇《后记》。纸质书稿交付数月后，接到丛书编辑组通知，要交电子书稿并配图片。可这时正值筹备纪念建党90周年最繁忙的时候，我除承担大量的讲课和审稿任务外，还要主编一部书稿——《烟雨莽苍苍——中共五大全景录》，总撰一部8集电视片——《丰碑》，撰写一部单集电视片《八七会议：伟大的历史转折》，担任湘鄂西苏区革命历史纪念馆、烈士纪念馆布展工程艺术监理等工作。直到7月底，这些任务先后圆满完成，但人已经精疲力竭了。可幸的是，就在这期间的7月23日23时22分，我的小孙女翩然降世，给了我莫大的慰藉。正是在这种精力极度疲惫而心情极度愉悦的状态里，伴随着中药和吊针，历时一个多月，我完成了本书的最后一道工序。因此，我也要由衷地感谢我可爱的小孙女冉冉——宇婷！

关于本书的体例风格，我原想既然是“史话”，不妨写得更活一点，曾想写成章回体。我就此请教玉堂同志，他意还是与全套丛书文体基本一致为好。其实，由于篇幅限制，故事情节不能展开，人物交代不能过长，是没法写成章回体的。于是，我便拟定现在的章节两个层次结构，叙述方式则以勾勒历史线索为主，适当交代背景、人物、事件，另于必要处稍加评点，而在行文上力求简洁顺畅，有点“话”的味道。

我和肇俊同志在本书写作过程中，参考了一批公开出版的著述资料，吸取了其中一些研究成果。在此，谨向这些著述的作者表示衷心感谢！

由于时间紧迫,加之作者水平能力所限,书中缺憾在所难免,尚祈方家及广大读者朋友指正!

方　城

2011年8月26日

于武昌水果湖澹宁居